insel taschenbuch 5117

Alois Prinz

Der Brandstifter

Die Lebensgeschichte des Joseph Goebbels

Er war der geistige Wegbereiter des Nationalsozialismus. Sein Name gilt als Inbegriff des skrupellosen Demagogen und der Massenmanipulation: Joseph Goebbels.

Was wir heute als »fake news« und »Verschwörungstheorien« kennen, hat er als »Minister für Propaganda und Volksaufklärung« in einer bis dahin unbekannten Weise als Mittel der Politik eingesetzt und perfektioniert. Der »Triumph der Lüge«, den er anstrebte, führte zu Terror, Krieg und Massenmord.

Wer die Mechanismen der Täuschung und Desinformation verstehen will, muss auch die Lebensgeschichte dieses Mannes kennen, der zum Meister der Verführung nur werden konnte, weil er gelernt hatte, sich selbst zu betrügen.

Ein Buch gegen Verführung und Manipulation – »Eine messerscharfe und spannende Analyse einer aufkeimenden Massenbewegung mit verheerenden Folgen«.
St. Galler Tagblatt

Alois Prinz, 1958 geboren, studierte Literaturwissenschaft und Philosophie in München und lebt heute mit seiner Familie bei München. Er veröffentlichte Biografien über Hermann Hesse, Ulrike Meinhof, Franz Kafka, Dietrich Bonhoeffer und andere. Er wurde für sein Werk mehrfach ausgezeichnet, u. a. mit dem Deutschen Jugendliteraturpreis, dem Großen Preis der Deutschen Akademie für Kinder- und Jugendliteratur und dem Evangelischen Buchpreis.

Sein Buch *Hannah Arendt oder Die Liebe zur Welt* (it 4172) ist ein Bestseller.

Im insel taschenbuch liegen u. a. vor: *Martin Luther King* (it 4630); *»Sie ist ein lebendiges Feuer«. Das Leben der Milena Jesenská* (it 4689); *Dietrich Bonhoeffer. »Sei frei und handle!«* (it 4771); *Das Leben der Simone de Beauvoir* (it 4950); *Auf der Schwelle zum Glück. Die Lebensgeschichte des Franz Kafka* (it 5020).

ALOIS PRINZ

DER BRANDSTIFTER

DIE LEBENSGESCHICHTE DES
JOSEPH GOEBBELS

MIT ZAHLREICHEN ABBILDUNGEN

INSEL VERLAG

Erstpublikation: Beltz & Gelberg, Weinheim, Basel 2011

Erste Auflage 2024
insel taschenbuch 5117

Umschlaggestaltung: Rothfos & Gabler, Hamburg
Umschlagfoto: akg-images/TT News Agency
Druck: CPI books GmbH, Leck
Printed in Germany
ISBN 978-3-458-68417-6

www.insel-verlag.de

»Ich bin in der Tat heute der Meinung, dass das Böse immer nur extrem ist, aber niemals radikal, es hat keine Tiefe, auch keine Dämonie. Es kann die ganze Welt verwüsten, gerade weil es wie ein Pilz an der Oberfläche weiterwuchert. Tief aber und radikal ist immer nur das Gute.«

Hannah Arendt, Brief an Gershom Sholem vom 20. Juli 1963

»Wer sich selbst belügt und seine eigenen Lügen anhört, kommt schließlich so weit, dass er keine Wahrheit mehr, weder in sich noch außer sich, zu erkennen vermag und daher sich selber wie auch andere zu missachten beginnt. Wer jedoch niemanden achtet, hört auf zu lieben.«

Fjodor M. Dostojewski, Die Brüder Karamasow

INHALT

PROLOG

»FÜR UNSERE KINDER«

In der Nacht zum 28. Oktober 1944 heulten wieder die Sirenen. Englische Kampfbomber vom Typ *Moskito* näherten sich Berlin. Die Schäden, die sie anrichteten, waren gering, doch diese nächtlichen Angriffe zehrten an den Kräften der Menschen. Die feindlichen Flieger sorgten dafür, dass den Bewohnern keine langen Atempausen vergönnt waren. Sie mussten in Luftschutzräumen Zuflucht suchen, wurden um ihren Schlaf gebracht und saßen viele Stunden in dunklen Kellern, immer in der Angst, dass dieses Mal ihr Haus getroffen werden könnte.

Viel schlimmer als diese Nadelstiche der englischen Moskitos waren die flächendeckenden Bombardements der amerikanischen Luftwaffe, mit denen seit Anfang März auch tagsüber gerechnet werden musste. Verbände von Hunderten von Flugzeugen verdunkelten den Himmel und entluden ihre Bombenlast auf die Stadt. Begleitet und gesichert wurden diese Bomber von neuen Jagdflugzeugen, gegen die die schwerfälligen deutschen Jäger wenig ausrichten konnten. Auch in der Luft war das deutsche Militär in die Defensive geraten.

Viele Einwohner hatten die Stadt verlassen oder zumindest ihre Kinder aufs Land geschickt. Wer geblieben war, der versuchte irgendwie zu überleben. Die Menschen hausten in einsturzbedrohten Häusern, in Zimmern ohne Heizung und Strom. Brot war Mangelware. Die Versorgung der Bevölkerung war auf das Notwendigste beschränkt. Das gehörte zur totalen Mobilmachung, die von den nationalsozialistischen Machthabern ausgerufen worden war. Auf alles Überflüssige, nicht Notwendige sollten die Menschen verzichten, um ihre ganze Kraft und Energie einzusetzen für den Kampf gegen den Feind. Nur mit äußerster Entschlossenheit und strengster Disziplin, so die verbreitete Botschaft, sei die entscheidende Wende in diesem Krieg herbeizuführen. Aber wer glaubte noch an diese Wende, an die Wunderwaffe und an den Endsieg?

Im Stadtzentrum, im Regierungsviertel, hatte man schon vor den ersten Luftangriffen Vorkehrungen getroffen, um die Verwaltungsgebäude und kulturhistorischen Bauwerke zu schützen. Vom Brandenburger Tor bis zum Tiergaren waren riesige Tarnnetze gespannt worden. Auf dem Adolf-Hitler-Platz hatte man Hausattrappen aufgestellt, um die feindlichen Flieger zu täuschen. Genutzt hatte es nicht viel. Vom Rüstungsministerium am Pariser Platz standen nur noch ein paar Mauern. Die alte Reichskanzlei, der Firmensitz der *IG Farben*, das Hotel *Bristol*, die Zentrale der Geheimen Staatspolizei (Gestapo) und das Haus des Reichssicherheitshauptamtes in der Prinz-Albrecht-Straße – alle waren schwer beschädigt oder ausgebrannt.

Einige Ministerien hatten ihre Büros nach außerhalb verlagert. Doch im Propagandaministerium an der Wilhelmstraße gingen die Mitarbeiter noch ein und aus. Das altehrwürdige Gebäude hatte noch nicht viel gelitten. Kleinere Schäden waren schnell wieder repariert worden und die kaputten Fenster hatte man notdürftig mit Pappe und Brettern abgedeckt.

Chef dieser riesigen Behörde war der Reichsminister für Volksaufklärung und Propaganda Dr. Joseph Goebbels. Der kleine, schmächtige Mann mit dem Klumpfuß gehörte zu den engsten Vertrauten des »Führers« Adolf Hitler und war einer der mächtigsten Männer im nationalsozialistischen Deutschland, obwohl er selbst der Meinung war, dass seine Fähigkeiten unterschätzt wurden und er eine viel einflussreichere Position einnehmen müsste. Seit 1939 befand sich Deutschland im Krieg, und im Krieg standen die Generäle im Mittelpunkt. Er, Goebbels, hatte den Krieg in den Köpfen der Menschen vorbereitet, und er musste weiter dafür sorgen, dass sie an die Ideale der nationalsozialistischen Weltanschauung glaubten und vom Endsieg überzeugt waren. Nach der verheerenden Niederlage der deutschen Truppen in Stalingrad hatte Goebbels jedoch jeden Respekt vor den Militärs verloren. Wäre es nach ihm gegangen, dann wären die Russen nicht so weit nach Westen vorgerückt, dann würden amerikanische und englische Flieger jetzt nicht deutsche Städte bombardieren.

Im Februar 1943 hatte Goebbels in einer Rede im Berliner Sportpalast den »totalen Krieg« gefordert. Man hatte ihm dafür begeistert zugejubelt. Doch um seine Ideen auch in die Wirklichkeit umzusetzen, hatte es ihm an der nötigen politischen Macht gefehlt. Erst nach dem fehlgeschlagenen Attentat auf den »Führer« Adolf Hitler war Goebbels zum »Generalbevollmächtigten für den totalen Kriegseinsatz« ernannt worden. Endlich konnte er geeignete Befehle geben und hart durchgreifen. Aber das alles kam, so befürchtete er, zu spät. »Zu spät«, das war die ständige Klage, die man von ihm zu hören bekam.

Trotzdem schrieb Goebbels weiter seine Artikel in der Wochen-Zeitung *Das Reich* und hielt Ansprachen im Rundfunk. Er wurde nicht müde, immer wieder zu erklären, dass die Menschen in Deutschland ihr Schicksal selber in der Hand hätten. Sie müssten nur mit wilder Entschlossenheit unbeirrbar an die eigenen Ziele glauben. Für Drückeberger, Zauderer und Mutlose sei dabei kein Platz. Ihnen drohte Goebbels mit den härtesten Strafen. Was er sich wünschte, das war, wie er schrieb, ein »Volk von Fanatikern«[1].

Am Nachmittag des 28. Oktober ließ Goebbels seinen Chauffeur kommen. Er wollte den Abend mit seiner Familie und einigen Freunden verbringen. Es war der Vorabend seines Geburtstags. Am Sonntag wurde er 47 Jahre alt. Aus diesem Anlass hatte er eine kleine Runde von Weggefährten eingeladen. Die gepanzerte schwarze *Mercedes*-Limousine fuhr aus der Innenstadt in Richtung Norden. Eine knappe Stunde dauerte die Fahrt bis zum »Wochenendhäuschen«, wie Goebbels das weitläufige Anwesen mitten im Naturschutzgebiet nahe dem Dorf Lanke nannte. Das Grundstück war ein Geschenk der Stadt Berlin an ihren Gauleiter. Zu ihm gehörte ein Blockhaus am Bogensee, das allerdings den Ansprüchen des Ministers nicht genügte. Goebbels hatte am gegenüberliegenden Ufer einen Landsitz bauen lassen, der Platz genug bot für die Familie, für das Personal und für Gäste und der an Luxus nichts zu wünschen übrig ließ. Seit Kurzem war es, kriegsbedingt, zum Lebensmittelpunkt der Familie geworden.[2]

Der eigentliche Familiensitz der Goebbels war ein Anwesen auf der Havel-Insel Schwanenwerder im Westen Berlins. Aber nachdem der Aufenthalt dort durch die vielen Luftangriffe immer unangenehmer geworden war, hatten Goebbels und seine Frau Magda Anfang August 1943 den Umzug in das Haus am Bogensee beschlossen. Nur von ferne sah man dort manchmal den Feuerschein über Berlin und hörte das Bellen der Flakgeschütze und den Einschlag der Bomben.

Joseph Goebbels freute sich jedes Mal, seine sechs Kinder zu sehen. Sie waren, wie er in seinem Tagebuch beteuerte, sein größter Schatz. Schon vor vielen Jahren, als er noch kein Vater war, hatte er einmal geschrieben, Kinder seien »gute Gedanken Gottes«[3], weil er sich mit ihnen unterhalten könne, ohne das dauernde Gefühl zu haben, betrogen zu werden. Seinen vorletzten Artikel für das *Reich* hatte Goebbels überschrieben mit *Für unsere Kinder.*

Darin forderte er seine Landsleute auf, für die Zukunft ihrer Kinder alle Leiden und Entbehrungen auf sich zu nehmen und bis zum letzten Blutstropfen zu kämpfen. Die »Kräfte der Finsternis« dürften nicht den Sieg davontragen. Den Kindern sei man es schuldig, dass die Kräfte des Lichtes sich als die stärkeren erwiesen. Denn sie hätten das Recht, in einem freien, souveränen Staat zu leben. Wenn aber der Krieg verloren würde, dann wäre die Zukunft ein unerträgliches »Dasein in der Hölle«. »Es ist also mehr als eine landläufige Phrase«, so schrieb Goebbels, »dass wir diesen schweren Kampf um unsere Existenz für unsere Kinder und alle kommenden deutschen Generationen auszufechten haben.«[4]

Goebbels hatte sich von Berlin aus schon telefonisch angemeldet, und als sein *Mercedes* vor dem Hause hielt, warteten zwischen den Säulen des Portals schon seine Frau Magda und die Kinder, nach Größe und Alter aufgereiht. Sie waren alle ausnehmend hübsch. Und ihre Vornamen begannen alle mit einem »H«. Helga, die Älteste, war zwölf Jahre alt und der ausgesprochene Liebling des Vaters. Mit ihr machte er lange Spaziergänge und konnte sich mit ihr schon über ernste, politische Dinge unterhalten. An Helga hatte auch Adolf Hitler einen Narren gefressen. Schon als ganz kleines Mädchen durfte sie »Onkel Führer«, wie ihn die Kinder nannten, besuchen, auf seinem Schoß sitzen und mit ihm plaudern. Hilde, zehn Jahre alt, hatte die schönsten Augen. Sie liebte Tiere, ihr gehörten auch mehrere Hunde, und es stand für sie fest, dass sie einmal eine Bäuerin werden wird.

Helmut, der einzige Sohn, war neun Jahre alt. Er war ein netter, ruhiger Junge mit einem kleinen Sprachfehler. Für den Geschmack des Vaters war er aber zu ruhig und verträumt, und es gefiel ihm auch nicht, dass Helmut, als er gefragt wurde, was er denn einmal werden wolle, nicht »Soldat« geantwortet hatte, sondern »S-Bahn-Schaffner«.

Die kleine, siebenjährige Holde, die alle nur »Holli« nannten, galt als kleines Dummchen in der Familie. Sie konnte nie ruhig sitzen und sprang und tanzte den ganzen Tag umher. Von ihren Geschwistern wurde sie oft gehänselt, weil sie schielte und weil sie sie für »doof und langweilig« hielten.

Hedda, sechs Jahre alt, war bildhübsch wie alle Goebbels-Mädchen, konnte aber auch ein kleines Biest sein und das Kindermädchen zur Verzweiflung bringen. Heide, die Jüngste, die am selben Tag Geburtstag hatte wie ihr Vater und morgen vier Jahre alt wurde, war, nach den Worten ihrer Oma, Magdas Mutter, ein »goldiges Kind«, das alle einfach gern haben mussten und das dementsprechend verhätschelt wurde.[5]

Für die Kinder war das Haus am Bogensee ein Paradies. Sie konnten im parkähnlichen Garten mit ihren Puppen, den Katzen und Hunden spielen, mit dem Kindermädchen Spaziergänge in den Wald machen oder im See baden. Es stand sogar eine Kutsche mit zwei Ponys samt Kutscher für Ausflüge bereit und die älteren Kinder wurden damit in die Dorfschule nach Wandlitz gefahren.

Zu besonderen Anlässen wurden Reporter und Fotografen der großen Illustrierten eingeladen, um über die Vorzeigefamilie zu berichten und Aufnahmen in häuslicher Atmosphäre zu machen. Magda Goebbels ließ auch kurze Filme von ihren Kindern drehen, die dann in den Wochenschauen gezeigt wurden. Alleine im Jahr 1942 waren die Goebbels-Kinder 34-mal in den Kinos zu sehen. Joseph Goebbels benutzte diese Aufnahmen auch für einen Propagandafilm, mit dem bewiesen werden sollte, wie gerechtfertigt es war, »lebensunwertes Leben« auszumerzen. Den schönen Töchtern des Ministers wurden darin die abstoßenden Bilder von geistig und körperlich behinderten Kindern gegenübergestellt.

Am späten Nachmittag trafen die Gäste ein. Darunter waren Filmschauspieler, der Staatssekretär Werner Naumann und der Journalist Hans Schwarz van Berk. Es gab Kaffee, Cognac und Kuchen. Der Tisch mit den Geburtstagsgeschenken füllte sich reichlich. Ein wertvoller Druck stand darauf, ein Ölgemälde und eine Bronzefigur. Hitler hatte einen Präsentkorb geschickt mit Obst, Wein, Spirituosen und 2000 Zigaretten. Nach dem Essen begab sich die Gesellschaft in den Filmraum, um die neue Wochenschau anzusehen. Goebbels war sehr zufrieden damit, vor allem, weil darin die Verbrechen der russischen Soldaten an der Zivilbevölkerung so eindringlich angeprangert wurden.

Später saßen alle am Kamin, in dem ein Feuer prasselte, und unterhielten sich über vergangene Zeiten. Goebbels erzählte gern von seiner Kindheit in dem kleinen Städtchen Rheydt. Eine Minute vor Mitternacht läutete das Telefon. Hitler war am Apparat und gratulierte seinem Minister zum Geburtstag. Er wollte auch Magda sprechen. Zu ihr hatte er ein ganz besonderes Verhältnis. Hitler war Trauzeuge bei der Hochzeit gewesen. Und als die Ehe wegen Goebbels' notorischer Untreue zu zerbrechen drohte, war Hitler es gewesen, der eingeschritten war und Goebbels wieder zur Vernunft gebracht hatte. Manche behaupteten sogar, dass die schöne und elegante Magda Goebbels Hitlers geheime Liebe sei. Sie blieb lange im Nebenraum am Telefon und kam dann ganz aufgeregt und mit Tränen in den Augen zu den Gästen zurück. Hitler hatte ihr versprochen, dem deutschen Volk zu Weihnachten einen großen militärischen Triumph zu schenken.

Ebenso wie seine Frau glaubte Goebbels unerschütterlich an den »Führer«. Wenn er Zweifel daran hatte, ob der Krieg gewonnen wird, dann lag das an Männern wie dem Reichsluftfahrtminister Hermann Göring oder dem Außenminister von Ribbentrop, die er für unfähig hielt. Hitler war über jeden Zweifel erhaben, und Goebbels hatte fest damit gerechnet, dass der »Führer« noch einen Trumpf aus dem Ärmel zieht und wieder die Initiative übernimmt.

Goebbels wollte als Verteidiger Berlins seinen Teil dazu beitragen. Er hatte angeordnet, alle Männer zwischen 16 und 60 Jahren zur »Verteidigung des Heimatbodens« heranzuziehen. Wer sich weigerte, war, so eine Anordnung, »augenblicklich zu erschießen oder zu erhängen«[6]. An den Laternenpfählen in Berlin hingen die »Verräter«, mit einem handgeschriebenen Zettel um den Hals, auf dem zu lesen war: »Ich habe meine Pflicht gegen Frau und Kinder vergessen.«

Mitte November nahm Goebbels auf dem Wilhelmsplatz eine Parade des neu gebildeten »Volkssturms« ab und hielt eine kämpferische Rede. Vor ihm angetreten waren alte Männer und Jugendliche, die fast noch Kinder waren. Manche hatten als Waffe nur einen Spaten. Wer wusste, wie nahe die russischen Truppen waren und wie gut sie ausgerüstet waren, der konnte in diesem erbarmungswürdigen Haufen nur ein Todeskommando sehen.

Das Weihnachtsgeschenk des »Führers« an sein Volk fiel enttäuschend aus. In der Ardennenoffensive mussten die deutschen Kräfte nach anfänglichen Erfolgen wieder den Rückzug antreten. Entsprechend bedrückt war die Stimmung beim Weihnachtsfest der Familie Goebbels auf ihrem Landsitz. Von den schön angezogenen Kindern wurden Aufnahmen gemacht. Es sind die letzten Fotos, auf denen die Goebbels-Kinder noch lebend zu sehen sind.

Im Januar des neuen Jahres rückten die sowjetischen Panzer bis an die Oder vor. Berlin wurde überschwemmt von verzweifelten Flüchtlingen aus dem Osten, die ihre Heimat verloren hatten. Es war nur eine Frage der Zeit, wann auch die östlichen und nördlichen Außenbezirke Berlins in die Reichweite der russischen Kanonen kommen würden.

Am 21. Januar 1945 fuhr Goebbels mit seinem persönlichen Adjutanten Wilfred von Oven hinaus ins winterlich verschneite Lanke. Die Kinder spielten im Schnee oder auf dem zugefrorenen See. Goebbels hing fast ununterbrochen am Telefon. Ratlose Gauleiter aus den östlichen Gebieten baten um Hilfe oder wollten wissen, ob sie kapitulieren oder weiterkämpfen sollten. Kapitulation kam für Goebbels nicht infrage.

Abends saß er mit seiner Frau und seinem Adjutanten am Kamin. Goebbels starrte in die Flammen, fuhr sich durch die Haare und klagte immer wieder, dass alles »zu spät« sei. Magda bekannte, dass sie sich schon längst damit abgefunden habe, zu sterben, wenn das nationalsozialistische Deutschland unterginge. Und was mit den Kindern sei, wollte von Oven wissen.

Die dürfe sie nicht einer »jüdischen Rachsucht« schutzlos ausliefern, meinte Magda. Jedenfalls sage ihr das ihre Vernunft. Wenn sie die Kinder allerdings vor sich sehe, wehre sich in ihr alles gegen diesen Gedanken.

Goebbels wollte seine Frau trösten und meinte: »Weißt du, Süßing, man muss sich in verzweifelten Situationen wie dieser auf den Standpunkt Friedrichs des Großen stellen, der sich in Gedanken auf einen fernen Stern versetzte, von dem aus die Ereignisse auf unserem Planeten, so ungeheuer wichtig sie uns erscheinen, ganz unbedeutend wirken.«

»Du magst recht haben«, antwortete ihm Magda, »aber Friedrich der Große hatte keine Kinder.«[7]

In einem seiner nächsten Artikel empfahl Goebbels seinen Lesern, in diesen stürmischen Zeiten »in die fragenden Augen unserer Kinder zu schauen« und dann so zu handeln, dass man sich »für alle Zukunft nicht ihren Fluch, sondern ihren Segen« verdiene.[8] Hatte er selbst seinen Kindern in die fragenden Augen geschaut? Und wie wollte er nun handeln, um sich ihren Segen zu verdienen?

Einen sicheren Ort in und um Berlin gab es nicht mehr. Goebbels hatte die Wahl zwischen den Panzern und Kanonen der Russen und den Bomben der Amerikaner. Am letzten Januartag holte er kurzentschlossen die Familie in die Stadtwohnung, in das Ministerpalais in der Hermann-Göring-Straße, nicht weit vom Propagandaministerium. Das Gebäude war schwer beschädigt, aber der Bunker im Keller galt als sicher.

Zwei Tage später tauchten die Bomber wieder am helllichten Tag über Berlin auf. Der Angriff war ungeheuer heftig. Im Bunker des Ministerpalais herrschte drangvolle Enge. Auch das Personal der Familie und Mitarbeiter des Ministeriums suchten hier mit ihren Kindern Schutz. Als die Bomber wieder abzogen, war die Innenstadt ein brennender Trümmerhaufen. Eine schwarze Rauchwolke verdüsterte den Himmel. Verbrannte und umgestürzte Straßenbahnen versperrten die Wege. Menschen mit voll beladenen Kinderwagen oder Karren irrten umher. Rettungsmannschaften bargen Leichen oder gruben Zugänge zu verschütteten Kellern.

Auf das Dach des Propagandaministeriums waren Brandbomben gefallen und alle Fenster waren zersprungen. Goebbels ließ sofort Zwangsarbeiter einsetzen, um die Schäden zu reparieren. Währenddessen mussten alle Angestellten, eingehüllt in Mäntel und Decken, weiterarbeiten. Andere Ministerien hatten sich längst aufgelöst. Führende Nazis wie Hermann Göring hatten sich in den Süden abgesetzt und ließen sich in Lastwagen ihre persönlichen Besitztümer nachliefern.

Der »Führer« Adolf Hitler saß seit Mitte Januar im Bunker unter der Reichskanzlei. Und auch Joseph Goebbels wollte bis zum bitteren Ende in Berlin ausharren. Hitler war für ihn der Verteidiger der zivilisierten Welt. An seiner Seite wollte er für diese Welt kämpfen – oder untergehen. Jetzt, in dieser schwierigen Situation, erwies sich für Goebbels, wer wirklich an den »Führer« und seine Mission glaubte. Goebbels hatte schon als junger Mann Hitler Treue bis in den Tod geschworen, und diese Treue wollte er jetzt, da ein Weggefährte nach dem anderen das Weite suchte, unter Beweis stellen. Er teilte dem »Führer« mit, dass auch seine Frau »unter allen Umständen« mit den Kindern in Berlin bleiben wolle.[9]

Eisern hielt Goebbels an seinem gewohnten Tagesablauf fest und duldete bei seinen Mitarbeitern keine Nachlässigkeiten und schon gar keine Fluchtversuche. Eine Sekretärin, die nicht zum Dienst erschien, ließ er von der SS zu Hause abholen und zur Flugabwehr versetzen, wo sie zwei Tage später ums Leben kam. Goebbels selbst hielt weiter Konferenzen ab, sprach im Rundfunk und diktierte jeden Tag einem Stenografen seine Tagebucheintragungen. Dieses Tagebuch war ihm ungemein wichtig. Es sollte erhalten bleiben und späteren Generationen zeigen, wie sich die historischen Ereignisse wirklich abspielten und welch prägende Rolle er darin einnahm.

Mitte März wurde das Propagandaministerium durch eine Bombe zerstört. Goebbels ließ einen Teil der Büros in den Keller verlagern und zog mit seinem engsten Mitarbeiterstab in das Ministerpalais. Zwischen Feldbetten und Schreibtischen spielten seine Kinder und freuten sich, dass sie nun schulfrei hatten. Im Palais wurde es für die Familie bald zu eng und zu gefährlich. Goebbels schickte seine Frau und die Kinder Ende März nach Schwanenwerder. Der erneute Umzug ging über Magdas Kräfte. Sie bekam wieder ihre Herzbeschwerden und musste sich ins Bett legen.

Ihrem Mann ging es gesundheitlich noch schlechter. Er litt an Magengeschwüren, und seine Haut juckte zeitweise so stark, dass ihm schon das Tragen seiner Kleider Schmerz bereitete. Er rauchte eine Zigarette nach der anderen, ernährte sich nur noch von Keksen und trank Liköre, um seine Bauchschmerzen zu lindern. Nach außen hin erlaubte er sich jedoch keine Schwäche und duldete sie auch bei anderen nicht. Als im Stadtteil Rahnsdorf eine ausgehungerte Menge einen Bäckerladen stürmte, ließ er zwei der Beteiligten noch in der Nacht enthaupten. »So muss man vorgehen, wenn man in einer Millionenstadt Ordnung halten will«, diktierte er in sein Tagebuch.[10]

Am 16. April um halb vier Uhr morgens setzte das Trommelfeuer der russischen Artillerie ein. Die letzte Phase im Kampf um Berlin hatte begonnen. Für Goebbels war dieser Kampf noch lange nicht entschieden. In seiner Rede zum 56. Geburtstag von Adolf Hitler beschrieb er den »Führer« als »Werkzeug Gottes«, der mit göttlicher Hilfe »Luzifer« wieder in den Abgrund schleudern werde.[11] Die Werkzeuge Hitlers sollten wiederum die deutschen Frauen und Männer sein und, in dieser äußersten Gefahr, auch Kinder. In seinem letzten Artikel stellte Goebbels sich vor, wie »Knaben und Mädchen« todesverachtend den Feind mit Handgranaten und Tellerminen bewerfen oder ihn aus Kellerlöchern beschießen.[12]

Im Haus auf Schwanenwerder waren Goebbels' Kinder noch relativ sicher. Bisher war auf diese Gegend noch keine Bombe gefallen. Am Abend des 19. April schliefen die Kinder schon in ihren Betten, als gegen zehn Uhr das Telefon läutete. Es war Joseph Goebbels. Er wollte, dass seine Frau die Kinder weckt und sofort mit ihnen zu ihm nach Berlin kommt. Magda packte das Nötigste zusammen. Ein bereitgestelltes Auto fuhr sie und die Kinder durch die dunkle, nur von Einschlägen und Bränden erleuchtete Stadt zum Regierungsviertel.

Im Stadtpalais war nur noch ein kleiner Kreis von Mitarbeitern und Personal übrig geblieben. Die Fenster waren vernagelt und nur Kerzenlicht erhellte die Räume. In den Feuerpausen hielten sich die meisten der Mitarbeiter im Wandelgang des Hauses auf. Im Garten wurden Berge von Dokumenten verbrannt. Am Samstag, dem 21. April hielt Goebbels seine letzte Ministerkonferenz im Filmsaal des Palais ab. Offenbar wusste er genau, dass das Ende unmittelbar bevorstand. Vor seinen Mitarbeitern machte er auch keinen Hehl daraus, was sie alle zu erwarten hätten, sollten sie ihren Feinden in die Hände fallen. »Jetzt wird Ihnen das Hälschen durchgeschnitten«, verkündete er mit makabrem Humor.[13]

Der nächste Tag, der Sonntag, war chaotisch. Viele Angestellte im Palais warteten darauf, endlich fliehen zu dürfen. Solange der Minister im Haus war, wagte das niemand. Zu tun gab es nichts mehr. Goebbels' persönliche Adjutanten von Oven und Günther Schwägermann schossen im Garten mit ihren Maschinenpistolen auf die tief fliegenden russischen Jagdflugzeuge. Goebbels telefonierte mit Hitler und eilte dann in den Führerbunker, um mit dem aufgebrachten und verzweifelten Hitler hinter verschlossenen Türen zu reden.

Zurück in seinem Palais, wies Goebbels seinen Adjutanten von Oven an, alle Vorbereitungen zu treffen für den Umzug seiner Familie in den Führerbunker. Dem Kindermädchen wurde befohlen, die Kinder fertig zu machen. Sie freuten sich darauf, zu »Onkel Führer« in dessen Bunker zu dürfen, und unterhielten sich darüber, ob sie dort Schokolade und Kuchen bekommen würden. Nur das Nötigste wolle sie mitnehmen, meinte Magda Goebbels, mehr brauche man jetzt nicht mehr. Sie machte einen apathischen Eindruck. Und als sich von Oven von ihr verabschieden wollte, hob sie nur verzweifelt ihre Arme und sagte: »Wir müssen uns alle vergiften.«[14]

Zwei *Mercedes*-Limousinen warteten vor dem Haus. Goebbels, seine Frau und Helga, das älteste der Kinder, stiegen in den ersten Wagen. Hilde, Helmut, Holde, Hedda und Heide nahmen im zweiten Platz. Die Autos fuhren durch das Eingangstor, dessen eiserne Flügeltüren hinter ihnen scheppernd zufielen.

Zehn Tage später, am 2. Mai 1945, entdeckten sowjetische Offiziere vor dem Eingang zum Führerbunker die angekohlten Leichen eines Mannes und einer Frau. Die Leiche des Mannes war von niedrigem Wuchs und der Fuß des rechten Beines steckte in einer Metallprothese. Die Hand des Toten war mit gekrümmten Fingern nach oben gereckt. Die beiden Leichen wurden zweifelsfrei als Joseph und Magda Goebbels identifiziert. Sie hatten sich, wie sich später herausstellte, das Leben genommen und waren anschließend von Helfern mit Benzin übergossen und angezündet worden. Im Bunker wurden in einem Nebenraum sechs tote Kinder gefunden. Sie waren mit leichten Nachthemden bekleidet und waren offenbar vergiftet worden.[15]

Was sich in den letzten Stunden im Führerbunker abgespielt hat und wie die Kinder getötet wurden, darüber gibt es verschiedene Berichte, die sich teilweise widersprechen. Wahrscheinlich ist aber, dass Magda Goebbels den Kindern erzählt hat, sie würden eine »Traumreise nach Schwanenwerder« machen, woraufhin der SS-Arzt Helmut Gustav Kunz ihnen Morphium spritzte. Die älteren Kinder sollen sich gewehrt haben und mussten mit Gewalt festgehalten werden. Als die Kinder eingeschlafen waren, wollte Magda Goebbels, dass Kunz ihnen das tödliche Gift verabreicht. Doch der weigerte sich und so musste die Mutter diese Aufgabe selbst übernehmen. Sie ging ins Zimmer, wo die Kinder schlafend in ihren Stockbetten lagen, schob jedem Kind eine Zyankali-Kapsel in den Mund und zerdrückte sie dann.

Der Vater Joseph Goebbels hatte sich an der Tötung seiner Kinder nicht beteiligt, jedenfalls nicht aktiv, aber alles geschah mit seinem Einverständnis, ja, nach seinem Willen. Er selbst hielt sich während dieser schaurigen Vorgänge im Hintergrund. Es war bekannt, dass der Minister den Anblick von Toten und Verletzten nicht ertragen konnte und sich auch abwandte, wenn in einem Wochenschaufilm allzu blutige und brutale Szenen gezeigt wurden. Joseph Goebbels versuchte, Haltung zu bewahren, und das gelang ihm offenbar auch. Sein Adjutant Günther Schwägermann gab später zu Protokoll, dass sein Chef trotz spürbarer innerer Spannung nach außen völlig »ruhig und sicher« geblieben sei.[16]

Nur wenige Stunden nach dem Tod der Kinder stiegen Joseph und Magda Goebbels Arm in Arm die Treppen hoch zum Ausgang des Bunkers. Sie hatten Zyankali-Kapseln bei sich, die sie sich auf dem Vorplatz in den Mund steckten und zerbissen. Vermutlich schoss sich Goebbels noch eine Kugel in den Kopf.

Dass Joseph Goebbels seine Kinder mit in den Tod genommen hat, trug wesentlich dazu bei, dass seiner Person fortan etwas Teuflisches, Dämonisches anhaftete. Die erste deutschsprachige Biografie über ihn erschien mit dem Untertitel *Dämon einer Diktatur*, eine spätere bezeichnete ihn als *Dämon der Macht*, eine weitere sogar als *Joseph Satan*.[17] Mit dem Teufel wurde Goebbels oft in Verbindung gebracht, nicht zuletzt wegen seiner körperlichen Behinderung. Einen »klumpfüßigen Teufel« nannte man ihn oder einen »Hinketeufel«.

Dabei hatte dieses Dämonische durchaus etwas Zwiespältiges. Einerseits gestand man Goebbels zu, der intelligenteste unter den führenden Nazis gewesen zu sein. Ja, man bewunderte seinen Charme, seine Menschenkenntnis und sein fachliches Können. Sogar seriöse Wissenschaftler mussten anerkennen, dass Goebbels als einer der Ersten erkannt hatte, welche Bedeutung den modernen Massenmedien in Politik und Wirtschaft zukommt. Andererseits waren diese »positiven« Eigenschaften sozusagen vergiftet durch Goebbels' Charakter, seinen Zynismus, seinen Fanatismus. Der Name Goebbels stand und steht für die unheilvolle Verbindung von Intelligenz und Bosheit, von Klugheit und skrupellosem Fanatismus, von einfühlsamer Menschenkenntnis und hemmungsloser Manipulation. Goebbels wurde zum Inbegriff des Verführers, der die satanische Begabung besitzt, Menschen zu willenlosen Marionetten einer Weltanschauung zu machen.

Dieses Bild kam einer verbreiteten Stimmung im Nachkriegsdeutschland entgegen. Mit dem Ende des Krieges, in der »Stunde null« vollzog sich in den Köpfen vieler Überlebender eine erstaunliche Wandlung. Es kam ihnen vor, als würden sie erwachen aus einem bösen Albtraum, und sie konnten sich nicht mehr vorstellen, wie sie sich jemals so in die Irre hatten leiten lassen. Viele beteuerten, nichts gewusst zu haben von den Konzentrationslagern und dem millionenfachen Mord an den Juden. Sie sahen sich nicht als Täter, sondern als Opfer, verführt von einer Bande von Verbrechern und Mördern.

Dementsprechend monströs waren die Bilder vom »Führer« und seinen Helfern. Adolf Hitler wurde zur Verkörperung des Bösen in der Weltgeschichte, Joseph Goebbels zum diabolischen Verführer der Massen an seiner Seite. Ihm warf man vor, mit seiner teuflischen Kunst der Propaganda ein ganzes Volk verhext zu haben.

Diese Reduzierung der Person Joseph Goebbels auf den Prototyp des gewissenlosen Agitators birgt aber eine Gefahr. Wenn man den Faschismus in Deutschland nur als ein schreckliches Schauspiel von Verbrechern, fanatischen Hetzern, Blut-

und-Boden-Rassisten und perversen KZ-Wächtern darstellt, dann schafft man monströse Feindbilder und Sündenböcke, blockiert aber ein tieferes Verständnis des Phänomens. Von solchen Monstern, Unmenschen oder Teufeln kann man sich nämlich leicht distanzieren.

Was bleibt, ist im Fall von Goebbels das Bild von einem raffinierten Agitator, der das Volk »verführt« hat und auf den die Menschen »hereingefallen« sind. Es reicht dann die empörte Verurteilung, um sich auf die moralisch und politisch richtige und sichere Seite zu bringen. Was dabei aber ungeklärt bleibt, ist, warum Goebbels eine so große Faszination ausüben konnte, warum er als Redner Tausende Menschen anlockte und in Bann zog, warum seine Ansprachen, Artikel und Filme Menschen aus allen Schichten zu gläubigen Gefolgsleuten des Nationalsozialismus machten.

Eine solche Wirkung ist nur erklärbar, wenn man in Betracht zieht, dass die Menschen nicht gegen ihren Willen verführt worden sind, sondern sich mehr oder weniger leicht haben verführen lassen. Das war nur möglich, weil er aussprach, was viele dachten, weil er hasste, was viele hassten, und weil er hoffte, was viele erträumten.

Joseph Goebbels war nicht zeit seines Lebens der Teufel, als der er vom Ende her erscheint. Als junger Mann war er ein Idealist, der sich über eine Welt empörte, die nur von Geld und Profit beherrscht wurde. Er wollte dazu beitragen, eine Welt zu schaffen, die von Schönheit und sittlichen Werten bestimmt ist. Er wollte eine Aufgabe und bekam keine. Er sehnte sich nach der Liebe von Frauen und erntete meistens nur Mitleid.

Sein Schicksal war so normal und gewöhnlich, dass er es mit

dem Schicksal seines eigenen Landes verbinden konnte. So wie Deutschland nach dem Ersten Weltkrieg am Boden lag, verraten und gedemütigt, so verraten und gedemütigt fühlte sich auch der junge Goebbels. Und so, wie er zum großen Mann aufstieg, zum Gauleiter und dann zum Minister, so wollte er auch Deutschland zu alter oder neuer Größe verhelfen.

Die Frage ist, warum nach diesem Aufstieg am Schluss ein menschliches Wrack übrig blieb, Millionen Tote, ein verwüsteter Kontinent, ein zerstörtes Deutschland – und sechs vergiftete Kinder in einem Bunker in Berlin. Wie konnte aus jenen normalen Eigenschaften des Joseph Goebbels ein normaler Wahnsinn werden, der ein nicht fassbares Ausmaß an Zerstörung und Leid zur Folge hatte?

Und um dies zu ergründen – wie soll man sich einem Menschen wie Goebbels nähern? Welchen Ton soll man ihm gegenüber anschlagen? Ein Biograf, so sagt man, sollte der Person, mit der er sich monate- und jahrelang beschäftigt, zumindest einen Hauch von Nähe und Sympathie entgegenbringen. Ist das im Falle Goebbels überhaupt möglich?

Thomas Mann beschäftigte sich mit Adolf Hitler, den er verachtete, ja hasste. Moralisch höher als die Verachtung und der Hass steht für Thomas Mann jedoch eine andere Einstellung, nämlich das »Interesse«.[18] Wer sich für jemanden interessiert, den er ablehnt oder sogar hasst, distanziert sich nach Thomas Mann nicht nur, sondern geht das Wagnis ein, sich eventuell auch wiederzuerkennen. In diesem Sinne sprach Mann vom »Bruder Hitler«, um darauf hinzuweisen, dass bestimmte Eigenschaften des »Führers« dem Künstler Thomas Mann durchaus bekannt waren, dass er um ihre Zwielichtigkeit wusste und sich ständig gegen die darin lauernden Gefahren wehren musste. Kann man auch von einem »Bruder Goebbels« sprechen?

Eine wichtige Grundlage für dieses Buch sind der größtenteils unveröffentlichte Nachlass des Joseph Goebbels und seine umfangreichen Tagebücher, die erst in den letzten Jahren vollständig ediert worden sind und eine der wichtigsten Quellen zum Verständnis des Nationalsozialismus darstellen. Tagebücher, Briefe, literarische Texte schaffen immer eine gewisse Nähe, die gerade bei einer Person wie Joseph Goebbels gefährlich sein kann. Leicht erscheint der Verfasser wie ein normaler Mensch mit guten und schlechten Eigenschaften – und wer hätte die nicht? Weit weg liegt dann die Schuld, fremd wie ein Meteor, der von einem anderen Stern auf unsere Erde gefallen ist. Aber die Schuld kommt nicht von irgendwoher. Sie kommt in die Welt als Folge menschlichen Handelns.

Und so gefährlich zu viel Nähe bei der Betrachtung eines Menschen wie Joseph Goebbels wäre, so bedenklich und fragwürdig wäre auch das Gegenteil. Je sauberer man eine Trennung ziehen will zwischen Gut und Böse, zwischen ihm und uns, zwischen uns heutigen und »denen damals«, desto mehr verkennt man sich selbst.

Es gibt einen Sog ins Dunkle, in das Amoralische, Zerstörerische. Dieser Zustand hat seine eigene Wirklichkeit, in der ein merkwürdiges Zwielicht herrscht. Es gibt anscheinend jene Kraft, die das Gute will und das Böse schafft. Dieser Kraft nachzuspüren, sie zu beschreiben, ihr gegenüber sensibel zu werden, um sie auch in der Gegenwart zu entdecken und ihr zu widerstehen, das ist die Absicht dieses Buches.

I. JÜPPCHEN

OKTOBER 1897 – APRIL 1914

Als Joseph Paul Goebbels am 29. Oktober 1897 im niederrheinischen Städtchen Rheydt geboren wurde, war er ein schwächliches Kind. Knapp ein Jahr vorher hatten seine Eltern, Fritz und Katharina Goebbels, eine Tochter verloren. Die kleine Maria war nicht lange nach ihrer Geburt gestorben. Als der zweijährige Joseph eine Lungenentzündung bekam, rechneten die Eltern schon mit dem Schlimmsten. Joseph wurde tagelang von Fieberanfällen geschüttelt. Er erholte sich wieder, blieb aber im Wachstum zurück. Nur sein Kopf schien zu wachsen. Er war im Verhältnis viel zu groß für den kleinen, kraftlosen Körper, einen Körper, der ihm auch weiterhin das Leben schwer machte.

Der Vierjährige klagte plötzlich über Schmerzen im rechten Bein. Über die Ursache waren sich die Eltern offenbar nicht im Klaren. Heute weiß man, dass Joseph Goebbels an einer Knochenmarkentzündung erkrankt war. Die Schmerzen ließen wieder nach, und man dachte schon, dass dieses Leiden überstanden sei. Er konnte sogar ohne Beschwerden einen langen Spaziergang mitmachen, den die Familie an einem Sonntag ins nahe gelegene Geistenbeck unternahm.

An den darauffolgenden Tag sollte sich Joseph Goebbels sein Leben lang erinnern. Er lag auf dem Sofa im Wohnzimmer, die Mutter wusch Wäsche im großen Trog. Joseph wimmerte und weinte zunächst, dann schrie er. Die Schmerzen im Fuß waren wieder da, schlimmer als je zuvor. Der Masseur Scheuring wurde geholt. Er behandelte Joseph nun regelmäßig, konnte aber nicht verhindern, dass der Fuß gelähmt blieb und sich das Gelenk versteifte.

Auch die Ärzte in der Bonner Universitätsklinik waren ratlos. Sie konnten nichts dagegen tun, dass Josephs rechtes Bein allmählich verkümmerte und sich sein Fuß nach innen krümmte.[1] Eine Apparatur wurde für ihn gefertigt, die er nun tragen musste, um seinen Fuß zu stützen und gerade zu halten. Ohne diese Prothese konnte er nicht gehen, mit ihr konnte er nur humpeln. Joseph musste sich damit abfinden, dass er ein »Krüppel« war mit einem Klumpfuß. Von da ab, so erinnerte er sich später, sei seine Jugend »ziemlich freudlos«[2] verlaufen.

Ein körperlich behindertes Kind wächst anders auf als ein normales. Schlimmstenfalls fühlt es sich ausgestoßen oder »wie gefangen in einer fremden Welt«[3]. Seine ganze Hoffnung ist es, irgendwann als »normal« zu gelten. Wenn das nicht möglich ist, muss es sein Anderssein akzeptieren und, wie man so sagt, das Beste daraus machen. Eine andere Lösung besteht darin, die eigene Behinderung nicht als Nachteil zu sehen, sondern als Vorteil oder sogar als Auszeichnung.

Joseph war anders als die anderen. Das konnte er schon innerhalb der Familie feststellen. Er hatte zwei ältere Brüder, Konrad und Hans. Später, 1901 und 1910, kamen noch zwei Schwestern dazu, Elisabeth und Maria. Alle diese Geschwister waren mehr oder weniger »normal«. Nur Joseph fiel aus der Reihe. Im engen Kreis der Familie bekam er das nicht zu spüren. Freunde von außerhalb hatte er nicht. Ihm genügten seine Brüder, die seine besten Spielkameraden waren. Konrad und

Hans nahmen Rücksicht auf ihn, ja er war sogar der umsorgte »Liebling« der Familie. Dass es ihm an Zuneigung und Pflege nicht fehlte, dafür sorgte vor allem seine Mutter.

Katharina Goebbels stammte aus sehr einfachen Verhältnissen. Ihr Vater war ein Hufschmied gewesen in dem kleinen holländischen Grenzort Übach. Er starb früh, und seine Frau übersiedelte nach Deutschland, nach Rheindahlen, wo sie mit ihren sechs Kindern bei einem verwandten Pfarrer unterkam, dem sie den Haushalt führte. Katharina musste schon als junges Mädchen zum Unterhalt der Familie beitragen und wurde als Magd zu Bauern geschickt. Eine Schule konnte sie nie besuchen und hatte ihr Leben lang mit dem Schreiben und Lesen die größten Probleme. Darauf legte aber Fritz Goebbels anscheinend keinen Wert, als er die 25-jährige junge Frau in Rheindahlen kennenlernte und 1892 heiratete.

Katharina Goebbels wurde eine stille, aber nie untätige Ehefrau. Von früh bis spät war sie im Haushalt beschäftigt. Wenn es allen in der Familie gut ging, dann war auch sie zufrieden und glücklich. Tiefgläubig, wie sie erzogen war, nahm sie es auch demütig hin, dass eines ihrer Kinder benachteiligt war. Sie sah es als ihre mütterliche und christliche Pflicht, gerade diesem Kind besonders viel Aufmerksamkeit zukommen zu lassen. Fast täglich ging sie in die Marienkirche in Rheydt und nahm ihr »Jüppchen« mit. Vom Gerede der Nachbarn blieb sie aber nicht unberührt. Im katholischen Rheinland hatte ein Klumpfuß immer noch etwas Verdächtiges und Anrüchiges. War nicht der Teufel in vielen Abbildungen mit einem Klumpfuß dargestellt? Um derlei Gerede zu zerstreuen, soll Katharina Goebbels behauptet haben, dass die Behinderung ihres jüngsten Sohnes von einem unglücklichen Unfall herrühre. Er sei mit dem Fuß in einer Bank hängen geblieben, als man ihn herausheben wollte.

Ob Joseph bemerkt hat, dass auch seine Eltern und Geschwister nicht unbefangen waren, wenn die Rede auf seinen kranken Fuß kam? Die mitleidigen Blicke der Erwachsenen, wenn er an der Hand seiner Mutter zur Kirche humpelte, sind ihm sicher nicht entgangen. In der Nähe seiner Mutter fühlte er sich beschützt und geborgen. Sie war sein »fester Halt«[4] und sie blieb es auch in den folgenden Jahren. Unter den vielen Gedichten, die der spätere Student Joseph Goebbels verfasste, befindet sich auch eines an seine Mutter mit den Worten:

»Dein Gutes Wort und Deinen Segen
Gabst Du mit auf meinen Wegen,
Und rein das Herz und froh der Mut,
Und was Du mitgabst, das war gut.«[5]

Was Katharina Goebbels ihrem »Jüppchen« mitgab, war die Sicherheit, dass sie immer zu ihm hielt, egal was er machte oder dachte. Kritik oder gar Ablehnung hatte Joseph von seiner Mutter nie zu befürchten. Den mütterlichen Rückhalt brauchte er, als sein Lebenskreis sich erweiterte und er mit sechs Jahren in die Schule kam. Die Volksschule von Rheydt lag direkt neben dem kleinen Reihenhaus der Goebbels in der Dahlener Straße. Für Josef waren es nur ein paar Schritte zu gehen, aber dort betrat er eine andere Welt, in der andere Gesetze als zu Hause galten und in der er nicht mehr mit Schonung rechnen konnte. Freunde fand er nicht und die Lehrer konnten ihn nicht leiden. Er sei, so erklärte er es sich später, eben zu »eigensinnig« und frühreif gewesen.

Diese Erklärung gehört wohl schon zum Selbstschutz, den Joseph Goebbels im Laufe der Jahre entwickelte. Wer früh zum Außenseiter wird, der flüchtet sich in den Gedanken, den anderen überlegen zu sein, um seine Lage erträglich zu machen. Der Wahrheit näher dürfte man kommen, wenn man sich den kleinen Joseph als einen recht unansehnlichen und verschüchterten Jungen vorstellt. Die Lehrer jedenfalls sahen ihn als verstockt und faul und setzten dagegen die Mittel ein, die damals pädagogisch gebräuchlich waren, das heißt, sie schlugen ihn. Als die Mutter ihn einmal badete, entdeckte sie auf seinem Rücken die roten Striemen. Katharina Goebbels hätte es aber nie gewagt, sich zu beschweren, dazu war sie zu unterwürfig und hatte viel zu viel Respekt vor den Lehrern.

Anders war da schon ihr Mann, Fritz Goebbels. Er war zwar nur ein kleiner Angestellter, jedoch ehrgeizig und durchaus selbstbewusst gegenüber den sogenannten hohen Herren. Fritz Goebbels' Vorfahren waren Bauern gewesen. Sein Vater Konrad hatte den Sprung vom Bauernhof bei Jülich in den aufstrebenden Industrieort Rheydt gewagt. Er hatte es freilich nur zum Fabrikarbeiter gebracht und dementsprechend schwer waren auch die Anfänge für seinen Sohn Fritz gewesen. Fritz Goebbels hatte als Laufbursche bei der *Dochtfabrik Lennartz* angefangen und war Schritt für Schritt aufgestiegen. Kurz nach der Geburt seines Sohnes Joseph war er zum Handelsgehilfen befördert worden. Sein Gehalt war immer noch gering, aber er konnte immerhin die engen Wohnungen hinter sich lassen und für die wachsende Familie das Reihenhaus in der Dahlener Straße erwerben.

Dieser Aufstieg war nur möglich gewesen, weil Fritz Goebbels sich als pflichtbewusster und sparsamer Familienvater verstand. Für ihn gab es nur die Arbeit und die Sorge um Sicherung seiner kleinbürgerlichen Existenz. Er führte ein blaues Kontoheft, in das er penibel jede Ausgabe eintrug, auch die sechs Pfennige, die er am Sonntag in der Kirche in den Klingelbeutel warf. Die Familie saß abends oft zusammen und fertigte am Küchentisch in Heimarbeit Lampendochte, um ein bisschen Geld dazuzuverdienen. Auch im Winter wurde die »gute Stube« nur an Sonntagen geheizt und Hering mit Pellkartoffeln galt im Hause Goebbels als ein Festessen.

Joseph wuchs wie selbstverständlich in dieser kargen Anspruchslosigkeit auf. Später hat er diese Herkunft nicht geleugnet, war sogar stolz darauf und sprach auch über seinen Vater in den höchsten Tönen. Nur in seinen Tagebüchern oder in privaten Gesprächen sah er seine Kindheit und vor allem seinen Vater in einem anderen Licht. Er nannte ihn einen Bier trinkenden, kleinkarierten »alten Knicker«, der nur an das Geld gedacht habe, das ihm sein schwächlicher und missgestalteter Sohn kostete. »Es erbitterte ihn maßlos«, soll Goebbels über seinen Vater gesagt haben, »dass ich, auf den er seine ganze Hoffnung gesetzt hatte, statt zu büffeln und zu pauken (wie sich das gehört hätte) häufig im Bett bleiben musste.«[6] Waren es vielleicht weniger Vaterliebe als persönlicher Ehrgeiz und wirtschaftliche Überlegungen, die Fritz Goebbels zu dem Entschluss brachten, noch einmal einen Versuch zu unternehmen, seinen jüngsten Sohn von seiner Krankheit zu befreien?

In seinem letzten Jahr in der Volksschule wurde Joseph ins Krankenhaus nach Mönchengladbach gebracht, um seinen Fuß zu operieren. Die Wochen in der Klinik waren für Joseph ein Albtraum. Tief eingegraben in sein Gedächtnis haben sich die nachts an seinem Fenster vorbeiratternden Züge, die Minuten vor der Narkose und die Verzweiflung, als die Mutter nach einem Besuch wieder gehen wollte. Der einzige Lichtblick waren die Märchenbücher, die seine Tante Stina ihm ins Krankenhaus brachte. Sie machten Joseph zu einem leidenschaftlichen Leser.

Die Operation war ein Misserfolg. Nun stand fest, dass Joseph seinen verkrüppelten Fuß ein Leben lang behalten würde. Durch die lange Zeit im Krankenhaus und die Tage, die er danach zu Hause im Bett verbringen musste, hatte er monatelang nicht in die Schule gehen können. Sein Vater wollte aber unbedingt, dass Joseph im neuen Schuljahr in die Oberrealschule mit weiterführendem Gymnasium wechselt. Sein Zeugnis ließ das eigentlich nicht zu. Die Noten waren nicht gut genug und er hatte zu viel Stoff versäumt.

Es zeigte sich, dass Fritz Goebbels durchaus in der Lage war, sich durchzusetzen. Er wandte sich an Josephs Klassenlehrer und schaffte es tatsächlich, dass der das Zeugnis änderte. Herr Hennes, so hieß er, verringerte die Anzahl der versäumten Tage erheblich und machte aus allen Zweien eine Eins. Und so wurde es ein Zeugnis für einen zukünftigen Gymnasiasten.

Wie war es Fritz Goebbels gelungen, den Lehrer umzustimmen? Hat er ihn darauf hingewiesen, dass Joseph mit seiner Behinderung nie einen körperlich anstrengenden Beruf würde ausüben können? Hat er ihn davon überzeugt, dass sein Sohn begabt war, aber wegen seiner vielen Monate im Bett und im Krankenhaus nie hatte seine Begabung beweisen können? Oder war es doch so, wie Joseph Goebbels später immer wieder behauptet hat, dass sein Vater einen festen Plan für die Zukunft seines Sohnes im Kopf hatte und sich auch von einem Lehrer nicht davon abhalten lassen wollte?

Als einziger seiner Söhne sollte Joseph das Abitur machen und dann studieren. Dass er vielleicht einmal ein Priester werde, war der heimliche Wunsch von Fritz und Katharina Goebbels. Einen Geistlichen in der Familie zu haben, das wäre für die Goebbels ein riesiger Schritt auf der sozialen Leiter gewesen. Bei einem Priester fiel eine Behinderung nicht so ins Gewicht. Abgesehen davon wurde das Studium von der Kirche bezahlt.

Joseph Goebbels dachte noch nicht an die Zukunft. Er hatte andere Sorgen. Davon berichtete er in der Rückschau, als er elf Jahre nach seinem Eintritt in die Rheydter Oberrealschule an Ostern 1908 einen Roman schrieb, in dem er seine Kindheit und Jugend schonungslos und »ohne Schminke« erzählen wollte.[7] Der Held jenes Romans heißt Michael Voormann und er hat wie Goebbels ein verkrüppeltes rechtes Bein. Wegen dieser Behinderung wird er von den anderen Kindern verspottet und ausgelacht.

Michael wird ein Einzelgänger, aber richtig verbittert wird er erst, als ihm bewusst wird, dass er seine Einsamkeit nicht freiwillig gewählt hat, sondern dass die Menschen mit ihm nichts zu tun haben wollen, weil sie sich seiner schämen. In solchen Augenblicken zweifelt Michael auch an Gott, an den zu glauben seine Eltern ihn erzogen haben. »Warum hat Gott ihn so gemacht, dass die Menschen ihn verlachten und verspotteten?«, heißt es in Goebbels' Roman über Michael. »Warum durfte er nicht wie die anderen sich und das Leben lieben? Warum musste er hassen, wo er lieben wollte und lieben musste?«[8]

Michael hasst die Menschen, weil sie ihn verachten und ihm bei jeder Gelegenheit Verletzungen zufügen. Doch mit den Büchern, die er leidenschaftlich liest, tut sich ihm ein Weg auf, seiner trostlosen Lage zu entkommen. Hier, in der Welt der Literatur und Fantasie, kann er sich in andere Leben hineinversetzen. Hier kann es sein, dass sich wie im Märchen das Schicksal von Menschen, die hässlich und ausgestoßen sind, auf wundersame Weise wendet und sie mit Reichtum und Glück überhäuft werden.

Michael entdeckt nun auch die Vorteile, die es haben kann, in der Schule gut zu sein. War er vorher ein fauler und träger Schüler, so ist er jetzt im Unterricht jede Minute aufmerksam und lernt zu Hause intensiv. Und wie genießt er dann das triumphierende Gefühl, wenn er die anderen spüren lassen kann, dass er ihnen überlegen ist. Am liebsten würde er ihnen zurufen: »Ihr seid dumm und roh, ich, der Krüppel, der arme Elende, den ihr gestern mit Spott und Hohn übergossen habt, ich will euch zeigen, was ich kann.«[9]

Das Verhältnis hat sich umgekehrt. Michael ist derjenige, der sich über die anderen lustig machen kann. Dass er sich in seiner neuen Rolle auf eine bedenkliche Weise verändert, entgeht ihm nicht. Er tritt nun arrogant und eingebildet auf. Manchmal kann er sich selber nicht leiden und ist sich fremd. Denn eigentlich wollte er ja lieben, nicht hassen. Aber lieben, das hätte bedeutet, sich anderen schutzlos öffnen zu können. Das ist für ihn zu riskant oder vielleicht sogar unmöglich.

Michael vertraut lieber auf die bewährte Strategie. Er kann sich wehren, wenn er den Spieß umdreht und die anderen ihm unterlegen sind. Es gibt in diesem Kampf nur ein Oben und Unten, nur Sieger und Verlierer. Und Michael will kein Verlierer mehr sein. Also muss er den entdeckten »Weg« weitergehen.

Bei Joseph Goebbels ist die Veränderung, die er an seiner Romanfigur Michael beschrieb, erst relativ spät eingetreten. Er war schon in der achten Klasse des Gymnasiums, als er das erlebte, was er seine »Häutung«[10] nannte. Zu dem Fach Latein, das für ihn in den ersten Klassen ein Buch mit sieben Siegeln gewesen war, bekam er nun langsam einen Zugang. Nach und nach eroberte er sich mit intensivem Lernen und eisernem Willen auch die anderen Fächer und schließlich war er der Klassenbeste.

Sein Vater verfolgte Josephs Wandlung mit stolzer Zufriedenheit. Sie passte in den »Lebensplan«[11], den er für seinen Sohn entworfen hatte, und er wollte das Seine dazu tun, um Josephs erwachten Ehrgeiz in die richtige Richtung zu lenken. Eines Tages rief er ihn zu sich und eröffnete ihm mit freundlicher Stimme, dass er beschlossen habe, ihm ein Klavier zu kaufen. Das war für Joseph wie ein Wunder. Im Hause Goebbels gab es keine Musik, keine Instrumente oder gar Kunstgegenstände. Das waren alles Dinge, die überflüssig waren und viel Geld kosteten, Geld, das man nicht hatte.

Das gebrauchte und schon etwas klapprige Klavier, das Fritz Goebbels erwarb, kostete 300 Mark. Das war für ihn ein Vermögen und er hatte jahrelang Pfennig für Pfennig dafür beiseitegelegt. Nun stand es in der »guten Stube«, und Fritz Goebbels wachte streng darüber, dass Joseph regelmäßig übte. An kalten Tagen saß Joseph im Mantel stundenlang in der ungeheizten Stube und spielte seine Tonleitern.

Auch in der Schule fand Joseph seine Förderer. Sein Religionslehrer, der Kaplan Johannes Mollen, war auf den Schüler, der sich so lebhaft für alle Gottesfragen interessierte, aufmerksam geworden und führte außerhalb der Schulstunden lange

Joseph Goebbels (re.) am Tag seiner Erstkommunion, 3. April 1910

Gespräche mit ihm. Von Mollen hatte Joseph auch die erste heilige Kommunion empfangen, und es freute den Kaplan, dass Joseph gesagt hatte, dieser Tag sei der glücklichste seines Lebens gewesen.[12] Nicht nur sein Vater, sondern auch der Religionslehrer hoffte, dass Joseph ein Gottesmann werden würde.

Noch stärker als zur Religion fühlte sich Joseph jedoch zur Literatur hingezogen. Die Deutschstunden bei seinem Lehrer Voss waren seine »Lieblingsstunden«. Voss, der selber eine belastete Kindheit gehabt hatte, nahm sich des behinderten Schülers aus kleinen Verhältnissen besonders an. Er lud ihn zu sich nach Hause ein und gab ihm Bücher zu lesen. Um der Familie seines Musterschülers zu helfen, vermittelte er Joseph als Nachhilfelehrer für schlechte Schüler.

Auf diese Weise kam Joseph in die Häuser wohlhabender Familien. Er genoss es, die dummen Kinder reicher Eltern zu belehren. Und noch mehr genoss er es, dass er von den Müttern umsorgt und verwöhnt wurde. Heimlich hegte er seine Liebe zu diesen »reifen Frauen«, und es waren glückliche Stunden, wenn er abends im Bett lag, Liebesgedichte schrieb und sich vorstellte, dass seine Angebetete es hörte und ihn lobte, wenn er ihr seine Verse laut vorlas.

Heimliche Liebesbriefe schrieb Joseph nicht nur an die Mütter seiner Nachhilfeschüler, sondern auch an ein hübsches Mädchen aus seiner Schule. Hinter Maria Liffers, so hieß sie, waren viele her, auch Josephs Bruder Hans. Unglücklicherweise ließ Joseph seine schwülstigen Briefe an Maria unter seinem Pult liegen, wo sie ein Lehrer fand, der nichts Besseres zu tun hatte, als sie am nächsten Tag vor der johlenden Klasse vorzulesen.

Der Skandal war perfekt. Marias Eltern kamen zu den Goebbels, um sich zu beschweren. Hans, sein Bruder, war so aufgebracht, dass er mit dem Rasiermesser auf Joseph losging. Und sein Lehrer Voss war so enttauscht von seinem Lieblingsschüler, dass er ein Stipendium ablehnte, mit dem Joseph schon sicher gerechnet hatte. Das Donnerwetter, das der Vater über Joseph niedergehen ließ, hat der lange nicht vergessen.

So endete Joseph Goebbels' erste große Liebe. Dabei hatte er sich so gewünscht, ein Mädchen zu erobern, das von allen begehrt wurde. Was die schulischen Leistungen anbetraf, hatte er ja bereits bewiesen, dass er alle anderen überflügeln konnte. Warum sollte ihm das nicht auch beim Werben um ein Mädchen gelingen? Doch nun war er auf den Boden der Tatsachen zurückgeholt worden. Man hatte ihm wieder gezeigt, dass er nur ein armer Krüppel war. Damit wollte Joseph sich allerdings nicht abfinden. Er war überzeugt, dass man alles erreichen kann, wenn man nur fest genug daran glaubt und sein Ziel mit unbedingtem Willen verfolgt.

Dazu passt, dass er fasziniert war von den großen Männern in der Geschichte, von denen sein Geschichtslehrer Bartels so lebhaft erzählen konnte.[13] Von Alexander dem Großen, der mit seinem Heer bis nach Indien vorgedrungen war. Von Friedrich dem Großen, der sich in aussichtslosem Kampf gegen halb Europa gestellt hatte und wie durch ein Wunder doch als Sieger hervorgegangen war. Ihm allein war der Aufstieg Preußens zur Großmacht zu verdanken.

Seinen atemlos zuhörenden Schülern schilderte der Lehrer Bartels in allen Farben, wie die Deutschen vor erst vier Jahrzehnten an diese stolze Tradition anknüpfen konnten und im Krieg Frankreich besiegten. Wie es dem »Eisernen Kanzler«

Bismarck gelang, Deutschland zu vereinigen, und wie im Spiegelsaal des Versailler Schlosses feierlich König Wilhelm I. zum Kaiser des Deutschen Reichs gekrönt wurde. Nichts liebe er mehr als sein »Vaterland«, bekräftigte Bartels in jeder Stunde. Und dieses Vaterland war seit dem glorreichen Sieg von Sedan über die Franzosen auf dem besten Wege, wieder eine Weltmacht zu werden.

Dass es auf diesem Weg auch Verlierer gab, die Toten des Krieges oder das ausgebeutete Proletariat in den wachsenden Industriezentren, das hat der Lehrer Bartels wohl nicht erwähnt. Das entsprach auch nicht der Stimmung der Zeit, in der die Schattenseiten des Fortschrittes überstrahlt wurden von den täglichen Erfolgsmeldungen über deutsche Stärke. Im internationalen Autorennen von Paris nach Rouen hatte ein deutscher Wagen der Marke *Daimler* gewonnen. Im Kampf um das »Blaue Band«, die Auszeichnung für die schnellste Überquerung des Atlantiks, hatte ein deutsches Schiff die Konkurrenz hinter sich gelassen.

Um die Jahrhundertwende war Deutschland im Begriff, die führende Industriemacht der Welt zu werden. In den Eisenerzlagern Lothringens und den Kohlengruben des Saargebietes wurden gigantische Mengen Rohstoffe abgebaut. In der Erzeugung von Eisen und Stahl lag Deutschland in Europa weit an der Spitze. In allen Ländern riss man sich um die Waren »made in Germany«, die billiger und besser waren als die englischen und französischen.

Mit einem Zukunftsoptimismus ohnegleichen drängten die Deutschen überall in der Welt nach vorne. In Afrika und Asien waren ihre Soldaten und Handelsvertreter anwesend. Verständlich, dass die benachbarten europäischen Länder das

Expansionsstreben der Deutschen mit Sorge verfolgten. Der deutsche Kaiser beteuerte seinen Friedenswillen. Aber war nicht schon das ehrgeizige Streben nach wirtschaftlicher Überlegenheit eine Art von Krieg?

Das immense wirtschaftliche Wachstum wirkte sich auch in der kleinen Industriestadt Rheydt aus. Die Auftragsbücher der *Dochtfabrik Lennartz* waren voll. Davon profitierte auch der Angestellte Fritz Goebbels, der hoffen durfte, bald zum Buchhalter befördert zu werden. Das damit verbundene höhere Gehalt konnte er gut gebrauchen. Er musste sein Haus abzahlen und hatte vier Kinder, die noch nicht selbst verdienten. Ob er wirklich seinen jüngsten Sohn Joseph studieren lassen konnte, das stand noch in den Sternen. Begabt war er ja und im Klavierspielen hatte er große Fortschritte gemacht.

Fritz Goebbels überraschte Joseph mit einer Belohnung, die fast noch sensationeller war als das gekaufte Klavier. Er drückte ihm fünf Mark in die Hand für einen Opernbesuch in Köln. In die Oper zu gehen, hatte in der Familie bisher als rausgeworfenes Geld, wenn nicht gar als Sünde gegolten. Joseph zog sich den besten Anzug an, die Mutter steckte ihm heimlich ein Stullenpaket und einen Apfel zu und dann fuhr er nach Köln. Wie verzaubert war er von der Aufführung der *Madame Butterfly*, auch wenn ihm die plötzliche Großzügigkeit seines Vaters merkwürdig vorkam. Später war er überzeugt davon, dass der Vater ihm mit dieser ungeheuren Ausgabe keine Freude machen wollte, sondern wiederum nur seinen Erziehungsplan für den begabten Sohn im Kopf hatte. »Der Opern-Besuch«, so erinnerte sich Goebbels, »den sich meine Eltern in ihrem Leben noch nie geleistet hatten, gehörte – wie das Klavier – zu dem Milieu, in das ich aufsteigen sollte.«[14]

So wuchs Joseph Goebbels auf in einer Familie, in der er für die Mutter der »ausgemachte Liebling«[15] und für den Vater der Hoffnungsträger war – und in einem Land, das sich an der eigenen Stärke und Macht berauschte und in dem eigentlich für Schwache und Behinderte kein Platz war.

II. »SIEH NACH DEN STERNEN!«

AUGUST 1914 – MAI 1918

Das Schlimmste für den späteren Gauleiter und Minister Joseph Goebbels war es, eine Ehrenkompanie abschreiten zu müssen. Schon Tage vorher konnte er nicht schlafen bei der Vorstellung, dass er, der »Schrumpfgermane«, wie ihn manche hinter vorgehaltener Hand spöttisch nannten, an einer Reihe baumlanger, kräftiger und gerade gewachsener Soldaten vorbeihumpeln sollte. Für jeden war ja offensichtlich, dass dieser schwächliche, kleinwüchsige und gehbehinderte Mann so gar nicht in das nationalsozialistische Bild von der arischen Rasse passte.

In Goebbels' näherer Umgebung traute sich freilich niemand, Anspielungen oder gar Witze über sein Aussehen oder gar über seine Behinderung zu machen. Jeder sah, dass mit seinem rechten Bein etwas nicht stimmte. Aber selbst enge Mitarbeiter oder persönliche Bekannte konnten nicht sagen, was genau ihm fehlte. Nur der spätere Auslandspressechef Ernst Hanfstaengl bekam den verkrüppelten Fuß einmal zu sehen. Das war, als er Goebbels auf Bitte seiner Frau Magda aus den durchnässten Stiefeln helfen sollte. Bei dieser Gelegenheit konnte Hanfstaengl einen Blick auf den verkrümmten Fuß werfen. Das war für ihn ein »horribler Anblick« und erinnerte ihn an eine »Krallenfaust«.[1]

Als sein Pressereferent erwähnte, dass sein Sohn an Kinderlähmung erkrankt sei und an einem verkürzten Bein leide, steckte ihm Goebbels ein Buch zu, das er unbedingt lesen solle. Es war der Roman *Der Menschen Hörigkeit* des englischen Schriftstellers Somerset Maugham. Darin wird die Geschichte des jungen Philip Carey erzählt, der früh seine Eltern verliert und mit einem Klumpfuß aufwachsen muss. Philip wird von seinem Onkel, einem Landpfarrer, und dessen Frau aufgenommen. Sein Leidensweg beginnt, als er in die Schule kommt. Bei jeder Gelegenheit piesacken ihn seine Mitschüler, lachen ihn aus oder stellen ihm ein Bein. Einmal zwingen sie ihn im gemeinsamen Schlafsaal sogar, seinen verkrüppelten Fuß zu zeigen.

Obwohl Philip sich nichts sehnlicher wünscht, als Freunde zu haben und beliebt zu sein, wird er doch gegen alle vorsichtig und distanziert, was nach außen so wirkt, als wäre er verschlossen und eingebildet. Dieser Eindruck verstärkt sich noch, als Philip in der Schule die besten Noten schreibt und der Direktor ihn persönlich fördern will. Aber Philip wehrt sich gegen alle Versuche, tiefer in seine Gefühle einzudringen. Umgekehrt entwickelt er einen »teuflischen Instinkt«[2], die wunden Punkte anderer zu entdecken, um sie zu verletzen. Dabei hält er insgeheim an seinem Traum fest, eines Tages doch wieder normal zu sein.

In der Bibel stößt Philip auf eine Stelle im Neuen Testament, wo es heißt, dass jemand, der aus ganzem Herzen glaubt, auch Berge versetzen kann. Er klammert sich an diese Worte und beschließt, die ganzen Ferien hindurch so oft es geht zu beten, um seinen festen Glauben zu zeigen und das Wunder seiner Heilung zu bewirken. Am letzten Abend vor Schulbeginn geht er voller Erwartung zu Bett und stellt sich vor, wie er am nächsten Morgen mit einem gesunden Fuß erwachen wird, wie die Jungen in der Schule staunen werden, wenn er aus den Ferien mit einem ganz normalen Fuß zurückkommt und jetzt beim Fußballspielen der Schnellste ist.

Als er erwacht und vorsichtig seinen Fuß abtastet, ist alles unverändert. Philip beginnt, an Gott zu zweifeln, aber nicht an sich selbst. Wenn Gott ihm nicht helfen kann, muss er es selber tun. Er flüchtet sich nun in den Glauben, etwas Besonderes zu sein, ein Auserwählter, ein Künstler. Gegen den Willen seines Stiefvaters und gegen den Rat seines Schuldirektors bricht Philip die Schule ab und geht nach Paris, um sich dort als Maler ausbilden zu lassen.

Die Zeit in Paris ist ein Scheitelpunkt in Philips Leben. Hier entscheidet sich, ob er wirklich talentiert ist oder ob er sich mit seinem Traum von einem Künstlerleben nur in eine Idee verrannt hat. Und es stellt sich die Frage, ob er stark genug ist, um von diesem Traum Abschied zu nehmen, und ob er ein Leben führen kann ohne das Bedürfnis, außergewöhnlich und großartig zu sein.

Zu der Zeit, als Joseph Goebbels in die Oberrealschule in Rheydt kam, hatte ein sieben Jahre älterer junger Mann in der österreichischen Kleinstadt Linz seine Schullaufbahn bereits abgebrochen. Nach unglücklichen und erfolglosen Jahren in der städtischen Realschule hatte der 18-jährige Adolf Hitler keine Lust mehr, sich weiter mit dem Lernstoff zu quälen. Er wollte eine künstlerische Laufbahn einschlagen. Im September 1907 ging er nach Wien, um an der Kunstakademie zu studieren. Bei der Aufnahmeprüfung fiel er durch, und als er sich ein Jahr später nochmals bewarb, wurde er wieder abgelehnt. Hitler wollte keinen »Brotberuf« ergreifen, sondern seinen

Weg als Künstler weitergehen, auch wenn er dabei noch viele Rückschläge und Entbehrungen auf sich nehmen müsste. Er lebte als Obdachloser in Wien und verdiente sich ein wenig Geld mit selbst gemalten Postkarten.

Im Mai 1913 siedelte er nach München über. In der bayerischen Hauptstadt hielt er sich wieder mit seinen Bildern über Wasser, die er auf der Straße und in Wirtshäusern verkaufte. Als am 1. August 1914 Deutschland Russland den Krieg erklärte, stand am Tag darauf der Postkartenmaler Hitler in der jubelnden Menge vor der Feldherrnhalle. Er habe, so schrieb er später in seinem Buch *Mein Kampf*, dem Himmel aus vollem Herzen gedankt, dass er ihm das Glück geschenkt habe, »in dieser Zeit leben zu dürfen«. Sein Antrag, in die bayerische Armee aufgenommen zu werden, wurde genehmigt. Ende Oktober wurde Hitlers Einheit in Marsch gesetzt, um nach dem Plan des Generals Schlieffen das neutrale Belgien zu besetzen und das verfeindete Frankreich anzugreifen.

Vermutlich war der Soldat Hitler unter den Truppen, die durchs Rheinland und durch Rheydt zur belgischen Grenze transportiert wurden. In der niederrheinischen Stadt herrschte wie in ganz Deutschland eine grenzenlose Kriegsbegeisterung. Fast jeder männliche Einwohner, der alt genug war oder sich noch jung genug fühlte, meldete sich freiwillig, um bei dem großen patriotischen Waffengang dabei zu sein.

Auch die Schüler der oberen Klassen des Rheydter Realgymnasiums hielt es nicht mehr in den Schulbänken. Sie stürmten die Meldestellen und Joseph Goebbels war mit dabei. Er, der vom Turnunterricht befreit war, musste wissen, dass er als Soldat nicht infrage kam. Ob ihn der Stabsarzt bei der Musterung überhaupt untersucht hat? Oder hat er den schwächlichen, körperbehinderten Schüler nach einem kurzen Blick gleich wieder nach Hause geschickt?

Natürlich wurde Goebbels für untauglich erklärt. In seinen Erinnerungen an diese bittere Stunde steht nur der knappe Satz: »Auf dem Kirchturm.«

Ist er dort hinaufgestiegen, um in seiner Verzweiflung allein zu sein? Wollte er sich hinabstürzen? Ziemlich sicher ist, dass er anschließend nach Hause kam und sich in seinem Zimmer einsperrte und dass die besorgte Mutter durch die Tür nur sein Weinen hörte. Der Krieg war ein großes Fest der nationalen Gemeinschaft. Und er war wieder aus der Gemeinschaft ausgeschlossen. Wieder war sein verkrüppelter Fuß daran schuld.

Sein Bruder Hans, seine Mitschüler Fritz Prang, Willy Zilles und Hubert Hompesch und sein Freund, der Bauernsohn Fritz Flisges, zogen für das Vaterland in den Krieg. Joseph blieb zu Hause und schrieb in der Schule einen Aufsatz zu der Frage »Wie kann auch ein Nichtkämpfer in diesen Tagen dem Vaterland dienen?«. Indem er, so führte Goebbels aus, die Verwandten der Soldaten besucht oder dem Roten Kreuz »Liebesgaben« spendet.[3] Das war freilich ein kümmerlicher Ersatz für die Ehre, mit dem Gewehr in der Hand gegen den Feind zu kämpfen.

Von den eingezogenen Klassenkameraden bekam er Briefe, in denen sie die Daheimgebliebenen bedauerten und vom abenteuerlichen Leben auf dem Schlachtfeld schwärmten und von der Aussicht, mit einer Tapferkeitsmedaille nach Hause zu kommen. Die Briefe wurden allerdings nüchterner, als im Winter der Vormarsch ins Stocken geriet und die zermürbenden Grabenkämpfe in Nordfrankreich begannen. Nur von

Josephs Bruder Hans kamen keine Briefe, und die Familie wusste lange nicht, wo er war und ob er noch lebte.

Joseph Goebbels' Klasse leerte sich allmählich. Übrig blieben nur diejenigen, für die das Militär keine Verwendung hatte oder deren Eltern einflussreich genug waren, um zu verhindern, dass ihre Söhne »zu den Fahnen« mussten. Für das kleine Häuflein von Jungen in den oberen Klassen war die Auswahl an Mädchen nun freilich groß. Und auch Goebbels hatte nun Glück in der Liebe, mehr Glück, als er je zu hoffen gewagt hatte.

Er lernte eine Schülerin aus Rheindahlen kennen namens Lene Krage. Sie war sehr jung und sehr schön und sie erwiderte Josephs Gefühle. Bis zum ersten Kuss dauerte es nicht lange. Wie stolz er auf seine Eroberung war, das hat er in seinem Roman ganz unumwunden geschildert. »Er, der arme Krüppel«, so heißt es dort über Michael, »er hatte das schönste Mädchen geküsst.«

Dieser Triumph wird bald überschattet durch die Probleme, die Michael mit Anna, wie seine Freundin im Buch heißt, hat. Er hält sie nämlich für dumm, und wie er ein Mädchen lieben kann, das so »tief« unter ihm steht, das kann er selbst nicht verstehen.[4]

Die Figur »Michael« in Goebbels' Roman verhält sich nicht anders, als Goebbels selbst sich verhalten hat. In seiner Beziehung zu Lene Krage war er überzeugt von seiner geistigen Überlegenheit. Und von Lene erwartete er nichts anderes, als dass sie ihn bewunderte und ihm total ergeben war. Lene hat diese Rolle bereitwillig erfüllt. In ihren Briefen beteuerte sie immer wieder, wie klein sie sich neben Joseph vorkam und wie »anbetungswürdig« sie ihn fand.[5] Wenn sie eigene Ansprüche anmeldete, dann empfand Goebbels das als »eigensinnig«, und er beschwerte sich über die »Qual«, die er ihretwegen litt.[6]

Diese Qualen hatten jedoch noch eine andere Ursache. In seiner Liebe zur sinnlichen Lene erwachte Josephs Sexualität erst richtig. Aber wie sollte er damit umgehen? Beide wohnten noch bei ihren Eltern, und das Höchste an Intimität waren wohl die Zärtlichkeiten und Küsse, die sie austauschten, wenn Goebbels am Sonntag nach Rheindahlen kam und sie einen Spaziergang machten. In seiner Not hat er sich vermutlich anders geholfen. Jedenfalls spricht er in seinen Erinnerungen vom »Kampf mit dem Geschlecht«, den er offenbar oft verlor, so oft, dass er sich deshalb für »krank« hielt.

Goebbels dachte nur noch an Lene. Alles andere rückte in den Hintergrund, auch der Krieg. Von seinem Bruder Hans hatte man endlich wieder ein Lebenszeichen erhalten. Er war in französische Gefangenschaft geraten, also in relativer Sicherheit. Im August 1915 musste nun auch Josephs zweiter Bruder Konrad in den Krieg ziehen. So begeistert wie in den ersten Kriegswochen war die Stimmung nun längst nicht mehr. Viele Familien in Rheydt erhielten die Nachricht, dass ihre Söhne auf dem »Feld der Ehre« gefallen waren.

Der Tod schlug aber auch in der Heimat zu. Josephs 15-jährige Schwester Elisabeth erkrankte schwer an Tuberkulose. Die Ärzte waren machtlos, Medikamente gegen diese Krankheit gab es noch nicht, und Elisabeth starb in der Nacht des 2. November 1915. Am Morgen danach knieten Joseph und sein Vater am Bett des toten Mädchens und beteten ein Vaterunser.[7]

Fritz Goebbels erinnerte zwei Jahre später seinen Sohn an

diesen Moment, weil er in Sorge war, dass Joseph seinen christlichen Glauben verlieren könnte. Joseph Goebbels konnte aber schon lange vorher nichts mehr mit dem Katholizismus in seinem Elternhaus anfangen. Die »Kirchgangtreiberei«[8] ging ihm zunehmend auf die Nerven. Und was hatte es geholfen, dass seine Mutter jeden Tag in die Kirche gelaufen war, um für ihre kranke Tochter zu beten? Elisabeth war trotzdem gestorben.

Statt zu beten, verfasste Joseph lieber Gedichte, viele Gedichte. Auch auf seine tote Schwester machte er ein Gedicht, das er sehr ergreifend fand. Joseph wusste, dass seine Reime oft pubertär und holprig waren, aber er legte doch seine ganze Seele hinein. Abgesehen davon gefiel ihm die Vorstellung, dass niemand sonst in seinem Freundes- und Bekanntenkreis dichtete. Er war der Einzige. Überhaupt glaubte er, dass es zwei verschiedene Arten von Menschen gebe: solche, die Verse machen, und solche, die das nicht können. Und Menschen, die Verse machen, so glaubte er, seien eben etwas Besonderes und bevorzugt. Eigentlich sollten sie auch nicht arbeiten müssen, sondern die anderen müssten das für sie übernehmen. Das waren Joseph Goebbels' Gedanken, die er dann in seinem Roman seinen Helden Michael denken ließ.[9]

Seiner Freundin Lene schenkte er zu Weihnachten einen ganzen Band Gedichte. Die Mehrzahl von Goebbels' Gedichten ist sehr schwülstig und sentimental. Viele von ihnen haben als Ort einen sommerlichen Garten, der voll ist von duftenden Rosen und singenden Nachtigallen. Das ist der Rahmen für ein lyrisches Ich, das seinen Weltschmerz beklagt oder die Liebe beschwört wie in dem Gedicht *An Liebe*:

»An Liebe sterben ist so schön,
Und müssen wir doch sterben gehen,
So will ich nur an Liebe sterben
Und mir den schönen Tod erwerben.«[10]

Lene war nun sein Ein und Alles, seine Freunde und Schulkameraden bekamen von ihm fast nichts mehr mit. Joseph fühlte sich schon so fest mit Lene verbunden, dass er es für eine »Ehrensache« hielt, sie einmal zu heiraten. Das war natürlich bei seinem Alter und bei seiner Situation völlig undenkbar. Er stand kurz vor dem Abitur und würde bald wegziehen, um zu studieren. Was sollte dann aus dieser Liebe werden?

Bei den Abiturprüfungen im Frühjahr 1917 schnitt Joseph Goebbels glänzend ab. In seinem Zeugnis standen nur Einser und Zweier. Auch in Betragen, Aufmerksamkeit und Ordnung hatte er eine Eins. Weil er den besten Aufsatz geschrieben hatte, durfte er bei der Abiturfeier die Festrede halten. In für die Zeit typischen pathetischen Worten beschwor er Deutschland als das Land der »Dichter und Denker«, das auserwählt sei, der »geistige Führer in der Welt« zu werden.[11]

Joseph Goebbels wollte auch einmal zu den geistigen Führern gehören, allerdings nicht als Geistlicher, als Pfarrer, sondern als Journalist oder Schriftsteller. Von einem Theologiestudium war nicht mehr die Rede. Deutsch und Geschichte waren die Fächer seiner Wahl. Sein Vater war nicht glücklich über diese Entscheidung, aber er gab seinen Segen dazu. Und die Sorge, wie er das Studium des Sohnes bezahlen sollte, wurde überwogen vom Stolz, dass Joseph der Erste in der Familiengeschichte war, der eine Universität besuchte.

Joseph musste nun Abschied nehmen von Lene. Die beiden

Der Gymnasiast Joseph Goebbels (links, mit gefalteten Händen) unter seinen Mitschülern, Rheydt um 1916

versteckten sich im Kaiserpark in Rheydt und warteten, bis der Park geschlossen wurden. In dieser Nacht, so berichtete er später, küsste er zum ersten Mal ihre Brust.

Michael Voormann machte das beste Abitur, er ließ Anna und die Heimat zurück und zog »der Freiheit entgegen«. So heißt es in Joseph Goebbels' Roman. Sein eigener Aufbruch nach Bonn an einem kalten Apriltag des Jahres 1917 war nicht so strahlend. Er gehörte jetzt zwar zur Elite der deutschen Jugend, war aber ein armer Schlucker mit nur wenig Geld in der Tasche. Doch dieses Schicksal teilte er mit vielen Deutschen. Im Land herrschte Hunger. Die Brot- und Kartoffelrationen wurden gesenkt.

Am 6. April erklärten die USA dem Deutschen Reich den

Krieg. Die deutschen Truppen in Frankreich hatten sich auf ihre Stellungen zurückgezogen. Die Front war nun festgefahren. Die verfeindeten Soldaten verschanzten sich in Gräben, die oft nur in Sichtweite voneinander entfernt waren. Minimale Geländegewinne wurden mit ungeheuren Verlusten bezahlt, viele Soldaten wurden durch erstmals eingesetzte Kampfgase getötet oder verletzt.

Zwischen den Befehls- und Gefechtsständen war der Gefreite Adolf Hitler als Meldegänger unterwegs, um Informationen und Botschaften zu übermitteln. Das war eine gefährliche Aufgabe, die Hitler begeistert und scheinbar kaltblütig erledigte. Mehrmals war er nur knapp dem Tod entkommen. Für seine Tapferkeit war ihm das Eiserne Kreuz zweiter Klasse verliehen worden. Im Herbst des Vorjahres war er von einer Granate am Bein verletzt worden und hatte monatelang in Berlin und München bleiben müssen. Er war entsetzt gewesen über die Zustände in der Heimat. Überall hatte er nur Drückeberger, Maulhelden und Kriegsgewinnler gesehen. Hitler hatte sich gesehnt nach der entschlossenen und kameradschaftlichen Haltung an der Front, und er war glücklich gewesen, als er im März 1917 wieder in sein Regiment zurückkehren durfte.

Während Hitler im Kugelhagel und zwischen Granateinschlägen seine Botengänge machte, hörte Joseph Goebbels Vorlesungen über deutsche Kunst und Geschichte und besuchte ein Seminar über Heinrich Heine. In seiner freien Zeit musste er reichen Bürgersöhnen Nachhilfestunden geben, um sich ein wenig Geld dazuzuverdienen. Das Leben in Bonn war teuer. Und noch teurer wurde es für Goebbels, als er in eine Studentenverbindung eintrat. Das war für einen Anfänger fast ein Muss.

Elitäre Verbindungen wie die *Borussia*, in der viele adlige Studenten Mitglied waren, kamen für den Sohn eines Buchhalters nicht infrage, schon allein darum, weil es schlagende Verbindungen waren und Goebbels mit seinem verkrüppelten Fuß bei dem Ritual der Mensur keine gute Figur gemacht hätte. Sein früherer Religionslehrer Mollen empfahl ihm eine katholische Studentenverbindung, der er als Student einmal selber angehört hatte. Ihr Name war *Unitas Sigfridia* und Goebbels wurde aufgenommen.

Als »Fuchs«, wie man einen Neuling nannte, musste er sich einen »Leibbursch« suchen, der ihn in die Verbindung einführte. Seine Wahl fiel auf Karl Heinz Kölsch, den alle nur »Pille« Kölsch nannten. Dieser Entschluss wurde mit reichlich Bier begossen und Goebbels musste seinem »Leibbursch« als Zeichen der Freundschaft einen »Bierzipfel« übergeben. Das war ein Stoffanhänger mit dem Vereinswappen und eingewobenen Sprüchen. Goebbels konnte den »Bierzipfel« nur auf Pump anschaffen und auch in der Folgezeit blieb manch andere Rechnung unbezahlt.

Trotz seiner offensichtlichen Armut war er in der *Unitas* beliebt und geachtet. Bei einem Vereinsfest Ende Juni 1917 hielt er einen Vortrag über den Schriftsteller Wilhelm Raabe, für den er viel Lob erntete. Raabe war neben anderen Schriftstellern wie Theodor Storm und Gottfried Keller Goebbels' Vorbild, weil er eine sehr schwere Kindheit und Jugend gehabt hatte und trotz aller Widerstände und Demütigungen daran festgehalten hatte, einmal ein Dichter zu werden. Raabe war mehrmals in der Schule gescheitert und hatte später eine Buchhändlerlehre abgebrochen. Eines Tages, es war der 15. November 1856, setzte er sich hin und schrieb den ersten

Satz seines Romans *Die Chronik der Sperlingsgasse*, der ihn dann berühmt machte.

Besonders schätzte Goebbels die Figur des Heinrich Ulex in Raabes Roman *Die Leute aus dem Wald*. Dieser Ulex ist ein Astronom, ein »Sternseher«. Er haust in seiner Dachwohnung mit seinen Büchern und dem Teleskop und schaut mit Verachtung und Humor auf die Stadt hinunter, die ihm mit ihren hohen Häusern und dem Qualm der Fabriken den Blick auf die Sterne versperrt. Heinrich Ulex ist dieser »Erdenwelt vollständig entzogen«, und er will auch nichts zu tun haben mit der Welt des Bankiers Wienand, in der hauptsächlich »christliches Bankiertum mit jüdischer Legierung und jüdisches Bankiertum mit feudaler Betitelung« zu finden sind.[12]

Goebbels liebte diesen Romanhelden, weil er ein träumerischer »Idealist« ist und trotz aller »Industrie und materialistischer Zeitströmungen« an seinem Lebensmotto festhält, welches lautet: »Sieh nach den Sternen!« Ein solcher Idealist wollte auch Goebbels sein und in seiner Burschenschaft ließ er sich daher den Namen »Ulex« geben. »Ulex« Goebbels musste nun aber die Erfahrung machen, wie schwer es ist, ein Idealist zu bleiben, wenn man eigentlich den Mammon verachtet und dennoch dauernd davon abhängig ist.

Das Geld, das er von zu Hause mitbekommen hatte und das bis zum Semesterende reichen sollte, war schon nach wenigen Wochen aufgebraucht, und er hatte zusätzlich Schulden gemacht. Goebbels konnte das erste Semester nicht zu Ende studieren. Er musste ohnedies zurück nach Rheydt. Er hatte die Aufforderung erhalten, sich doch noch zum Kriegsdienst zu melden. Nicht an die Front sollte er, sondern in ein Büro des Vaterländischen Hilfswerks. Diese Einrichtung war per Gesetz geschaffen worden, um alle männlichen Deutschen vom 17. bis zum 60. Lebensjahr, die nicht eingezogen waren, zu einer kriegswichtigen Tätigkeit zu verpflichten.

Die Heimkehr war alles andere als erfreulich. Goebbels musste seinem Vater seine unnötigen Ausgaben und die offenen Rechnungen beichten. Fritz Goebbels tobte, aber es blieb ihm nichts übrig, als die Schulden seines Sohnes zu bezahlen.

Im Büro des Vaterländischen Hilfswerks blieb Goebbels nur kurze Zeit. Entweder gab es zu wenig Arbeit oder man konnte den Studenten nicht gebrauchen. Goebbels war es recht, dass er zu Hause bleiben konnte. Er hatte Besseres zu tun, als seine Zeit mit langweiliger Büroarbeit zu vergeuden. Er wollte wie Wilhelm Raabe nun mit seiner schriftstellerischen Karriere einen Anfang machen. Gedichte hatte er genug geschrieben, nun wollte er es mit Prosatexten versuchen. Wie Ulex, der Sternseher, zog er sich zurück in sein kleines Zimmer im ersten Stock des elterlichen Hauses und schrieb Geschichten.

Als Stoff für eine davon diente ihm ein Ausflug, den er im Frühjahr mit seinen Freunden von der *Unitas* am Rhein unternommen hatte. Der Held dieser Novelle heißt Karl Heinz, trägt also den gleichen Vornamen wie Goebbels' »Leibbursch« und Freund »Pille« Kölsch, dem das Werk auch gewidmet ist. Nach einer fröhlichen Wanderung an den Rheinufern kehrt Karl Heinz in seine Studentenbude zurück und findet die Nachricht vor, dass seine über alles geliebte Mutter schwer erkrankt ist. Sofort fährt er nach Hause, in das Gut Alpenhof, wo er die Mutter nur noch tot vorfindet. Sie hat ihm einen Brief hinterlassen, der Karl Heinz so erschüttert, dass er an einem Herzschlag stirbt. Bei dem Toten liegt ein Blatt, auf dem er seine Freundin Margit bemitleidet und die Liebe zu seiner Mutter in pathetischen Worten beschwört. Ohne sie, so heißt es darin, könne er nicht leben in dieser »herzlosen Welt«.[13]

Goebbels hat diese und ähnliche Werke sieben Jahre später selbst als »schwülstig sentimental« und »kaum noch genießbar« bezeichnet. Als er sie schrieb, war er jedoch von ihrer literarischen Qualität und der Aufrichtigkeit seiner Gefühle überzeugt, so überzeugt, dass er die Manuskripte an die *Kölnische Zeitung* schickte. Und es mag ihm als ein Beweis für die herz- und verständnislose Welt vorgekommen sein, dass sie allesamt abgelehnt wurden. Goebbels hatte sich nicht nur Anerkennung, sondern auch Geld erhofft. Denn ohne Geld konnte er sein Studium nicht fortführen.

Es war wieder sein früherer Religionslehrer Johannes Mollen, der ihm aus dieser Sackgasse half. Er empfahl seinem einstigen Musterschüler, sich um ein Stipendium beim katholischen Albertus-Magnus-Verein zu bewerben. Goebbels schrieb mehrere Briefe an den Sitz des Vereins in Köln. Mollen und der frühere Ortspfarrer von Rheydt stellten ihm sehr wohlwollende Empfehlungsschreiben aus. Aufgrund dieser Zeugnisse war es für den Albertus-Magnus-Verein nur »zu natürlich«, diesem hochbegabten, »charakterlich einwandfreien« jungen Mann, der aus einer gut katholischen Familie kam und die besten Aussichten für die Zukunft hatte, das Stipendium zu gewähren.[14] Anfang Oktober erhielt Goebbels sein erstes zinsloses Darlehen in Höhe von 180 Mark. Zusammen mit den 50 Mark, die er vom Vater bekam, hatte er nun genügend Geld, um seine Bücher und die Kollegiengelder zu bezahlen.

Bei diesen Ausgaben blieb es nicht. Goebbels war ein fleißiger Student, zumindest in den ersten Wochen, aber mit wesentlich mehr Begeisterung engagierte er sich in seiner

Burschenschaft. Er und Kölsch waren die treibende Kraft im Vereinsleben. Sie organisierten Vorträge und standen bei den Kegelabenden und den Ausflügen am Wochenende immer im Mittelpunkt. »Ulex« Goebbels und »Pille« Kölsch waren beliebt wegen ihres »geselligen Wesens« und ihres »sonnigen Humors«.[15]

Kölsch stammt aus Werl, einer Kleinstadt 40 Kilometer westlich von Dortmund. Seine Familie war wohlhabend und er hatte noch drei Geschwister, einen Bruder und zwei Schwestern. Goebbels lernte die ältere Schwester Agnes kennen und beide verliebten sich gleich ineinander. Agnes war anscheinend ein forsches Mädchen, das nicht darauf wartete, bis ihr Auserwählter die Initiative ergriff. Sie besuchte »Ulex« in Rheydt. Im sittenstrengen Haus der Goebbels war es allerdings schon ein Wagnis, als sie sich auf dem Sofa im Wohnzimmer heimlich einen »kalten Kuss« gaben. Goebbels wollte mehr, und er ließ sich gerne dazu überreden, nach Werl zu kommen, um die ganze Familie kennenzulernen.

Die Aufnahme im Hause Kölsch war überaus herzlich und Goebbels verbrachte fast jedes Wochenende und auch Silvester bei der gastfreundlichen Familie. Hier fühlte er sich mehr zu Hause als im erzkatholischen und eintönigen Rheydt. Die Familie pflegte einen großzügigen Lebensstil und war auch in ihren Ansichten und Prinzipien sehr freizügig. Es zeigte sich, dass alle weiblichen Mitglieder der Familie vom Freund des Sohnes und Bruders angetan waren. Goebbels hatte Eigenschaften, die sein wenig attraktives Äußeres und seine Behinderung mehr als wettmachten. Er konnte charmant und witzig sein und andere mit seinem Enthusiasmus mitreißen.

Frau Kölsch, die Mutter, schloss ihn sofort in ihr Herz und

schickte ihm in den folgenden Wochen Pakete mit Lebensmitteln und Briefen, die sie mit »Mutti« unterzeichnete. Mehr als nur mütterliche Gefühle brachte ihm die zweite Tochter Liesel entgegen. Sie wurde nun zur Konkurrentin ihrer Schwester Agnes. Die Verwirrung war komplett. Erst kam Agnes nach Bonn, dann kam Liesel. Mit beiden verbrachte Goebbels eine Nacht, und beide waren, wie er zufrieden feststellte, »restlos gut«[16] zu ihm, was immer das heißen mag. Für wen er sich entscheiden sollte, wusste er offenbar selber nicht. Agnes scheint die energischere der beiden Schwestern gewesen zu sein und entschied den Wettstreit für sich, was keineswegs mehr Ruhe in Goebbels' Leben brachte.

Er fühlte sich wie jemand, der verzweifelt nach etwas sucht, es aber nicht finden kann. An der Universität fand er es schon gar nicht. Die Seminare über Literaturgeschichte und den jungen Goethe, die er belegt hatte, gingen spurlos an ihm vorüber. Er wollte ja auch nicht andere Dichter studieren, sondern selber einer werden. Immerhin hatten ihn die Gefühlsbäder, die er mit den Kölsch-Schwestern durchlebt hatte, zu neuen Novellen inspiriert. Aber abdrucken wollte sie niemand. Wann endlich kam der Durchbruch? Wann endlich erkannte und würdigte auch die Welt die Berufung, die er in sich fühlte?

In Bonn wollte Joseph Goebbels nicht bleiben. »Pille« Kölsch hatte vor, das nächste Semester in Freiburg zu studieren. Goebbels dachte erst an Münster, um Agnes nahe zu sein. Doch dann entschied er sich, seinem besten Freund zu folgen. Der *Unitas*-Verein ließ die beiden nur ungern ziehen und verabschiedete sie mit einer, wie es im Vereinsbericht hieß, »glänzend verlaufenen Abschiedskneipe«[17].

Goebbels schaute nur kurz bei seiner Familie in Rheydt vorbei. Mit seinem Vater war es vor Wochen fast zum Bruch gekommen, weil Joseph trotz des Stipendiums mit dem Geld nicht auskam und weil er seine freie Zeit lieber in Werl als bei seinen Eltern verbracht hatte. Schon nach einem Tag verabschiedete er sich wieder und stieg in den Zug nach Süden. Es war ein sonniger Tag Anfang Mai 1918. Entlang der Bahnlinie blühten die Wiesen und Bäume. Der Krieg schien weit, weit weg. Wenn man etwas davon mitbekam, dann waren es Meldungen über Siege und die Heldentaten der deutschen Soldaten. Wer konnte daran zweifeln, dass dieser Krieg so gut wie gewonnen war?

In Freiburg wartete schon »Pille« Kölsch auf seinen Freund. Als Goebbels um sechs Uhr nachmittags ankam, umarmte Kölsch seinen »Ulex«. Sie hatten schon in der letzten Zeit in Bonn die Wohnung geteilt und wollten nun in Freiburg wieder zusammenziehen. Kölsch hatte geeignete Zimmer in der Breisacherstraße gefunden. Die beiden wollten sich auch wieder in der Burschenschaft *Unitas* engagieren. Kölsch hatte an der Universität bereits einige Leute kennengelernt. Von einer Studentin schwärmte er besonders. »Die musst du auch kennenlernen!«, meinte er.

Im Bundesarchiv in Koblenz wird heute der Nachlass von Joseph Goebbels verwahrt. Berge von größtenteils unveröffentlichten Dokumenten: Tagebücher, Gedichte, Dramen, Novellen, Schulzeugnisse, Briefe, Rechnungen etc. Und auch sein Studienbuch aus seiner Zeit in Freiburg. Quer über die fein säuberlich ausgefüllten Zeilen sind mit Bleistift in großen Buchstaben zwei Namen geschrieben: »Ulex« und »Anka Stalherm«.[18]

III. DIE HÖHERE TOCHTER UND DER HABENICHTS

MAI 1918 – OKTOBER 1920

Anka Stalherm stammte aus einer angesehenen und wohlhabenden Familie aus Recklinghausen. Ihr Vater war früh gestorben und hatte eine Frau und sieben Kinder hinterlassen, zwei Söhne und fünf Töchter. Anka, die beim Tod ihres Vaters erst acht Jahre alt gewesen war, war in den folgenden Jahren in einem Internat der Ursulinen im Kloster Kalvarienberg erzogen worden. In Freiburg studierte sie Jura, besuchte aber auch Vorlesungen und Seminare in Kunstgeschichte und Archäologie. Goebbels fiel sie zum ersten Mal auf, als sie neben ihm in einer Vorlesung über »frühgriechische Plastik« saß. Er las ihren Namen auf ihrem Heft und wusste nun, warum sein Freund Kölsch so begeistert war von dieser jungen Frau. Die groß gewachsene Anka Stalherm mit ihrem hellbraunen Haar und dem schwärmerischen Mund war eine Schönheit, sie soll sogar einmal bei einer Art Miss-Wahl zur schönsten Studentin der Universität gewählt worden sein.[1]

Kurz nach dieser ersten, zufälligen Begegnung wurde Anka ihm von Kölsch vorgestellt. Und Goebbels dürfte schnell gemerkt haben, dass sich zwischen seinem Freund und der Jura-Studentin schon mehr entwickelt hatte als eine studentische Freundschaft. »Ulex« war nun öfter dabei, wenn sich Kölsch mit Anka traf, und es fiel ihm schwer zu verbergen, dass er sich heftig in Anka verliebt hatte und Tag und Nacht nur noch daran dachte, wie er sie für sich gewinnen konnte. Kölsch ahnte nichts Böses. Schließlich war »Ulex« sein bester Freund, zudem gehörte er fast zu seiner Familie und war mit seiner Schwester Agnes so fest verbunden, dass man schon an eine Verlobung denken konnte.

In den Pfingstferien reisten Goebbels und Kölsch mit Freunden an den Bodensee. Sie besuchten das Kloster Beuron, wo Anka ihre Ferien verbrachte. Goebbels tat alles, um Ankas Aufmerksamkeit auf sich zu lenken. Abends, als die Freunde gemeinsam musizierten, spielte er auf dem Klavier eigene Kompositionen vor, und er bemerkte zufrieden, dass Anka begeistert war. Er wünschte sich, sie möge seine Liebe erwidern, und das glaubte er nur erreichen zu können, wenn sie ihn bewunderte. Als sich die Clique nach den Ferien in Ankas Wohnung traf, las Goebbels aus einem selbst verfassten »Epos« vor und beobachtete dabei genau, welche Wirkung sein Auftritt wohl bei Anka hatte. Zufrieden stellte er fest, dass sie zwar nicht in offenen Jubel ausbrach, aber »still begeistert« war. Und es war für ihn auch nicht zu übersehen, dass Kölsch bei Weitem keine so gute Figur machte wie er und eine eher »klägliche Rolle« spielte.[2]

Goebbels war sich sicher, dass Anka eine heimliche Sympathie für ihn hegte. Er ging nun in die Offensive und schrieb ihr einen ziemlich gewagten Brief. Als Kölsch davon erfuhr, fiel er aus allen Wolken und war verständlicherweise verärgert über Goebbels. Erst jetzt merkte er, was für ein Spiel gespielt wurde. Sein bester Freund war dabei, ihm seine Freundin auszuspannen und seine Schwester sitzenzulassen. Alle Appelle an Freundschaft und Ehre kamen bei Goebbels nicht mehr an. Er wollte Anka Stalherm gewinnen, alles andere zählte für ihn nicht mehr. Er schreckte auch nicht davor zurück, Kölsch bei

Freunden und bei Anka schlechtzumachen und ihn als »Dieb und Schuft« zu bezeichnen. Die Freundschaft zerbrach. Goebbels und Kölsch waren nun Feinde.

Mit Genugtuung registrierte Goebbels, dass Anka sich immer mehr von Kölsch entfernte und viel mehr Zeit mit ihm verbrachte. Sie machten lange Spaziergänge und lasen gemeinsam Künstlerromane wie den *Grünen Heinrich* von Gottfried Keller. In Goebbels' Erinnerungen an diese Zeit fällt immer wieder das Wort »Künstlerprobleme«. Man darf vermuten, dass dahinter Gespräche mit Anka stecken, in denen er ihr die inneren Qualen eines angehenden Künstlers verständlich machen wollte: dass er zwar arm und behindert sei, aber in sich die Berufung zum Künstler verspüre; dass es in ihm rumore und er bald ein großes Werk schreiben werde; dass er die enge, kleinkarierte Welt des katholischen Glaubens hinter sich lassen wolle und zu ganz anderen Sphären der Freiheit und Kunst aufsteigen werde.

Anka Stalherm verstand ihn. Das jedenfalls behauptete Goebbels in seinen Erinnerungen an diese Zeit. Zumindest kann man sagen, dass sie beeindruckt war von den inneren Kämpfen ihres neuen Freundes. Stundenlang konnte sie ihm zuhören auf ihren Spaziergängen auf dem Freiburger Schlossberg. Eines Tages, es war der 28. Juni 1918, saßen sie auf einer Wiese auf dem Schlossberg und Goebbels nahm seinen ganzen Mut zusammen und küsste Anka. Sie ließ es geschehen. »In mir ist eine Erfüllung ohne Maß und Ziel geworden«, schrieb er später über diesen Augenblick.[3]

Kölsch war freilich nicht so begeistert über diese Entwicklung. Die gemeinsame Wohnung war zur Hölle geworden, seit er von Goebbels' Liebesbrief an Anka erfahren hatte. Nach einem weiteren lautstarken Krach zog Kölsch schließlich aus. Auch in der Burschenschaft wollten beide nichts mehr miteinander zu tun haben. In der Juli-Ausgabe der Vereinszeitung war noch von einem »blühenden Aufschwung« berichtet worden, der in erster Linie »Pille« Kölsch und dem »lieben Ulex Goebbels« zu verdanken sei. In einer späteren Ausgabe wurde nur noch lapidar beider Austritt vermeldet.[4]

Goebbels fühlte sich als Sieger. Er wollte nun auch, dass die immer noch wankelmütige Anka sich vollständig zu ihm bekannte. Es gab Tränen, Streit und wieder Versöhnung. Zufrieden war Goebbels erst, als Anka vor ihm kniete und ihm Treue schwor. Das war eine Geste, die Goebbels auch später von Frauen erwartete. Offenbar verstand er unter Hingabe Unterwerfung. Wie eine Siegesmeldung klingt auch der Eintrag in seinen Aufzeichnungen: »Anka ist mein.«[5]

So sicher konnte sich Goebbels allerdings nicht sein. Anka war zwei Jahre älter als er und der soziale Unterschied war doch erheblich. Anka Stalherm führte ein sorgloses Leben, während Goebbels ein »armer Teufel« war, der immer Geldsorgen hatte. Daran änderten auch die 150 Mark nichts, die er vom Albertus-Magnus-Verein für das Sommersemester bekam. Manchmal reichte das Geld nicht einmal für eine Mahlzeit. Goebbels sah blass und hohlwangig aus. Er wog kaum mehr als 50 Kilo. Doch seine Gesundheit war ihm gleichgültig. Für ihn gab es nur noch »Anka und tausendmal Anka«. Ein Brief von Agnes Kölsch, in dem sie ihre frühere Liebe zueinander beschwor, ließ ihn kalt. Ihre Bitte um eine Aussprache lehnte er ab. Sein Studium interessierte ihn nicht mehr. Und dass Krieg war, das wurde ihm erst wieder bewusst, als eines Nachts französische Kampfflieger Freiburg angriffen.

Wie die meisten Deutschen ahnte Joseph Goebbels nicht, dass der Krieg an der Westfront eine entscheidende Wende genommen hatte. Die deutschen Truppen hatten mit ihren Offensiven keinen durchschlagenden Erfolg erzielen können. Nun gingen die Westmächte, unterstützt durch die Amerikaner, zum Gegenangriff über. Die deutschen Soldaten, längst nicht mehr so entschlossen wie im Frühjahr, mussten sich von einer Stellung zur anderen zurückziehen. Die Oberste Heeresleitung, allen voran ihr eigentlicher Befehlshaber General Erich Ludendorff, wusste bereits im August 1918, dass dieser Krieg nicht mehr zu gewinnen war und beendet werden musste. Aber wie – und vor allem, welche politischen Folgen eine Niederlage für Deutschland haben würde –, darüber hatte sich niemand Gedanken gemacht.

Große Truppenteile waren kriegsmüde und wollten ihr Leben nicht mehr für eine Sache opfern, die für sie eigentlich schon verloren war. Es gab aber auch noch viele Soldaten, die fanatisch weiterkämpften und von einer Niederlage nichts wissen wollten. Zu ihnen gehörte der Gefreite Adolf Hitler. Am 4. August wurde ihm das Eiserne Kreuz 1. Klasse verliehen. Später ließ er die Geschichte verbreiten, er habe diese Auszeichnung bekommen, weil er ganz allein fünfzehn französische Soldaten gefangengenommen habe. Das war erfunden. Er hatte sich lediglich als Überbringer wichtiger Befehle besonders hervorgetan.

Am selben Tag, dem 4. August, kehrte Joseph Goebbels von Freiburg nach Rheydt zurück. Das Semester war zu Ende, und er musste leider Abschied nehmen von Anka Stalherm, die nach Recklinghausen zu ihrer Familie fuhr.

Kaum zu Hause, schrieb Goebbels Briefe an sein »Ankakind«,

wie er sie nannte. Bald darauf erhielt Anka nicht mehr nur Briefe, sondern einen Packen dicht beschriebener Seiten. Es war der erste Akt eines Dramas. Die Idee dazu war Goebbels wie eine Eingebung plötzlich gekommen. Fieberhaft arbeitete er in seinem Zimmer in der Rheydter Dahlener Straße daran und schickte Akt für Akt nach Recklinghausen. Das in Reimen geschriebene Drama handelt von Judas Iscariot, der nach den Erzählungen der Bibel Jesus von Nazareth an die Römer verraten hat.

In seinem Stück zeichnet Goebbels jedoch ein anderes Bild von Judas. Er ist ein Revolutionär, der sein Volk von der römischen Unterdrückung befreien will. Er schließt sich Jesus an, den er anfangs bewundert, von dem er dann aber enttäuscht ist, weil Jesus auf Gewalt verzichten will und erklärt, dass sein Reich nicht von dieser Welt sei. Judas dagegen will sich nicht mit frommen Sprüchen vertrösten lassen. Er will zur Tat schreiten und schon hier auf Erden eine gerechtere Welt schaffen. Gefolgschaft leisten möchte er einem Helden, der mit dem Schwert in der Hand, an der Spitze eines Heeres, ein neues, großes Reich schafft. »Ein neues Reich steht auf, schier unermesslich, / Und seine Grenzen kennt die Welt nicht mehr«, so heißt es in dem Drama.[6] Als Judas erkennt, dass Jesus nicht dieser Held sein kann, beschließt er, ihn an die Pharisäer auszuliefern, um sich selbst an die Spitze der unzufriedenen Massen zu stellen. Nur vorgeblich verrät er Jesus aus Geldgier. In Wahrheit ist er ein Idealist, der alle Händler und Geldwechsler hasst, der alles bekämpft, was mit Geld zu tun hat. Als Jesus hingerichtet werden soll, bereut Judas seinen Verrat und nimmt sich das Leben, aber er wird bei Goebbels dennoch als eine große Seele gezeigt. Judas entspricht mehr dem Gott, den Goebbels sucht, einem Gott nicht der Schwäche, sondern der Stärke.

Indem er ihr sein Drama nach und nach schickte, fühlte sich Goebbels auch in der Trennung mit Anka verbunden, auf eine Weise, die mehr dem Verhältnis eines Künstlers zu seinen Bewunderern ähnelt. Anka las alle fünf Akte und teilte ihm ihre Gedanken dazu mit, denen Goebbels allerdings keine große Beachtung schenkte. »Wie stolz ich auf meinen Ulex bin«, schrieb sie nach Rheydt.[7] Nicht alle waren von dem Werk so angetan. Goebbels hatte seinem alten Religionslehrer Mollen von seinem Jesus-Drama erzählt, und der fand es so bedenklich, dass er ihn zu einem ernsten Gespräch zitierte. Goebbels wollte standhaft bleiben und sich von dem Kirchenmann nicht einschüchtern lassen. Letztlich aber hatten die Ermahnungen Mollens ihre Wirkung. Goebbels wollte nicht den Glauben seines Elternhauses verleugnen, und mit der Kirche zu brechen, das wagte er dann doch nicht. Er war sogar bereit, das Manuskript zu zerreißen. Das tat er zwar nicht, aber er unterließ alle Versuche, das Drama zu veröffentlichen.

Innerlich hatte Goebbels längst seinen Kinderglauben abgelegt. Er glaubte weiterhin an einen Gott, aber dieser Gott sollte keiner sein, der macht- und tatenlos ist und die Menschen dazu anhält, duldsam zu sein und sich mit ihrem Elend abzufinden. Fasziniert war Goebbels von der Idee eines Übermenschen, wie sie der Philosoph Friedrich Nietzsche in seinem *Zarathustra* mit pathetischen Worten entwarf. Dieser Übermensch beugt sich nicht einer Religion, die Unterwürfigkeit predigt. Er begehrt auf. Aber selbst dieser genialische Einzelgänger braucht andere Menschen um sich, und sei es nur, um sich abzuheben von der Masse und sich seiner besonderen Stellung bewusst zu sein.

Goebbels brauchte Anka. Er wollte unbedingt wieder mit ihr zusammen sein. Sie teilte ihm mit, dass sie in Würzburg weiterstudieren wolle. Goebbels hatte eigentlich vorgehabt, nach München zu gehen. Er suchte den Eindruck zu vermeiden, dass er ihr nachlief. Doch als Ende September das Wintersemester begann, änderte er seine Pläne und reiste nach Würzburg. Halb wahnsinnig vor Eifersucht suchte er die Stadt nach ihr ab und fand sie endlich in einem Hotel. Anka war erfreut, ihn wiederzusehen, jedenfalls hatte Goebbels diesen Eindruck. Sie gingen gemeinsam auf Wohnungssuche und fanden zwei nahe beieinanderliegende Unterkünfte. Sie ein geräumiges, helles Zimmer, er ein dunkles Loch. Für etwas Besseres fehlte ihm das Geld. Sein Vater bat ihn in einem Brief, für »Nebeneinkünfte« zu sorgen, weil er sich weitere »Zuschüsse« nicht leisten könne.[8]

Der Lehrbetrieb an der Universität Würzburg wurde in den ersten Tagen des Oktobers in den Hintergrund gedrängt durch sensationelle Nachrichten. Die Heeresleitung hatte die Politiker über die fatale Lage an der Front informiert. Man glaubte nun, eine bessere Ausgangslage für die unumgänglichen Friedensverhandlungen zu gewinnen, wenn man das Reich zu einer parlamentarischen Monarchie umwandelte. Unter Prinz Max von Baden wurde tatsächlich eine Regierung mit sozialdemokratischer Beteiligung gebildet. Diese Regierung richtete am 3. Oktober ein Waffenstillstands- und Friedensangebot an den amerikanischen Präsidenten Wilson.

Die meisten Deutschen traf diese Entwicklung völlig unvorbereitet. Geblendet von den militärischen Erfolgsmeldungen, hatten sie nie und nimmer mit diesem Ausgang des Krieges gerechnet. Ebenso überraschend und unverständlich waren die

Ereignisse für viele Soldaten, die im festen Glauben an einen Sieg an der Front kämpften. Der Gefreite Adolf Hitler und seine Einheit stemmten sich Anfang Oktober in Westflandern gegen die starken Angriffe der Engländer, als bei einem Gift angriff seine Augen verätzt wurden. Er wurde in ein Feldlazarett gebracht und erfuhr dort von einem Geistlichen, dass der Kaiser abgedankt habe, dass eine Revolution ausgebrochen sei, dass sich überall in Deutschland Soldaten- und Arbeiterräte bildeten und in Berlin die Republik ausgerufen worden sei.

Für Hitler brach eine Welt zusammen. Das Waffenstillstandsabkommen, das der Abgeordnete Matthias Erzberger am 6. November unterzeichnete, nannte er die »größte Schandtat des Jahrhunderts« und alle, die dem Friedensvertrag zustimmten, »Novemberverbrecher«. Seiner Meinung nach waren die korrupten Politiker in der Heimat den unbesiegten Soldaten in den Rücken gefallen und hatten Deutschland den rachsüchtigen Feinden ausgeliefert. Diese Überzeugung war weit verbreitet und wurde zur Grundlage für die Legende vom »Dolchstoß«. Mit der Wirklichkeit hatte diese Legende nichts zu tun. Die Kapitulation Deutschlands und die revolutionären Folgen waren eine Konsequenz des politischen und militärischen Scheiterns und nicht dessen Ursache. Der Krieg, der 17 Millionen Menschen das Leben gekostet hatte, war der Skandal, nicht die Niederlage. Die Schuld daran trugen die Militärs, nicht diejenigen, die nun den Karren aus dem Dreck ziehen mussten.

Am 10. November fand in der Würzburger Universität eine Versammlung aller Studenten statt, bei der über die aktuellen politischen Ereignisse diskutiert wurde. Auch der 21-jährige Joseph Goebbels war im großen Vorlesungssaal und hörte den

Rednern aufmerksam zu. Dass der Krieg verloren war, das akzeptierte er als eine bittere Tatsache. Gleichzeitig aber sah er in der Niederlage eine reinigende Wirkung. »Es ist ja bitter, diese schweren Stunden unseres Vaterlandes miterleben zu müssen«, schrieb er an seinen Freund Fritz Prang, »doch wer weiß, ob wir nicht doch noch Gewinn daraus ziehen.«[9]

Der erhoffte Gewinn war für Goebbels die Auferstehung eines neuen, starken Deutschlands aus den Ruinen des verlorenen Krieges. Als Anführer auf dem Weg zu jenem großen Ziel waren für ihn allerdings nicht die »niederen« Massen geeignet, die jetzt überall in Deutschland die Revolution ausriefen. Vielmehr glaubte er, dass schon bald der Ruf nach einer Elite, die »Geist und Kraft« vereinigt, laut werden würde. Nur solchen geistigen Anführern traute er zu, das Vaterland retten zu können. Und zählte sich nicht auch Goebbels zu dieser Elite im Wartestand? Hoffte nicht auch er darauf, dass man eines Tages seine Fähigkeiten erkennen und er zu jenen gehören würde, die Deutschland aus dem Elend zu einer besseren Zukunft führen? Goebbels wartete auf seine große Stunde, und bis dahin wollte er nicht aufhören, sich »durch beharrliche geistige Schulung zu diesem Kampf zu rüsten«.

Solche großen Visionen standen im krassen Gegensatz zu Goebbels' aktueller Lage. Er war ein armer Teufel, ständig in Geldnot, ohne Berufsaussichten und unglücklich verliebt in eine junge Frau, die aufgrund ihrer gesellschaftlichen Stellung eigentlich eine Nummer zu groß für ihn war. Und das Deutschland, das er erlebte, lag am Boden, durch den Vertrag von Versailles zu gigantischen Reparationszahlungen verpflichtet. Das linke Rheinland, zu dem auch Rheydt gehörte, sollte mit seinen Brückenköpfen Köln, Koblenz und Mainz auf fünfzehn Jahre besetzt bleiben. Damit war Goebbels' Heimat in der Hand des Feindes.

Aus Rheydt kamen besorgte Briefe des Vaters. Nachdem die deutschen Soldaten abgezogen waren, rückte Ende November die feindliche Besatzung ein. Französische und belgische Soldaten wurden in Privathäusern einquartiert. Ab neun Uhr abends durfte niemand mehr auf die Straße. Eine Postsperre wurde verhängt, und jeder, der ein- oder ausreisen wollte, brauchte einen speziellen Pass. Josephs Bruder Konrad war aus dem Krieg heimgekehrt, hatte aber keine Chance, eine Arbeit zu finden. Sogar das Familienoberhaupt Fritz Goebbels musste um seinen Arbeitsplatz bei der Firma *Lennartz* fürchten. Er forderte seinen Sohn Joseph dazu auf, nach Hause zu kommen, wenn es in Würzburg zu gefährlich werden würde.

Viele Studenten aus dem Rheinland verließen Würzburg. Goebbels blieb. Er wollte in Ankas Nähe bleiben. Er war eifersüchtig und hatte allen Grund dazu. Kölsch war nach Würzburg gekommen und hatte sich mit Anka getroffen. Die Angst, Anka wieder zu verlieren, wurde Joseph nicht los. Die restlose Hingabe, die er sich von ihr erhoffte, bekam er nicht. Wieder gab es hässliche Szenen. Wieder musste er um Anka kämpfen, bis er glaubte, gesiegt zu haben. Weihnachten waren beide versöhnt und fuhren nicht zu ihren Familien, obwohl Goebbels' Vater darauf gedrängt hatte.

Heiligabend verbrachten sie in Ankas Zimmer, gegen die Hausordnung, die Herrenbesuche verbot. Für Goebbels war es das schönste Weihnachten seines Lebens. Er meinte sterben zu müssen »vor Liebe und Glück«.[10] Anka schenkte er einen Band mit selbst verfassten Gedichten. Gegen Mitternacht, als ihre Wirtin in die Weihnachtsmette ging, stahl er sich durch das

Fenster aus dem Haus. Erst Ende Januar musste Goebbels von Anka Abschied nehmen. Sie fuhr nach Recklinghausen. Und Goebbels mit einem Sonderausweis nach Rheydt ins besetzte Gebiet.

Die Aussicht, Anka längere Zeit nicht zu sehen, war für ihn schier unerträglich, zumal er wusste, dass Ankas Mutter strikt gegen diese Verbindung mit dem behinderten Hungerleider war und ihre Tochter von ihm fernhalten wollte. Während Anka ihre Ferien genoss, musste Goebbels Nachhilfestunden geben, um im nächsten Semester weiterstudieren zu können. Anka hatte ihm schon mehrmals mit kleinen Beträgen ausgeholfen. Goebbels hatte das Geld angenommen, aber das war beschämend für ihn gewesen und hatte ihm die soziale Kluft zwischen Anka und ihm noch schmerzlicher verdeutlicht. Anka wollte nun sogar heimlich ihr Sparkonto auflösen, um ihm zu helfen. Das aber hätte Goebbels wie eine Niederlage empfunden.

Seine Notlage animierte ihn dazu, ein weiteres Drama zu schreiben. Der Held darin heißt Heinrich Kämpfert und ist ein armer Hauslehrer, der davon träumt, einmal ein »großer Dichter« zu werden. Er verliebt sich in Else, die Tochter einer verwitweten Regierungsrätin. Als Else ihrer Mutter ihre Liebe zu Heinrich gesteht, verbietet die ihrer Tochter jeden weiteren Kontakt mit dem Habenichts, der auch noch als Atheist verrufen ist. Während Elses Bruder in Saus und Braus lebt, horrende Spielschulden macht und sich vom Juden »Moses Silberstein« notfalls mit Geld versorgen lässt, hungert Heinrich in seiner kalten Bruchbude. Schließlich erkrankt er an Lungentuberkulose. Aber sein Stolz verbietet es ihm, von der Geheimratsfamilie Geld für eine Behandlung anzunehmen. Lieber will er

Selbstmord begehen als seinen Stolz verlieren. Bevor er Gift nimmt, lacht er in verbitterter Stimmung über die »niederträchtige, schnöde Schacherwelt«, die ihm vorkommt wie ein »dreckiger Jude«.[11]

Über diesen Text war nun Anka nicht mehr begeistert. Das Drama war ein indirekter Angriff auf ihre Familie und ihre Gesellschaftsschicht, und zwischen den Zeilen konnte sie lesen, was Goebbels von ihr erwartete. Die Else im Stück wendet sich gegen ihre Familie und besinnt sich auf die Verantwortung der Reichen gegenüber der besitzlosen Klasse. Anka Stalherm war jedoch nicht bereit, sich von ihrer Familie zu distanzieren, und klassenkämpferische Töne, wie Goebbels sie anschlug, waren ihr fremd.

Mehr Verständnis für seine Ansichten fand Goebbels bei seinem früheren Schulfreund Richard Flisges. Flisges gehörte zu jenen Soldaten, die als Schüler in den Krieg gezogen und dann enttäuscht und verwundet heimgekehrt waren. Hoch dekoriert und mit einem zerschossenen Arm, fand er sich in seinem alten Leben nicht mehr zurecht und suchte sein Heil in den Ideen des Kommunismus. Goebbels war durch seine persönliche Situation auf die soziale Frage gestoßen. Und Flisges war es, der ihm den theoretischen Überbau lieferte und ihm empfahl, die Schriften von Karl Marx und Friedrich Engels zu lesen.

Goebbels, der schon von den Büchern Dostojewskis begeistert war, nahm diese Anregungen gerne auf. Nächtelang diskutierte er mit Flisges über die russische Seele, über soziale Ungerechtigkeit und Revolution. Flisges, bei Weitem nicht so intelligent wie Goebbels, wollte das Abitur nachmachen, fiel aber bei den Prüfungen durch. Mehr gnadenhalber, aufgrund seiner Verdienste, stellte man ihm doch noch die Berechtigung aus, an einer Hochschule studieren zu dürfen.

Obgleich Goebbels von Anka enttäuscht war, kam er doch nicht von ihr los. Als ein Freiburger Freund ihm schrieb, dass Anka in Freiburg sei, hielt ihn nichts mehr in Rheydt. Passkontrollen, Bummelzüge und eine durchfrorene Nacht auf einem Bahnhof konnten ihn nicht davon abhalten, sich nach Freiburg durchzuschlagen. Endlich angekommen, musste er erfahren, dass Anka mit Kölsch gesehen worden war. Als er sie endlich in ihrer neuen Wohnung am Schlossberg aufsuchte, war sie zunächst erschrocken und dann erst erfreut. Goebbels war erleichtert, dennoch spürte er, dass Anka »nicht mehr dieselbe« war.

Sein Gefühl täuschte ihn nicht. Als er in den Pfingstferien von einem Ausflug mit Freunden zurückkam, lag Anka weinend auf ihrem Bett und gestand ihm, dass sie ihn mit Kölsch betrogen habe. Goebbels war »wie geschlagen«. Er packte seinen Koffer und wollte nur noch weg aus Freiburg. Angeblich wurde er von einem Freund Ankas überredet, doch zu bleiben. Jener Freund berichtete, dass sie ihren Seitensprung zutiefst bereue und völlig aufgelöst sei. Goebbels ging zu Anka zurück und es gab eine tränenreiche Versöhnung.

Ob dies alles sich tatsächlich so abgespielt hat, ist fraglich. Goebbels neigte in seinen Tagebüchern zunehmend dazu, sich so zu schildern, wie er sein wollte, und nicht so, wie er war. Beschämende oder verletzende Vorkommnisse klammerte er lieber aus oder beschrieb sie zu seinen Gunsten. Unzweifelhaft aber ist, dass Anka Stalherm eine wichtige Rolle in seinem Leben spielte. Sie war seine erste große Liebe. Noch viele Jahre später dachte er immer wieder zurück an Anka, und einmal meinte er sogar, dass er mit allen anderen Frauen nur gespielt habe, um sich dafür zu rächen, was Anka ihm angetan habe.[12] Das mag etwas heißen, denn der Goebbels, der es zu Macht und Einfluss brachte, hatte unzählige Affären mit Frauen. Helmut Heiber, einer seiner Biografen, nennt ihn einen »Erotomanen«[13] und nicht umsonst sprach man später in Berlin vom »Bock von Babelsberg«.

Babelsberg war das Zentrum der deutschen Filmindustrie, und Goebbels, als zuständiger Minister, nutzte seine Position, um junge, hübsche Schauspielerinnen kennenzulernen und zu Geliebten zu machen. Eine davon war Lida Baarova, damals ein Filmstar. Sie war die zweite große Liebe für Goebbels. Aus ihren Erinnerungen und aus Beobachtungen von Zeitgenossen kann man ein Bild davon gewinnen, was Goebbels an der Baarova faszinierte und was sie an ihn fesselte. Goebbels suchte Hingabe. Aufseiten der Baarova war es weniger Liebe, sondern eine Mischung aus Angst, Geschmeicheltsein und der Verpflichtung, den großen Gefühlen, die Goebbels beschwor, auch gerecht zu werden. Liest man die Aufzeichnungen der Lida Baarova, so hat man immer den Eindruck, als wollte sie sich Goebbels ganz hingeben und gleichzeitig vor ihm flüchten.[14]

Auf ähnlich widersprüchliche Gefühle trifft man bei Anka Stalherm. Einerseits versprach sie ihm, ihre Zurückhaltung aufzugeben und seine bedingungslose Liebe zu erwidern. Andererseits wollte sie sich eine Zeit lang von ihm trennen, weil sie, wie sie in einem Brief schrieb, Sorge hatte, »zu tief« in seinen »Einfluss« zu geraten.[15] Zu diesem »Einfluss« gehörten auch die immer radikaleren Ansichten Goebbels' zur sozialen Frage.

Anka war das behütete Bürgerkind, Goebbels ein zwar begabter, aber mittelloser Kleinbürgersohn. Das schlechte Gewissen, das für Anka aus dieser Situation entstand, stachelte er immer wieder an. »Ich glaube, Du brauchst Dich doch sicher nicht zu beklagen, liebe Anka«, schrieb er ihr, »dass Du das Waisenkind spielen musst. Du bist schön, gesund, unabhängig, klug und brav, was willst Du denn noch mehr.«[16]

Wirklichen Grund zur Klage hatte seiner Ansicht nach nur er, Goebbels. Er war nicht schön, nicht gesund und schon gar nicht unabhängig. Aber auch nicht brav. Die Schuld an seinem Unglück gab er den Kapitalisten und Bürgern. Ankas Einwand, dass sich ihre Familie ihren Wohlstand durch harte Arbeit erworben habe, ließ er nicht gelten. »Ist es nicht ein Unding«, schrieb er an sie, »dass Leute mit den glänzendsten geistigen Gaben verelenden und verkommen, weil die anderen das Geld, das ihnen helfen könnte, verprassen, verjubeln und vertun?«[17]

Goebbels' Lage in den Sommermonaten 1919 war tatsächlich trostlos. Seine Kleider waren schmutzig und er hauste in schäbigen Wohnungen, einmal in einem Zimmer, das voller Fliegen war. Manchmal musste er Gegenstände im Pfandhaus versetzen, um sich eine warme Mahlzeit und einen Kaffee leisten zu können. Ein Lichtblick in diesem Elend war es, als ein Verlag ihm anbot, einen Band mit seinen Gedichten zu veröffentlichen. Der Vertrag, den er zugeschickt bekam, enthielt eine Klausel, die ihn verpflichtete, sich an den Druckkosten zu beteiligen.[18] Damit war auch dieser Traum zunichte. Von Anka, die es ihm anbot, wollte er die über 800 Mark nicht annehmen. Trotzdem lebte er zeitweise nur noch von ihrem Geld. Anka war freigiebig und machte ihm viele Geschenke:

Zigaretten, eine goldene Armbanduhr, ein Lederetui, einen teuren Koffer.

Angesichts der Spannungen zwischen beiden ist es verwunderlich, dass sie im Herbst 1919 immer noch ein Paar waren und zusammen nach München gingen, um dort ein Semester zu verbringen. Die bayerische Hauptstadt war nach turbulenten Monaten wieder zur Ruhe gekommen. Nachdem im Februar 1919 der Journalist Kurt Eisner, der als Anführer der Revolution eine sozialistische Regierung gebildet hatte, von dem Adligen Anton Graf von Arco auf Valley ermordet worden war, hatten Linksradikale eine Räterepublik ausgerufen. Dem kurzzeitigen Terror der Anarchisten war im Mai der Terror der »Weißen Garde« gefolgt, die nun München von den Revolutionären »befreite«. Das kommunistische Experiment endete in Blutvergießen, Rachemorden und gegenseitigen Schuldzuweisungen.

Adolf Hitler, der seit November 1918 wieder in München war, hatte sich in diesem Bürgerkrieg noch zurückgehalten. Nach dem Scheitern der Revolution hatte er dann aus seinem Hass gegen alle Kommunisten keinen Hehl mehr gemacht. Aufgrund seiner Gesinnung galt er in der Reichswehr als besonders zuverlässig und war als »Aufklärungssoldat« ausgewählt worden. Nach einer Schulung an der Münchner Universität hatte man ihn eingesetzt, um aus dem Krieg zurückgekehrten Soldaten ihre Sympathie für linke Ideen auszutreiben und sie zu überzeugten Nationalisten und Antibolschewisten zu machen.

Hitler hatte seine Aufgabe so gut erfüllt, dass seine Vorgesetzten ihn weiter förderten. In den Propagandakursen hatte er seine große Begabung entdeckt, nämlich das Redenhalten oder, besser gesagt, das Agitieren. Er konnte auf Menschen einwirken und sie mitreißen. Seine Tiraden gegen die »Novemberverbrecher« und vor allem gegen die Juden fielen auf fruchtbaren Boden. Antisemitismus war eine weit verbreitete Stimmung in der Bevölkerung. Man brauchte sich nur in eine Münchner Trambahn zu setzen, um die Leute schimpfen zu hören gegen die Juden, die schuld seien am verlorenen Krieg und eine Gefahr darstellten für alle arbeitenden Deutschen.

Im Oktober 1919 wurde Hitler beauftragt, eine kleine, völlig unbedeutende Partei auszuspähen, die DAP, die »Deutsche Arbeiterpartei«, die Anfang des Jahres von dem Schlosser Anton Drexler gegründet worden war. Hitler nahm an einer Versammlung teil und war gelangweilt. Gegen Ende griff er in die Diskussion ein, und die Parteiführung war so beeindruckt von seiner Redegewalt, dass sie ihn unbedingt als Mitglied gewinnen wollte. Hitler ließ sich überreden. Und kurze Zeit später war er der Starredner der DAP. Schon bei seinem zweiten Auftritt am 13. November strömten über 100 Leute in den *Eberlbräukeller* an der Rosenheimer Straße.

Zu dieser Zeit wohnte Joseph Goebbels am Stadtrand, in der Romanstraße, und fuhr jeden Tag mit der Trambahn in die Innenstadt, besuchte die Universität oder ein Museum oder saß in Cafés oder in einem der großen Bierkeller herum. Ob ihm etwas zu Ohren gekommen war von dieser neuen Attraktion Adolf Hitler? In der ersten, von ihm selbst beauftragten Biografie[19] wird erzählt, wie Goebbels eines Abends zufällig in eine politische Veranstaltung geraten ist und dann wie elektrisiert war von der Rede eines Mannes, der in eindringlichen Worten von der Not des Volkes sprach. Augenblicklich wusste Goebbels, dass dieser Adolf Hitler der Führer des deutschen

Volkes sein würde und dass seine eigene Lebensaufgabe es war, ihm zu folgen.

Diese Geschichte ist erfunden. Nachweislich hörte Goebbels erst viel später von Hitler, und es dauerte noch Jahre, ehe er ihn das erste Mal zu Gesicht bekam. Im Winter des Jahres 1919 war noch Anka Stalherm der Mittelpunkt seines Lebens – und mit ihr die alten Probleme. Anka hatte viele gut betuchte Bekannte und Freunde in und um München, mit denen sie viel Zeit in den Bergen verbrachte. Goebbels saß derweilen allein in der Stadt. Auch an Heiligabend war er allein, stromerte im Dauerregen durch die Straßen und Gassen und saß lange in einer Nische der Frauenkirche.

Wenigstens seine Eltern hatten an ihn gedacht und ihm ein Weihnachtspaket mit Gebäck, Fleisch und Butter geschickt. Goebbels war gerührt, weil er sich für einen »verlorenen« und »missratenen Sohn«[20] hielt und das seinem Vater auch geschrieben hatte. Fritz Goebbels beruhigte ihn. Aber er hatte auch von den schriftstellerischen Versuchen seines Sohnes gehört und wollte nun wissen, ob Joseph beabsichtige, Bücher zu schreiben, »die mit der katholischen Religion nicht zu vereinbaren sind«, und ob er einen Beruf ergreifen wolle, »in den kein Katholik passt«.[21]

Am 29. Dezember raffte Goebbels sein letztes Geld zusammen und fuhr zu Anka, die sich in der Nähe von Füssen bei einer adligen Familie aufhielt. Sie scheint nicht erfreut gewesen zu sein. Jedenfalls erwähnt Goebbels in seinen Erinnerungen immer wieder »ernste Szenen«. Dass Anka auf ihn eifersüchtig gewesen sein soll, ist wahrscheinlich auch nur eine Schutzbehauptung. Umkehrt hatte er mehr Grund dazu. Denn Anka ließ durchblicken, dass sie noch andere Verehrer hatte.

Goebbels sehnte sich nach Ruhe und war froh, nach dem Semester nach Rheydt fahren zu können. Das Haus in der Dahlener Straße war geschmückt, aber nicht für ihn, sondern für seinen Bruder Hans, der endlich aus der französischen Kriegsgefangenschaft entlassen worden war. Hans hasste alle Franzosen und war empört über die Besatzungsmacht. Auch die Freude über seine Heimkehr währte nicht lange. Sein Vater und sein älterer Bruder Konrad drängten ihn ständig, sich eine Stelle zu suchen, um die Familie zu entlasten. Hans fühlte sich von den Politikern und »denen da oben« um seine Jugend betrogen. Für sein Land war er in den Krieg gezogen, hatte er seine Ausbildung abgebrochen und jetzt wurde er in seiner Familie behandelt wie ein lästiger Schmarotzer. Die Heimat kam ihm nun schlimmer vor als seine Gefangenschaft.

Joseph war empört über das Verhalten seines Vaters und seines Bruders Konrad. Er konnte Hans gut verstehen, fühlte er sich doch selbst als ein Opfer himmelschreiender sozialer Ungerechtigkeiten. Dahinter steckte für ihn die Macht des Geldes, des Kapitalismus, der nicht nur auf Deutschland beschränkt war, sondern der seine Fäden »über die ganze Erde« ausgesponnen hatte. Und nur allzu gut konnte er es verstehen, wenn die ausgebeuteten Massen diesem »korrupten Kapitalismus« den Kampf ansagten.[22]

Goebbels führte auf seine Weise diesen Kampf. In seinem Zimmer im Elternhaus schrieb er in ein Schulheft ein neues Drama, das im Arbeitermilieu spielte. Der Aufstand der Arbeiter wird vom Militär brutal niedergeschossen. Die Hauptfigur, ein Familienvater, kommt zu der Einsicht, dass eine Änderung der Zustände nur noch mit Waffengewalt möglich ist. Er träumt von einer besseren Welt, und um dieses Ziel zu erreichen, ist es für ihn gerechtfertigt, Blut zu vergießen. »Es wird eine Wendezeit geben!«, prophezeit auf der Bahre der sterbende Held seinen Mitkämpfern. »Mit Blut werdet ihr düngen! Doch nichts ist zu kostbar für den Menschen!«[23]

Auch Joseph Goebbels träumte von einem »neuen Menschen«. Er selbst wollte durchbrechen zu einer neuen Weltanschauung – und gleichzeitig sollten sich die Werte im Zusammenleben ändern. Darum verfolgte er mit großer Spannung, dass sich im Ruhrgebiet eine revolutionäre Stimmung ausbreitete. Anka Stalherm in Recklinghausen bekam diese Stimmung hautnah zu spüren, für sie aber waren die Vorgänge reiner Terror und dementsprechend konnte sie mit den umstürzlerischen Gedanken ihres Freundes wenig anfangen, mehr noch, sie war entsetzt. Einzig sein Bruder Hans und sein Freund Richard Flisges konnten Josephs Haltung nachvollziehen. Sie waren sein Rückhalt. Nicht Anka. Trotzdem hatte er sie noch immer »wahnsinnig gern«, wollte sie sogar heiraten. Er hoffte, sie erziehen zu können, damit sie eines Tages die Hemmnisse ihrer bürgerlichen Herkunft abwerfen und ihm auf seinen neuen Wegen folgen konnte.

Aber noch lebte Goebbels in der alten Welt, in der seiner Überzeugung nach nur Geld zählte. Lange zu studieren, das konnte er sich nicht leisten. Mit Anka hatte er vereinbart, das nächste Semester gemeinsam in Heidelberg zu verbringen. Dort wollte er dann auch sein Studium mit der Promotion abschließen.

Als er im Mai 1920 in Heidelberg ankam, suchte er nach Anka. Er fand sie nicht und erfuhr von einer Freundin, dass sie in Freiburg sei. Goebbels nahm sofort den nächsten Zug in den Breisgau und fand Anka nach langer Suche in der Universität.

Doch Anka wollte in Freiburg bleiben und so fuhr er alleine nach Heidelberg zurück. Die Gedanken darüber, was Anka in Freiburg machte und wen sie dort alles traf, brachten ihn fast um den Verstand.

Aber er musste sich auf sein Studium konzentrieren. Er versuchte, den berühmten Friedrich Gundolf, einen Schüler des Dichters Stefan George, als Doktorvater zu gewinnen. Der schickte ihn jedoch weiter an seinen Kollegen Freiherr von Waldberg. Von ihm erhoffte sich Goebbels ein Thema für seine Doktorarbeit zu erhalten.

Erst Pfingsten sah er Anka wieder. Und seine Ahnungen schienen sich zu bestätigen. Anka erzählte von Freiburg und von einem gewissen Herrn Mumme. Goebbels war furchtbar eifersüchtig. Er hatte Angst, dass Anka ihm langsam entglitt, und wollte sie fester an sich binden. Auf seinen Vorschlag, sich zu verloben, wollte sie jedoch nicht eingehen. Goebbels war völlig verzweifelt und beruhigte sich erst wieder, als Anka ihm hoch und heilig versprach, ihm treu zu bleiben. Ihr Verhalten in den nächsten Wochen und Monaten gab ihm wenig Grund, an dieses Versprechen zu glauben.

Anka meldete sich nur noch selten. Auch in den Herbstferien bekam Goebbels wochenlang keine Nachricht von ihr. Er war kurz davor, nach Recklinghausen zu fahren, verzichtete aber darauf, als er erfuhr, dass dieser Herr Mumme zu Besuch bei der Familie Stalherm war. Goebbels drängte Anka zu einem Treffen, er bettelte sogar darum. Anka reagierte nicht. Joseph hoffte, sie in Heidelberg zu treffen, wo sie ihr Studium fortsetzen wollte.

Als er mit seinem Freund Richard Flisges im September 1920 nach Heidelberg kam, war sie nicht an der Universität gemeldet. Schließlich fuhr Flisges nach München, um sie vielleicht dort zu finden. Nach Tagen kam eine Karte von ihm, auf der er seinem Freund mitteilte, dass er Anka in einem Café mit einem Herrn gesehen habe. Dieser Herr hatte einen Schmiss im Gesicht.

Goebbels wusste nun, dass Anka mit Mumme zusammen war. Er lieh sich Geld und fuhr sofort nach München. Mit Flisges wartete er vor der Tür des Hauses, wo Anka ein Zimmer gemietet hatte. Als Anka nicht auftauchte, erkundigte sich Flisges im Haus nach Fräulein Stalherm und erfuhr, dass sie »mit ihrem Bräutigam« nach Freiburg abgereist sei. Goebbels wollte sofort hinterher. Erst am Bahnhof kam er zur Besinnung und sah ein, dass er sich nur zum Narren machte.

Er hatte verloren. In seiner Not schrieb er ihr einen wütenden und verzweifelten Brief. »Anka, weißt Du, dass ich wahnsinnig werde, nein, dass ich es schon bin. Ist es denn wirklich aus, alles aus?« Er erinnerte sie an die vielen gemeinsamen glücklichen Momente, und er warf ihr vor, zu der großen Liebe, die alles vergisst und alle Hindernisse des Alltags überwindet, nicht fähig zu sein. Aber er, Goebbels, könne nur mit äußerster Leidenschaft leben, und wenn ihm die große Liebe verwehrt werde, dann könne er nur noch abgrundtief hassen. »Denn ich muss ein großes Gefühl zu Dir haben«, schrieb er, »Hass oder Liebe, und die Liebe tötet mich. Wenn ich Dich jetzt bei mir hätte, ich würde Dich packen und zwingen, mich zu lieben, und wenn nur für einen Augenblick, und dann machte ich Dich tot. Ja, lache nur darüber, Du weißt, dass ich das kann.«[24]

Goebbels konnte Anka nicht mehr umstimmen. Sie fasste seinen Brief als »Drohbrief« auf und übergab ihn ihrem Verlobten. Dass seine Briefe an Anka in den Händen seines Widersachers waren, verletzte Goebbels sehr. Noch erniedrigender war es für ihn, dass Herr Georg Mumme ihm mit rechtlichen Schritten drohte und ihn aufforderte, alle Geschenke, die er von Anka bekommen hatte, wegen »groben Undanks« zurückzugeben.

Anka war für Goebbels jetzt »tot«. Und er flüchtete sich in den Gedanken, dass sie seiner Liebe nicht würdig gewesen sei. Er hatte sie mitnehmen wollen auf seinem Weg zu einem »neuen, reinen Menschen«, der sich nicht mehr kümmert um das »kleine Alltagsgeschwätz«. Anka aber habe sich von ihren »Erdeninteressen« nicht befreien können.[25]

Goebbels' letzte Briefe an Anka sind voller Pathos und Dramatik. Aber dieses Übermaß an Gefühlen und pathetischen Ausdrücken kennzeichnet fast alle seine Schriften, auch seine literarischen Texte. Das macht es einem schwer, Goebbels' Ernsthaftigkeit und seine Verzweiflung glaubhaft zu finden. Diese Vorliebe für heroische Gesten und das Beschwören von überwältigenden Emotionen hat auch die Philosophin Hannah Arendt festgestellt, als sie 1961 in Jerusalem den SS-Obersturmbannführer Adolf Eichmann vor Gericht erlebte. Eichmann habe, so Arendt, keinen Satz sagen können, ohne ein Klischee zu verwenden, das ihm ein »erhebendes Gefühl« verschaffte. Das Verstörende für Hannah Arendt war, dass sie einerseits wusste, es hier mit einem Massenmörder zu tun zu haben, es aber andererseits offensichtlich für sie war, dass hier ein lächerlicher »Hanswurst« vor ihr stand. Sogar seine letzten Worte vor seiner Hinrichtung waren sentimentale Phrasen. Für Arendt gehört auch diese Flucht in die Sentimentalität zu jener »Banalität des Bösen«, die sie am Beispiel Eichmann beschrieben hat.[26]

Kann es sein, dass die Neigung des jungen Goebbels zu hohen Tönen und sein Bedürfnis, sich an großen Gefühlen zu berauschen, Eigenschaften sind, die ihn anfällig machten für ein Denken, wie es später die Nazis kennzeichnete? Gibt es einen Zusammenhang zwischen einem selbstverliebten Pathos und einer totalitären Ideologie? Auch über den Tod konnte Goebbels nicht reden, ohne in einen theatralischen Ton zu verfallen, sodass er in seiner Verzweiflung fast lächerlich wirkt.

Entschlossen, nach der enttäuschten Liebe zu Anka nicht mehr weiterzuleben, verfasste er ein Testament. Darin legte er genau fest, wer welche Texte aus seinem »literarischen Nachlass« bekommen sollte. Außerdem vererbte er seiner Schwester Maria seinen Wecker, Konrad eine Anstecknadel und ein Zigarettenetui und Hans seine Uhr mit Kette. In einem Brief wünschte er Anka, dass sie glücklich werde und seinen Tod verschmerze. »Ich nehme Abschied von dieser Welt«, schrieb er, »und von all denen, die mir gut und böse gewesen.«[27]

Joseph Goebbels blieb in dieser Welt. Er lebte weiter und hielt an seinem Traum fest, ein berühmter Künstler zu werden. An Anka hatte er über sich in der dritten Person geschrieben: »Er wollte ein großer Mann werden, einer, der Neues, Unerhörtes brachte; war es nicht genug, dass er Dich mitnehmen wollte auf die steilen Höhen, wo reine, dünne Luft weht?«[28]

IV. GELD UND GLAUBE

NOVEMBER 1921 – AUGUST 1924

Großer Empfang in Rheydt. In ihren besten Kleidern standen Fritz und Katharina Goebbels mit ihren Kindern Konrad, Hans und Maria am Bahnhof und warteten auf den Zug, der ihren Sohn und Bruder Joseph nach Hause bringen sollte. Nicht ein verlorener Sohn kehrte in die Heimat zurück, sondern der Stolz der Familie. Vor wenigen Tagen, am 16. November 1921, hatte er die Prüfungen in Freiburg bestanden und durfte sich nun »Herr Doktor« nennen.

Das Haus der Familie in der Dahlener Straße war mit Blumen geschmückt. Verwandte und Nachbarn kamen, um dem frischgebackenen Doktor zu gratulieren. Goebbels war hundemüde, von den Strapazen der Prüfungen, aber auch, weil er danach tage- und nächtelang mit Richard Flisges und anderen Freunden »durchgesoffen« hatte. Die Familie gönnte ihm eine Ruhepause. Waren doch alle überzeugt, dass Joseph mit dem akademischen Titel nun bald eine angemessene Arbeit finden und gutes Geld verdienen würde.

Aber auch im neuen Jahr war eine feste Stellung mit einem regelmäßigen Gehalt nicht in Sicht. Immerhin erklärte sich die *Westdeutsche Landeszeitung* dazu bereit, mehrere Artikel von Goebbels abzudrucken, in denen er den »Geist unserer Zeit« beschreiben wollte. Dieser Geist bestand für Goebbels in einem geistlosen Materialismus, der die Menschen zu hemmungslosen, profitgierigen Egoisten machte. Goebbels' Hoffnung war, dass diese Herrschaft des Geldes zu Ende geht und eine neue Zeit kommt, in der andere Werte zählen. Deutsch sein, das hieß für ihn, an eine Zukunft zu glauben, in der das deutsche Volk nicht mehr nur wirtschaftlichen Interessen unterworfen ist, sondern zusammengehalten wird durch neue Ideale wie Mitmenschlichkeit und Opferbereitschaft.

Mit seinen Gedanken stand Goebbels ganz im Bann eines Buches, dass er mit Begeisterung gelesen hatte. Es war von Oswald Spengler und trug den Titel *Der Untergang des Abendlandes*. Auch Spengler sprach von der »Diktatur des Geldes«, die alles menschliche Leben durchdringt und mit der Demokratie auch ihre »politische Waffe« gefunden hat. Dieses Zeitalter des Geldes hatte für Spengler ihren Höhepunkt überschritten und war dem Untergang geweiht.

Was nun bevorstand, war nach Spengler ein »letzter Kampf« mit einer neuen Macht, der Macht des »Blutes«. »In Gestalt der Demokratie hatte das Geld triumphiert«, heißt es bei Spengler. »Aber sobald es die alten Ordnungen der Kultur zerstört hat, taucht aus dem Chaos eine neue, übermächtige, bis in den Urgrund allen Werdens hinabreichende Größe empor: die Menschen von cäsarischem Schlage. An ihnen geht die Allmacht des Geldes zugrunde. Die Kaiserzeit bedeutet, und zwar in jeder Kultur, das Ende der Politik von Geist und Geld. Die Mächte des Blutes, die urwüchsigen Triebe allen Lebens, die ungebrochene körperliche Kraft treten ihre alte Herrschaft wieder an. Die Rasse bricht reich und unwiderstehlich hervor: der Erfolg des Stärksten und der Rest als Beute.«[1]

Goebbels war von Spenglers Ideen »erschüttert«. Litt er doch tagtäglich darunter, dass er bei dem »wüsten Tanz um das goldene Kalb«[2] auch mitmachen sollte. Und war nicht auch seine Liebe zu Anka letztlich am Standesunterschied und also wieder am schnöden Mammon gescheitert? Goebbels dachte oft an Anka. Aber er träumte jetzt auch von einer anderen jungen Frau. Er hatte sie auf der Straße gesehen und herausbekommen, dass sie Else Janke hieß und Lehrerin war in der Elementarschule, die gleich neben dem Haus der Goebbels lag. Er begegnete ihr im *Café Remges*, wo Else Janke mit ihrer Lehrerkollegin Alma Kuppe saß, der Freundin von Goebbels' altem Schulkameraden Fritz Prang. Joseph konnte Else zu einem Spaziergang überreden. Als er sie unvermittelt küsste, kassierte er eine Ohrfeige. Elsa unterhielt sich gern mit ihm, mehr wollte sie aber nicht von ihm wissen.

Wenn Goebbels sich einmal verliebt hatte, konnte er jedoch sehr hartnäckig sein. Als Else im Spätsommer die Ferien auf der Insel Baltrum verbrachte, reiste Goebbels ihr nach, obwohl sie ihm das ausdrücklich untersagt hatte. Else benahm sich gegenüber dem ungebetenen Besucher zunächst abweisend. Erst als Goebbels sie mit seinen Liebesschwüren bestürmte und dann den enttäuschten Liebhaber spielte und abreisen wollte, gab sie nach. Sie konnte, wie sie später gestand, seinen »ausdrucksvollen Augen« einfach nicht widerstehen.[3]

Else Janke war eine lebenslustige junge Frau, und ihre Briefe an ihren »Stropp« oder ihren »kleinen Seeräuber«, wie sie ihren Liebhaber nannte, zeigen, dass sie Goebbels wirklich geliebt hat. Goebbels, der Else »Mümmelmännchen« nannte, war dagegen nicht immer zufrieden mit ihrer Liebe.[4] Das lag vermutlich daran, dass Else trotz ihrer Unbeschwertheit ihren eigenen Kopf hatte und mit beiden Beinen im Leben stand. Sie konnte nicht verstehen, warum Goebbels auf seine große Chance wartete und nichts unternahm, um wenigstens übergangsweise eine Arbeit zu finden, die vielleicht nicht seinen Ansprüchen entsprach, ihm aber doch einen ersten Schritt ins Berufsleben ermöglichte und etwas Geld einbrachte.

Seit Monaten saß er zu Hause in seinem Zimmer, lebte vom Geld seiner Eltern und schrieb Artikel und Dramen. Aber mehr als ein Stapel Absagen von Zeitungen und Verlagen und eine kurze Hospitanz bei der *Westdeutschen Landeszeitung* im Herbst war dabei nicht herausgekommen. Für Goebbels war es eine Sache des Stolzes, nicht bei der allgemeinen Jagd nach Wohlstand und Ansehen mitzumachen. Lieber wollte er wie sein Freund Richard Flisges irgendwo als normaler Arbeiter sein Brot verdienen. Flisges hatte sich von ihm verabschiedet, um in einem Bergwerk nahe Aachen als Bergmann zu arbeiten.

Ende des Jahres nahm Else Janke die Sache selbst in die Hand. Über einen Verwandten erfuhr sie, dass eine Stelle bei der Kölner Filiale der *Dresdner Bank* frei sei. Goebbels brauchte nur noch Ja zu sagen, um den Job als Ausrufer von Aktienkursen zu bekommen. Doch er wollte nicht. Die Vorstellung, seinen Traum vom einem Leben als Schriftsteller oder Journalist begraben zu müssen und als kleiner Angestellter bei einer Bank zu arbeiten, erschien ihm wie die Kapitulation vor der Macht des Geldes, wie ein Verrat an seinen Idealen und damit an sich selbst. Es bedurfte langer Gespräche mit seinen Eltern und geduldigen Zuredens von Else, ehe er seinen Widerstand aufgab. Anfang des Jahres 1923 trat er seine Stelle in Köln an. Für ihn war es, als würde er sich einer Welt verkaufen, die allem widersprach, woran er glaubte.

Die erste Zeit pendelte Goebbels zwischen Rheydt und Köln hin und her. Um sich das Geld für die tägliche Bahnfahrt zu sparen, nahm er sich von seinem kümmerlichen Gehalt ein

Zimmer in Köln. Else besuchte ihren »Stropp«, wann immer sie konnte, um ihn aufzubauen und ihm Mut zuzusprechen. Denn wie zu erwarten, war Goebbels totunglücklich. Die Arbeit in der Bank kam ihm vor wie ein »Zuchthausleben«, und die ersten Erfahrungen, die er machte, bestärkten ihn in der Überzeugung, dass in der gegenwärtigen Welt Geschäftemacher und skrupellose Spekulanten das große Sagen haben. »Nicht auf die Klugheit kommt es heute im Leben an«, schrieb er in sein Tagebuch, »sondern auf die Gerissenheit. Man ist klug, wenn man über den Dingen steht, dumm, wenn man neben ihnen steht. Aber gerissen, wenn man geschäftig in ihnen steht. Heute ist die goldene Zeit für all diejenigen, die Karriere zu machen verstehen.«[5] Goebbels hielt sich weder für dumm noch für gerissen, und er hielt sich für völlig unfähig, Karriere zu machen. Im »Tempel des Materialismus«, wie er die Bank nannte, glaubte er nur überleben zu können, wenn er seine Reinheit bewahrte und sich an die Hoffnung klammerte, dass andere, bessere Zeiten kommen würden.

Wenn Goebbels durch die Straßen Kölns ging, sah er eine andere Welt als in der Bank. An einem Obststand bettelte ein abgemagertes Kind vergeblich um Kirschen. In der Elektrischen saß eine Frau mit blutigen Händen und von Krankheit entstelltem Gesicht. Es gab Fälle, wo eine achtköpfige Familie in zwei kleinen Zimmern hauste, die Kinder meist tuberkulosekrank, ohne Aussicht auf Hilfe und zum Sterben verurteilt.

Das alles waren auch die Folgen des verlorenen Krieges und der gigantischen Reparationszahlungen, die Deutschland von den Siegermächten aufgebürdet worden waren. Im Januar 1923, kurz nach Goebbels' Eintritt in die Bank, spitzte sich die Situation erneut zu, als französische und belgische Truppen in das Ruhrgebiet einmarschierten. Die Besetzung geschah auf Druck der französischen Regierung, die der Auffassung war, dass Deutschland absichtlich den vereinbarten Verpflichtungen nicht nachkam. Unter dem Schutz der Soldaten sollte die deutsche Schwerindustrie unter Kontrolle gebracht und so die Güterlieferungen erzwungen werden.

In Deutschland rief die militärische Invasion landesweit eine Welle des Protestes hervor. In den betroffenen Gebieten wurde die Zusammenarbeit mit den Besatzern verweigert. Bei Zusammenstößen gab es Tote und Verletzte. Der passive Widerstand, zu dem der Reichspräsident Ebert die Bevölkerung aufrief, war einigen bald zu wenig. Widerstandskämpfer wie der ehemalige Freikorpssoldat Leo Schlageter sprengten mit ihren Sabotagetrupps Brücken und Gleisanlagen in die Luft. Schlageter wurde zum Märtyrer, als er gefasst, zum Tode verurteilt und standrechtlich erschossen wurde.

Im Nachhinein hätte Joseph Goebbels auch gerne zu den Leuten um Schlageter gehört. Sein Wunsch war so groß, dass er seine Lebensgeschichte an einigen Stellen umschreiben ließ und mehr oder weniger indirekt behauptete, beim Widerstand gegen die Ruhrbesatzung aktiv beteiligt gewesen zu sein. So entstand das Bild vom jungen Widerstandskämpfer Joseph Goebbels, der heimlich Plakate geklebt hatte, auf fahrende Züge gesprungen und durch eiskalte Kanäle geschwommen war.[6] Als Propagandaminister war er überzeugt davon, dass eine Behauptung, auch wenn sie erfunden ist, wahr wird, wenn man sie nur oft genug wiederholt. Diese Strategie schien sich zu bestätigen, als sich sogar noch nach Goebbels' Tod die Legende vom frühen Widerstandskämpfer aufrechterhielt.

Aber auch wenn man diese Legende noch so oft wiederholte, wurde sie nicht wahrer. Tatsache ist, dass Goebbels während der Ruhrbesatzung nicht im Widerstand kämpfte, sondern als eine kleine Nummer in der Kölner Bank arbeitete. Dort allerdings erlebte er mit, wie einige hemmungslose Banker die aus Krieg und Besetzung entstandene wirtschaftliche Notlage ausnutzten, um Profit daraus zu schlagen. In einer Abteilung erfuhren die Mitarbeiter sehr früh über die Kurszuwächse der Aktien der *Dresdner Bank*. Sie kauften daraufhin ahnungslosen Kollegen Aktien zum alten, niedrigeren Preis ab und machten so stattliche Gewinne. Als Goebbels einen Kollegen darauf ansprach und diese Aktienkäufe als »lumpige Betrügerei« bezeichnete, erntete er nur ein »mildes Achselzucken«.[7] In sein Tagebuch notierte er daraufhin: »Zum Teufel mit dem dreimal verfluchten Geld! Von ihm kommt alles Übel in der Welt. Das ist, als wäre der Mammon die Verlebendigung des Bösen im Prinzip der Welt. Ich hasse das Geld aus dem tiefsten Grund meiner Seele.«[8]

Es waren jene gewissenlosen Finanzhaie, die für Goebbels die alte Zeit und damit ein altes Deutschland repräsentierten. Dieses Deutschland musste seiner Ansicht nach überwunden werden, um Platz zu machen für ein neues Deutschland, in dem nicht mehr »Realitäten« wie Aktien und Besitz die höchsten Werte darstellten, sondern das von einem höheren Sinn, einer »Mystik«, durchdrungen war. Wenn Goebbels von »deutsch« sprach, so meinte er weniger ein nationales oder wirtschaftliches Gebilde, sondern eine moralische Einstellung. Deutschsein hieß für ihn, nicht mehr nur an sich selbst zu denken, sondern einem Ideal zu folgen und sich gegebenenfalls dafür zu opfern.

An Else schrieb er: »Ich tue nicht mit, weil ich es nicht kann, ohne den alten Menschen auszurotten und einen anderen, schlechteren an seine Stelle zu setzen. Und ich meine, man kann modern sein, ohne diesen Hexensabbat mitzumachen. Aus all den vielen Reden von neuem Zeitgeist spricht ja nichts anderes als nackter Egoismus. Und der ist allerdings immer modern gewesen und wird es auch immer bleiben. Ich bin der festen Überzeugung, der Zeit besser zu dienen, wenn ich nicht mitmache und meine schönste Kraft, mein Herz und mein Gewissen für eine bessere Sache aufspare. Nicht die Wirtschaftsmänner und nicht die Bankdirektoren werden das neue Zeitalter heraufführen, sondern diejenigen, die da rein geblieben sind und sich ihre Hände nicht mit den Schätzen einer entgötterten Welt besudelt haben. Ich möchte in einer neuen Welt das werden, was ich heute nicht sein kann. Und kommt diese neue Zeit zu spät für mich, gut denn, es ist auch gut und schön, Wegbereiter einer großen Zeit zu sein. Ich bin nicht der Einzige, der so denkt.«[9]

Goebbels war tatsächlich nicht der Einzige, der so dachte. In München, dem Hexenkessel rechtsradikaler Bewegungen, strömten die Menschen zu Hunderten in den *Zirkus Krone*, wo der neue Starredner Adolf Hitler gegen die »Novemberverbrecher«, gegen »Zinsknechtschaft« und das »raffgierige« Finanzkapital wetterte.[10] Hitler war inzwischen vom Bierkelleragitator zum unumstrittenen »Führer« seiner Partei, der NSDAP, der »Nationalsozialistischen Deutschen Arbeiterpartei«, aufgestiegen. Für ihn, den ehemaligen Soldaten, war der Krieg nicht zu Ende. Die Front hatte sich nur nach innen verschoben. Der Kampf ging nun gegen alle, die die Kräfte des deutschen Volkes zersetzt und es sittlich und moralisch vergiftet hatten: Demokraten, Pazifisten, Juden, korrupte Politiker etc.

Um die öffentliche Aufmerksamkeit auf sich zu lenken, setzte Hitler auf Provokation. Handfeste Unterstützung erhielt er dabei von einer Truppe, die erst als Saalschutz gedacht war, dann die körperliche Ertüchtigung junger Männer fördern sollte und schließlich als »Sturmabteilung« (SA) zum Sammelbecken für Schlägertypen wurde. Blutige Auseinandersetzungen vornehmlich mit kommunistischen Gegnern gehörten für die SA fast zur Tagesordnung. Trotz dieses rüpelhaften Auftretens wurde Hitlers Partei salonfähig. Weggefährten wie Ernst Röhm oder Hermann Göring brachten den »Führer« in Kontakt mit einflussreichen Politikern und reichen Wohltätern aus Adel und Industrie. In den Häusern der oberen Zehntausend der Münchner Gesellschaft war Hitler ein gern gesehener Gast und eine verwegene Erscheinung mit seinem Schlapphut, seinem Regenmantel, der offen getragenen Pistole und der Reitpeitsche in der Hand.

Hitler lebte von der Krise. Je schlimmer die Zustände waren, desto mehr Menschen schlossen sich ihm an. Als die Franzosen das Ruhrgebiet besetzten, wuchs auch seine Anhängerschaft. Und als im September 1923 der neue Reichskanzler Gustav Stresemann den passiven Widerstand für beendet erklärte und Deutschland so gut wie bankrott war, stiegen die Mitgliederzahlen auf über 50000. Zugleich war die Stimmung in Bayern explosiv. In ihrer Not erwarteten die Menschen, dass endlich etwas geschieht. Gerüchte um einen bevorstehenden Putschversuch verdichteten sich.

Goebbels bekam von diesen Ereignissen wenig mit. Von den Nationalsozialisten hielt er nichts, und den Namen Hitler hatte er höchstens einmal von seinem Freund Fritz Prang gehört, der ein glühender Anhänger der NSDAP war. Was er aber mit Hitler gemeinsam hatte, war der Hass auf die gegenwärtigen Zustände, wobei Goebbels weniger die konkreten politischen Ereignisse im Auge hatte, sondern sich für die großen Zusammenhänge interessierte und unter einem allgemeinen Weltschmerz litt.

Im Sommer 1923 war ihm die Arbeit in der Kölner Bank so unerträglich geworden, dass er glaubte, es keinen Tag länger dort aushalten zu können. Er ließ sich von einem Arzt für sechs Wochen krankschreiben und fuhr mit Else nach Baltrum, wo ein Jahr zuvor ihre Liebesgeschichte begonnen hatte. Die Liebe zu Else war für Goebbels eine Zuflucht vor der seelenlosen Welt der Finanzmakler und Börsenhändler. Wer nicht aus ganzem Herzen lieben könne, der sei kein Mensch, hatte er in sein Tagebuch geschrieben. Umso enttäuschter war er, dass Else nicht im Liebesglück aufging, sondern immer wieder anfing, über seine Berufsaussichten zu reden, und ihm Mut machen wollte, es weiterhin in der Bank auszuhalten. Dabei hatte er für sich wohl schon beschlossen, möglichst bald den verhassten Brotberuf loszuwerden. Er fühlte sich von Else unverstanden und die Tage am Meer wurden von vielen »ernsten Szenen« getrübt.

Noch angespannter wurde die Stimmung zwischen beiden, als Goebbels die Nachricht erhielt, dass sein bester Freund Richard Flisges bei einem Grubenunglück im bayerischen Schliersee ums Leben gekommen war. Flisges, so schien es ihm, war für seine Ideale in den Tod gegangen, während er, Goebbels, der sich für einen »deutschen Kommunisten«[11] hielt, drauf und dran war, seine Seele an den Kapitalismus zu verkaufen. Mit Flisges hatte er nun den einzigen Freund verloren, von dem er sich verstanden fühlte. Bei Else hatte er manchmal den Eindruck, als ob sie mit den Argumenten seiner Feinde auf ihn einredete. Der gemeinsame Urlaub endete im Streit. Bei strömendem Regen packten sie ihre Koffer. Erst im Zug nach Hause versöhnten sie sich wieder.

Goebbels hatte es erwartet und war nicht unglücklich, als ihm von seinem Arbeitgeber gekündigt wurde. Er blieb weiter in Köln, weil er vor der Familie verheimlichen wollte, dass er nun arbeitslos war. Das Geld war ihm längst ausgegangen. Er war auf Elses Hilfe angewiesen. Täglich war er in der Stadt unterwegs, um einen Job zu finden. Er gab Annoncen auf und musste erniedrigende Bittgänge machen. Alles war umsonst. »Liebste«, schrieb er an Else, »wie nicht anders zu erwarten war, die Annoncen haben keine einzige Antwort gebracht. Was nun?, wirst Du mich fragen, dasselbe frage ich Dich. Ich bin mir noch nicht klar darüber, was ich jetzt tun soll. Jedenfalls kannst Du versichert sein, dass ich nichts unversucht lassen werde. Ich stöbere alle Zeitungen nach passenden Stellungen durch. Gebe der Himmel, dass ich bald etwas finde. Ich sehne mich nach einer fruchtbringenden Betätigung. Zur Bank jedoch werde ich auf keinen Fall zurückkehren, und wenn alles danebengeht.«[12]

Es ging alles daneben, und Goebbels schrieb schließlich einen Brief an seinen Vater, in dem er ihm seine Lage gestand. Und wie erleichtert war er, als Fritz Goebbels Verständnis zeigte und ihn aufforderte, nach Hause zu kommen.

Goebbels bezog nun wieder sein Zimmer in Rheydt. Er war seinen Eltern dankbar, aber auf die Dauer wurde er doch das Gefühl nicht los, ein nutzloser »Parasit« zu sein. Geschah es nun aus Verzweiflung oder aus Größenwahn, dass er Bewerbungen mit völlig überzogenen Angaben verschickte? Dass er in »Rom und Berlin« moderne Theater- und Pressegeschichte studiert habe, schrieb er an einen Verlag, dass er weite Zweige des »modernen Bankwesens« kennengelernt habe, nebenbei an der Universität »Nationalökonomie« studiert habe, Mitarbeiter bei größeren westdeutschen Tageszeitungen gewesen sei und ausreichend Französisch, Englisch, Italienisch und Holländisch spreche.[13]

Alles half nichts. Meistens bekam Goebbels nicht einmal eine Antwort. Besonders kränkte es ihn, dass kein einziger der vielen Artikel, die er an das *Berliner Tageblatt* geschickt hatte, angenommen wurde. Später hat Goebbels diese Artikel wohlweislich verschwiegen. Denn die Zeitung vertrat eine ausgesprochen demokratische Richtung und galt unter den Deutschnationalen als »Judenblatt«. Für den jungen Goebbels war das *Tageblatt* das Ziel seiner Träume, und er bewunderte den Chefredakteur, den Juden Theodor Wolff, der auch Romane und Dramen schrieb. Die Bewunderung schlug jedoch um in Verbitterung und Hass, als alle seine Bemühungen, bei dieser Zeitung als freier Mitarbeiter oder als Redakteur unterzukommen, schlichtweg ignoriert wurden.

»Ist es unrecht, dass ich von anderen etwas Entgegenkommen mir gegenüber verlange?«, fragte er Else. Doch das erhoffte Entgegenkommen blieb aus. Auch das war eine Botschaft, und die lautete, dass seine Fähigkeiten nicht gebraucht wurden, dass kein Platz für ihn war in dieser Gesellschaft. Karriere machten andere. »Es sind diejenigen«, so schrieb er in sein Tagebuch, »deren Bücher heute die größten Auflagen und die schönste Ausstattung haben und deren Bild in allen illustrierten Zeitungen steht.« Was er von diesen erfolgreichen Autoren und von »Modeverlegern« wie Theodor Wolff hielt und wie er ihre Zukunft beurteilte, das steht auch in diesem Tagebuch: »Aber ihre Werte sind Mitläufertum und schlimmste Lüge. Sie werden mit dieser Zeit sterben.«[14]

Der Dramatiker Rolf Hochhuth hat in einem Kommentar zu Goebbels' Tagebüchern darauf hingewiesen, dass jeder, der Joseph Goebbels beurteilen wolle, nicht übersehen dürfe, was für »furchtbare Jahre in schmachvoller Armut« dieser Akademiker in der Weimarer Republik hat absitzen müssen.[15] Viele Altersgenossen von Goebbels, auch darauf weist Hochhuth hin, waren im Krieg gewesen und vegetierten nun in der Weimarer Republik als Arbeitslose dahin. Von Menschen, denen keine Perspektive geboten wird, könne man nicht erwarten, dass sie treue Staatsbürger sind. Im Gegenteil, man treibe sie in die Hände von Randgruppen und Radikalen.

Nach Rolf Hochhuths Meinung wäre Goebbels in seiner verständlichen Sehnsucht, gebraucht zu werden, jedem gefolgt, der ihm eine Aufgabe gegeben hätte. Wer weiß, was geschehen wäre, wenn Theodor Wolff einen seiner Artikel im *Berliner Tageblatt* abgedruckt hätte oder den ehrgeizigen namenlosen Doktor aus Rheydt weiterempfohlen oder auf irgendeine Weise gefördert hätte. Durchaus vorstellbar, dass der Idealist und bekennende Kommunist Goebbels ein Redakteur bei einer liberalen oder linksorientierten Zeitung geworden wäre. So aber blieb er ein arbeitsloser Niemand und wartete weiter auf seine Chance. Und der Jude Theodor Wolff musste 1933, nach dem Reichstagsbrand, vor den Nazis ins Ausland fliehen. Er fiel ihnen dann doch in die Hände, wurde als kranker Mann in das Konzentrationslager Sachsenhausen gebracht und starb kurz darauf.

Als Theodor Wolff im Sommer 1943 im KZ Sachsenhausen

seinen Peinigern ausgeliefert war, war Joseph Goebbels einer der mächtigsten Männer im nationalsozialistischen Deutschland. Als Propagandaminister kontrollierte er weite Bereiche der Medien, und selbstverständlich wurde jeder Artikel, den er schrieb, auch gedruckt. Anfang 1924 lebte Joseph Goebbels bei seinen Eltern, er hatte keinen Beruf, keine Arbeit, kein Einkommen. Was ihn einzig aufrecht hielt, war der Glaube an sich selbst. Um den nicht zu verlieren, schrieb er weiter Texte, in denen er seine eigenen Qualen und Hoffnungen darstellen wollte.

Der Tod seines Freundes Richard Flisges hatte ihn auf die Idee gebracht, seinen Michael-Stoff erneut aufzugreifen und umzuschreiben. Aus dem autobiografischen Roman wurde nun ein *Menschenschicksal in Tagebuchblättern.* Diese tagebuchähnlichen Aufzeichnungen sind die Geschichte von Goebbels' Studienzeit und seiner Liebe zu Anka Stalherm. Der Protagonist Michael Voormann ist aber nun nicht mehr ein armer Krüppel, sondern eine Mischung aus Richard Flisges und Joseph Goebbels, ein hochgewachsener, kräftiger junger Mann, kriegserfahren, klug, enttäuscht von seiner Zeit und voller Sehnsucht nach Orientierung. Er lernt Hertha Holk kennen, in die er sich verliebt, und den Russen Iwan Wienurowsky, der ihn mit den Ideen des Kommunismus und den Büchern Dostojewskis bekannt macht.

All diese Einflüsse und Bekanntschaften prägen Michael, aber letztlich genügen sie ihm nicht auf seiner Suche nach einem eigenen Weg und einem anderen »Gott«. Von Hertha ist er enttäuscht, weil sie sich nicht von ihren bürgerlichen Anschauungen lösen kann. Und mit Iwan will er nichts mehr zu tun haben, weil dessen Sozialismus zu international ist. Michael will nicht den bequemen, »goldenen Mittelweg« einschlagen, sondern »höher gelegene« Wege beschreiten. Die »Geldprovinz« Deutschland ekelt ihn an. Er will sie hinter sich lassen und sich den normalen, einfachen Arbeitern anschließen. Der wahre Sozialismus ist für ihn der »Sieg des Arbeitertums über das Geld«. Michael wird Bergmann und kommt am Ende bei einem Unfall in der Grube ums Leben. Als Märtyrer hat er sich für seine Idee geopfert.

Das fertige Manuskript schickte Goebbels im Sommer 1924 an mehrere Verlage. Er war so überzeugt von der Qualität seines Buches, dass er fest damit rechnete, einen Preis der *Kölnischen Zeitung* dafür zu bekommen. Im Geiste sah er sich schon als gefeierter und gefragter Autor durchs Land und nach Italien reisen. Wenige Wochen später war seine Euphorie tiefer Enttäuschung gewichen. »Aus Selbstbetrug schicke ich meinen *Michael* von einem Verlag zum anderen«, schrieb er in sein Tagebuch. »Keiner nimmt ihn. Verwunderlich?«[16]

Für Goebbels war es nicht verwunderlich, dass keiner sein Buch haben wollte. War doch seiner Meinung nach die Kultur in Deutschland völlig verdorben und in der Hand von »Literaturcliquen« und »snobistischen Salons«, die verhinderten, dass wirkliche Literatur gefördert, verbreitet und gewürdigt wurde.[17]

Aber war sein *Michael* gute Literatur? Wenn man das Buch liest, fällt auf, dass alle Personen eigentlich nur Ideenträger sind. Hertha Holk steht für das rückständige Bürgertum, Iwan Wienurowsky für den Irrweg eines internationalen Sozialismus. Beide Personen dienen auch nur dazu, die Figur des Michael ins rechte Licht zu rücken. Sie sind nicht mehr als Stichwortgeber für seine predigtartigen Ausführungen, so wenn er verkündet: »Die Frau hat die Aufgabe, schön zu sein und Kinder zur Welt zu bringen. Das ist gar nicht so roh und unmodern, wie sich das anhört. Die Vogelfrau putzt sich für den Mann und brütet für ihn die Eier aus. Dafür sorgt der Mann für die Nahrung. Sonst steht er auf der Wacht und wehrt den Feind ab.«[18]

Aber selbst Michael wirkt nicht wie ein richtiger Mensch. Auch er ist nur Ideenträger. Er ist so, wie Goebbels gerne sein möchte: stark, mutig, entschlossen, schwärmerisch, opferbereit, unbestechlich, umworben, bewundert. Insofern ist Michael tatsächlich ein Spiegelbild von Goebbels. Beide sind Ideenträger. Für beide ist es wichtig, an einer Idee festzuhalten. Dass diese Idee noch vage und unbestimmt ist, spielt keine entscheidende Rolle. Wichtiger als die Idee selbst ist der Glaube daran. »Gott gebe Euch Ziele – gleichgültig welche!«, heißt es im *Michael Voormann*. Ganz in diesem Sinne hat Goebbels immer wieder betont, dass es wichtig sei, zu glauben, und nicht, woran man glaubt.

Dieser ziellose oder inhaltsleere Glaube war zentral für Goebbels' Lebenseinstellung. Für das Kind und den jungen Mann war dieser Glaube der sehnliche Wunsch, einer schlechten Realität zu entkommen, sei diese Realität ein verkrüppelter Fuß, ein armes Elternhaus oder schlechte Chancen bei Frauen. Wer nur stark genug glaubt, auch an sich glaubt, der kann, so Goebbels' Überzeugung, die Wirklichkeit ändern.

Dass man Schwierigkeiten überwindet und bessere Zeiten kommen, ist der legitime Kern jeder Hoffnung. Dieser Glaube kann aber auch zu einer heroischen Haltung führen, die nichts anderes ist als die Weigerung, irgendeine Not oder ein Leid anzuerkennen. Diese Heroik ist stolz auf ihre Unempfindlichkeit. Aus anderer Perspektive kann man aber auch sagen, dass jemand so heroisch wird, weil er zu feige ist, schwach zu sein.

Goebbels hat diesen Glauben später auch auf die Politik übertragen. Politik war für ihn die Kunst, eine störende Wirklichkeit durch eine wünschenswerte zu ersetzen. Das Instrument dazu war die Propaganda. »Wir haben gelernt«, so schrieb er, »dass Politik nicht mehr die Kunst des Möglichen ist. Wir glauben an das Wunder, an das Unmögliche und Unerreichbare. Für uns ist die Politik das Wunder des Unmöglichen. Uns kümmert die Kunst der gegebenen Möglichkeiten einen Dreck.«[19]

Der Goebbels des Jahres 1924 war ein nicht mehr ganz junger Mann, frustriert und gedemütigt durch zahlreiche Misserfolge, voller Hass auf diejenigen, die ihm Anerkennung und einen Platz in der Gesellschaft verwehrten, und wartend auf das große Wunder. In ihm sei, so meinte er, eine ungeheure Spannung und eine »Sehnsucht nach Erlösung«.[20] Aber wo sollte diese Sehnsucht einen Halt finden? Woran oder an wen sollte er glauben?

Er beneidete seinen Freund Fritz Prang. Der hatte als Sohn eines reichen Unternehmers keine Geldsorgen und konnte es sich leisten, seinen politischen Interessen nachzugehen und die völkische Bewegung zu unterstützen. Prang war für Goebbels ein »Ideologe«, der großspurige Pläne schmiedete, bei denen am Ende aber nichts herauskam. Ab und zu kam Prang, einen Packen Zeitungen unterm Arm, zu den Goebbels, setzte sich an den Küchentisch, rauchte Zigaretten und schimpfte über die Juden oder über die bayerischen Politiker, die Adolf Hitler verraten hatten.

Hitlers Putschversuch am 8. November 1923 war gescheitert. Als er mit seinen Getreuen dennoch in die Münchner Innenstadt hatte marschieren wollen, waren sie am Odeonsplatz von der bayerischen Polizei aufgehalten worden. Es war zu einem Schusswechsel gekommen, der verletzte Hitler hatte fliehen können, war aber wenig später verhaftet und ins Gefängnis nach Landsberg gebracht worden. Den Prozess gegen ihn und seine Gefolgsleute hatte er genutzt, um seine Ideen zu propagieren und Sympathien für seine Bewegung zu sammeln.

Das Urteil war milde ausgefallen. Hitler war zu fünf Jahren Haft verurteilt worden. Die NSDAP wurde verboten. Seitdem versuchte die Partei, unter dem Deckmantel anderer völkischer Organisationen zu überleben. Auch im Rheinland versteckte sie sich hinter dem sogenannten Völkisch-Sozialen Block.

Goebbels hatte die Vorgänge in München verfolgt und er begann sich nun für Hitler und seine Bewegung zu interessieren. Was ihn an den Nationalsozialisten abstieß, war, dass sie so radikal waren und ihre christliche Einstellung eigentlich nichts mehr mit dem Christus der Bibel zu tun hatte. Aber von der »ganz aufrechten und wahrhaftigen Persönlichkeit« Hitlers war Goebbels fasziniert. »Hitler ist ein Idealist, der Begeisterung hat«, schrieb er in sein Tagebuch. »Ein Mann, der dem deutschen Volke einen Glauben bringt. Ich lese seine Rede und lasse mich von ihm begeistern und zu den Sternen tragen.«[21]

Am 4. April 1924 gründete Goebbels zusammen mit einem Dutzend junger Leute aus Rheydt eine nationalsozialistische Ortsgruppe. Da die NSDAP verboten war, wollten sie bei den Reichstagswahlen im Mai unter einem Tarnnamen antreten. Goebbels half mit, Flugblätter zu verteilen und Plakate zu kleben. Der Erfolg war mäßig. In Rheydt konnten sie nur knapp über 500 Stimmen für den Völkisch-Sozialen Block gewinnen.

Goebbels war im Wahlkampf bewusst geworden, dass ihm die mühsame Parteiarbeit nicht lag. Er wollte nicht den Blick für die größeren Zusammenhänge verlieren und sich vor allem durch die politische Arbeit nicht von seinem Traum, ein Künstler zu werden, ablenken lassen. Fritz Prang arbeitete fast nur noch für die völkische Bewegung, und er musste Goebbels zunehmend drängen, in die Versammlungen mitzugehen. Goebbels war von den endlosen Reden enttäuscht, und er sagte halbherzig zu, als Prang ihn aufforderte, zu einem Treffen der völkischen Parteien nach Weimar mitzukommen. Das Geld für die Reise wollte Prang organisieren.

Am 14. August 1924 stand Goebbels reisefertig am Rheydter Bahnhof, als Prang erschien und ihm sagte, dass er das Geld noch nicht bekommen habe. Enttäuscht ging Goebbels wieder nach Hause und warf sich wütend auf sein Bett. Wieder einmal war er auf dem Abstellgleis gelandet. Prang fuhr am nächsten Tag alleine los. Goebbels schrieb verdrossen und trotzig an seinen Aufsätzen, als er plötzlich die Nachricht bekam, dass nun das Geld doch da sei. Um drei Uhr nachmittags stieg er in den Zug. In den Morgenstunden des nächsten Tages kam er in Weimar an. Er dachte an Goethe. Auf dem Weg vom Bahnhof in die Innenstadt hörte er begeisterte Heil-Rufe.

V. VERHUNZUNGEN
AUGUST 1924 – OKTOBER 1926

In Weimar war im August 1919 die demokratische Verfassung Deutschlands unterzeichnet worden. Nun, im August 1924, versammelten sich die Gegner der Weimarer Republik in der thüringischen Hauptstadt. Die Straßen waren geschmückt mit Hakenkreuzen und schwarz-weiß-roten Fahnen, den Farben des Deutschen Reiches bis zum Ende des Ersten Weltkrieges. Die neue Nationalflagge der Weimarer Republik mit ihren Farben Schwarz-Rot-Gold war in diesen Kreisen verpönt und wurde als das »Schweine-schwarz-rot-goldene Scheißband«[1] beschimpft.

Auf den Straßen begegnete Goebbels jungen Leuten, die ihn überschwänglich begrüßten, obwohl sie ihn nicht kannten. Auf Lastwagen kamen Hunderte von Hitleranhängern, die in die Gasthäuser strömten. Dort tranken sie »wie die Löcher« und zettelten Schlägereien an. Goebbels war von diesen »prächtigen Jungens« begeistert. Er fühlte sich wie in einer großen Familie, und das väterliche Oberhaupt dieser Familie war Erich Ludendorff, der berühmte General, der die Russen im Weltkrieg bei Tannenberg geschlagen hatte, der beim Hitler-Putsch in München in der vordersten Reihe mitmarschiert und im Kugelhagel der Polizei unverletzt geblieben war. Ludendorff hielt Hof im Nationaltheater und Goebbels durfte als gefeiertes Mitglied der Gruppe aus dem besetzten Rheinland ein paar Worte mit dem General wechseln. Stolz vermerkte er, dass dieser große Mann mit ihm zufrieden war und ihm zustimmend zunickte.

Am nächsten Tag, einem Sonntag, suchte Goebbels die Plätze auf, wo die großen Männer Weimars gelebt und gewirkt hatten: Johann Wolfgang von Goethe und Friedrich Schiller. Auf einer Mauer sitzend, schrieb er seine Eindrücke nieder. »Ich bin getränkt von Andacht und Weihe«, notierte er. Im Schillerhaus sah er den Schreibtisch des Dichters und das »edle Bett«, auf dem der »große Kämpfer« gestorben war. Als Goebbels das Porträtbild Schillers betrachtete, glaubte er, eine große Ähnlichkeit zwischen dem Genie und sich selber feststellen zu können. Einer Besucherin, die neben ihm stand, schien es ähnlich zu gehen. Jedenfalls meinte Goebbels zu beobachten, wie ihr Blick ständig zwischen dem Bild und ihm hin und her ging und sie ganz verblüfft wirkte. »Ich merke es, sie hat auch diese Ähnlichkeit entdeckt«, schrieb er in sein Tagebuch.[2]

Durch das Fenster von Schillers Arbeitszimmer sah Goebbels hinab auf die langen Festzüge, die unter lauten Heil-Rufen und begleitet vom Lärm der Trommeln und Pfeifen vorbeizogen. Im Stillen grüßte er diese »gesegnete Jugend« und schickte ihnen auch Grüße im Namen des revolutionären Dichters Friedrich Schiller, den er nun als geistigen Vorläufer einer völkischen Revolution begriff. »Hier oben starb Euer Ahne, Ihr Jungens«, wollte er ihnen zurufen, »lernt seinen Geist kennen, seinen unerbittlichen Kämpfergeist, seinen Heroismus, seinen Mut zum Opfern und zum Dulden. Nicht die starke Faust macht es allein. Der Geist nur überdauert das Jahrhundert. Lernt diesen Geist kennen und schöpft aus ihm den Glauben für die Heiligkeit und Größe Eurer Aufgabe.«[3]

Geist und Faust, innere Entschlossenheit und Opferbereitschaft und kompromissloses Handeln, gehörten für Goebbels zusammen. Und für ihn war es keine Frage, dass für den Geist, die richtige innere Einstellung, er selbst zuständig war. Auch wenn er nun im Begriff war, sich in die Politik einzumischen, sah er sich doch immer noch als Künstler. Für ihn bestand hier kein Gegensatz. »Der Staatsmann ist auch ein Künstler«, heißt es in seinem Michael-Roman.[4] Aber war Joseph Goebbels ein Künstler?

Thomas Mann fiel es nicht leicht zuzugestehen, dass er bei Hitler, den er hasste, manche Ähnlichkeit mit sich selber entdeckte. Diese Verwandtschaft war ihm »reichlich peinlich«[5], aber er konnte die Augen nicht davor verschließen, dass Hitler Eigenschaften zeigte, die man für gewöhnlich bei Künstlern und besonders begabten Menschen antrifft. Das gilt in noch höherem Maß für Joseph Goebbels. Wenn man sein weiteres Leben vorläufig ausblendet, und das muss man als Biograf wenigstens versuchen, dann bietet der junge Joseph Goebbels nach außen das Bild eines begabten jungen Mannes, der seinen Platz in der Welt suchte und seine Fähigkeiten beweisen wollte. Alles ist bei ihm da, was man üblicherweise in den Lebensbeschreibungen von Künstlern findet: das Außenseitertum; das Bewusstsein, zu etwas Besonderem geboren zu sein; die Verzweiflung darüber, von den anderen Menschen nicht verstanden zu werden; die Weigerung, sich in eine bürgerliche Lebensform pressen zu lassen und einen normalen Brotberuf zu ergreifen; der Glaube an die eigene wahre Bestimmung, den man gegen alle Hindernisse und Widerstände aufrechterhalten muss; die Wut auf die Welt, die einen daran hindert, sein eigentliches Ich entfalten zu können.

Für Thomas Mann ist bei Menschen wie Hitler diese Ähnlichkeit aber nur äußerlich, dem äußeren Erscheinungsbild entsprechen keine inneren Werte. Es handelt sich sozusagen um eine Art Mimikry, bei der das Verhalten und die Gedanken einer künstlerischen Existenz nur vorgetäuscht sind. Tatsächlich handelt es sich um eine Vorspiegelung falscher Tatsachen, um die Illusion von Bedeutung und Größe. Was sich hinter dieser Fassade verbirgt, sind nicht wirkliche Talente oder ein tiefes Seelenleben, sondern Ressentiments, die Minderwertigkeitsgefühle des Benachteiligten und Zukurzgekommenen, die Rachegedanken und Menschenverachtung des »abgewiesenen Viertelkünstlers«.

Diese Pseudo-Künstler vereinnahmen alle kulturellen Güter für ihre Zwecke. Was dabei geschieht, nennt Thomas Mann eine »Verhunzung«[6], womit er meint, dass an und für sich wertvolle und lebensbereichernde Ideen wie Nation, Jugend, Glaube oder Sozialismus hinuntergezogen werden auf ein Niveau, bei dem es nur noch um Rache, Kampf und Opfer geht.

In Weimar konnte Joseph Goebbels sein eigenes Lebensgefühl verbinden mit den Enttäuschungen und Hoffnungen eines geschlagenen Volkes. Für ihn waren die, die sich hier versammelt hatten, »die Elite der Ehrlichen und Treuen«[7]. Aus einem anderen Blickwinkel könnte man sagen, dass hier alle zusammengekommen waren, die nicht recht wussten, wie sie mit dem verlorenen Weltkrieg und seinen Folgen umgehen sollten, die sich betrogen, gedemütigt, versklavt und ihrer Zukunft beraubt fühlten und die nur eines im Sinn hatten, nämlich ihre »Ehre« wiederherzustellen. Zu diesem Zweck wurden nun auch Schiller und Goethe zu Vorkämpfern für ein neues, befreites Deutschland gemacht. Oder wie Thomas Mann sagen würde, sie wurden »verhunzt«.

Durch die Erlebnisse in Weimar hatte Goebbels endlich das feste Ziel gefunden, nach dem er so lange gesucht hatte, und dieses Ziel hieß »Freiheit für Deutschland«. Damit meinte Goebbels nicht nur die Befreiung von den Besatzern, sondern auch von den Feinden im eigenen Land. 90 Prozent der Menschen waren nämlich seiner Ansicht nach nur »Canaillen«, also minderwertiges Gesindel, und nur zehn Prozent zählte er zu den Guten und Edlen. Es war daher für ihn nur natürlich, dass jene zehn Prozent über den Rest herrschen sollten. Dieses Ziel konnte nur erreicht werden, wenn jene Elite einen felsenfesten, unbeirrbaren Glauben hatte. »Wir müssen«, so schrieb er in sein Tagebuch, »Berserker unserer Inbrunst und unseres Glaubens werden. Dann nur können wir siegen.«[8]

Das Ziel hatte Goebbels, den Glauben auch. Was ihm noch fehlte, war eine Aufgabe. Die bekam er jetzt. Keine große Aufgabe, aber für ihn immerhin ein Anfang. Der Zugang zu den großen Zeitungen war ihm verwehrt geblieben. Was ihm nun angeboten wurde, war die Mitarbeit an einer unbedeutenden Wochenzeitschrift mit dem Namen *Völkische Freiheit*, einem Kampfblatt der »Nationalsozialistischen Freiheitsbewegung Großdeutschlands«. Herausgegeben wurde die Zeitschrift mit dem Hakenkreuz im Kopf von dem Handelsvertreter Friedrich Wiegershaus aus Elberfeld. Wiegershaus, den Goebbels über seinen Freund Fritz Prang kennengelernt hatte, suchte nach einem Mitarbeiter mit viel Idealismus und wenig Ansprüchen, und da kam ihm der arbeitslose Akademiker mit der glühenden Begeisterung für ein neues Deutschland gerade recht.

Goebbels schrieb zunächst eine Reihe von Artikeln, übernahm aber bald die alleinige Leitung der Redaktion. Das bedeutete eine Menge Arbeit, für die er nicht einmal eine müde

Mark bekam. Sein Lohn war nur, wie er meinte, »Idealismus und Undank«. Er wollte aus dem »Käseblatt«[9], wie er die *Völkische Freiheit* nannte, eine lesbare Zeitung machen. Und das gelang ihm auch. Vor allem wollte er seinen Lesern erklären, was es heißt, völkisch zu denken. Ein nationaler Mensch sei man dann, so definierte er, »wenn ich den Willen habe und meine ganze Kraft dafür einsetze, dass mein Volk und mein Vaterland frei, gesund und stark sind!«.[10]

Völkisch eingestellt und ein Sozialist zu sein, schlossen sich für Goebbels keineswegs aus, und er verstand sich auch weiterhin als Sozialist. Aber im Gegensatz zu den Kommunisten und Marxisten erhoffte er sich eine Lösung der sozialen Frage nicht von einem internationalen Klassenkampf, sondern von einer nationalen Einigung, mit der alle Klassengegensätze überwunden werden. Goebbels war ein nationaler Sozialist. Dementsprechend galt seine Kritik allen Parteien und Gruppen, die eine Abhängigkeit Deutschlands von internationalen Kräften hinnahmen oder sogar befürworteten. Und natürlich war er strikt gegen den sogenannten Dawes-Plan, der die weiteren Reparationszahlungen Deutschland neu regeln sollte und der im August 1924 vom Reichstag angenommen worden war. Dieser Plan machte zwar der Ruhrbesetzung ein Ende, er minderte die Lasten, die Deutschland alljährlich zu tragen hatte, aber er machte das Land auf unabsehbare Zeit abhängig von den Siegermächten. Und das war für Goebbels mit der angestrebten Freiheit nicht vereinbar.

Seine »völkische« Einstellung in dieser Frage hatte für ihn weniger mit politischen und wirtschaftlichen Überlegungen zu tun, sondern gründete auf einer »Weltanschauung«. Das heißt, für ihn war die Auseinandersetzung zwischen den Siegermächten und Deutschland nichts anderes als ein Kampf um bestimmte Werte und Ideale. In diesem Kampf stand Deutschland für die »Elite der Ehrlichen und Treuen«, während vor allem die USA und Frankreich die Mächte des Kapitals repräsentierten, für die Goebbels immer öfter das Wort »Jude« gebrauchte. »Das Geld ist die Kraft des Bösen«, schrieb er einmal in seinem Tagebuch, »und der Jude sein Trabant.«[11]

Goebbels war, jedenfalls zu dieser Zeit, kein ausgesprochener Antisemit. Richtige Judenhasser wie der Volksschullehrer Julius Streicher, den er in Weimar erlebt hatte, stießen ihn eher ab. In Goebbels' Freundes- und Bekanntenkreis gab es Juden, die er durchaus schätzte, ja verehrte. Wenn er gegen die Juden wetterte, dann war das ein abstraktes Feindbild. Juden, das waren alle, die sich dem Gedanken der Volksgemeinschaft nicht fügen wollten, die international dachten, die den geistigen Idealismus in Ketten zwingen wollten und die Welt materialistisch aussaugten.

Goebbels störte es anfangs auch nicht, dass Else eine jüdische Mutter hatte. Trotz der gelegentlichen Streitereien blieb sie doch seine große Stütze. Allerdings war die Sehnsucht nach ihr oft größer als die Zuneigung zu ihr, wenn sie zusammen waren. Goebbels gab bereitwillig zu, dass er von einem Menschen schon nach drei Tagen genug hatte, musste er eine ganze Woche mit ihm auskommen, hasste er ihn. Wenn Else verreist war, verzehrte sich Goebbels geradezu nach seinem »Mäuschen« oder, richtiger gesagt, nach ihrem Körper. Seine Anspannung löste sich erst, wenn er eine Nacht mit ihr verbracht hatte. Die Harmonie zwischen beiden konnte schnell wieder kippen, wenn Else nicht so hingebungsvoll war, wie Goebbels sich das wünschte. In solchen Momenten dachte er an Anka, die, wie er einmal notierte, bereit war, »für eine Minute Seligkeit die ewige Verdammnis auf sich zu nehmen«.[12]

Else war ihm manchmal zu vernünftig, zu wenig leidenschaftlich. Andererseits schätzte er es auch an ihr, dass sie sich um ihn kümmerte und immer um ihn besorgt war. Es war diese fürsorgliche Seite an Else, weswegen Goebbels oft an sie dachte wie an eine Mutter. »Else ist meine junge Mutter und Geliebte«, schrieb er in sein Tagebuch.[13] Beide Rollen standen sich für Goebbels nicht im Weg. Im Gegenteil. Voll und ganz zufrieden mit Else war er dann, wenn sie eine Eigenschaft zeigte, die er bei seiner Mutter bewunderte, die alles gab und nichts verlangte. Wie sehr Goebbels' Frauenbild geprägt war von seiner Mutter, geht aus vielen seiner Bemerkungen hervor. Am deutlichsten vielleicht aus einer Bemerkung in seinem Tagebuch, die an Else gerichtet ist und wie eine Drohung klingt. »Ich sagte dir schon einmal«, heißt es da, »dass du mich nicht lieben kannst, wenn du meine Mutter nicht liebst.«[14]

Else Janke unterstützte Goebbels, wo und wie sie immer konnte, ob durch Geld oder, was fast noch wichtiger war, indem sie ihm Mut machte, an seine Fähigkeiten glaubte und ihn bewunderte. Das war es vor allem, was Goebbels brauchte, Anerkennung und Bewunderung. Je mehr Nackenschläge und Enttäuschungen er einstecken musste, desto dringlicher benötigte er jemanden, der ihn im Glauben an sich selber bestärkte. Mit Else waren die Rollen klar verteilt. Goebbels war der Überlegene, Genialische. Else war seine Bewunderin. Gerne spielte er deshalb in seiner Freizeit mit ihr Schach. Es freute ihn »diebisch«, wenn er sie »nach langer strategischer Vorbereitung« mattsetzte.[15]

Nun konnte er Else auch stolz die ersten Ausgaben einer

Zeitung präsentieren, die fast nur von ihm verfasste Beiträge enthielt, etwa über »grundlegende Fragen völkisch-sozialen Denkens« oder über den »Kampf gegen die Internationale«. Als Schriftleiter musste er nicht nur Artikel schreiben, sondern auch auf Veranstaltungen reden. Und das tat Goebbels mit zunehmender Routine. Denn er hatte schnell bemerkt, dass er dazu Talent hatte. Aus dem Stegreif, ohne große Vorbereitung, eine Ansprache zu halten, fiel ihm leicht. Die Gedanken kamen ihm wie von selbst. Und die Leute hörten ihm zu, waren sogar begeistert. Einmal saß auch Else in der ersten Reihe in einem vollen Saal und erlebte mit, wie ihr Geliebter einen großen Auftritt hatte.

In seinen Reden und Artikeln behandelte er auch das »Führerproblem«, das eng zusammenhing mit seiner Kritik an der Demokratie. Demokratische Politiker waren seiner Meinung nach abhängig von den Erwartungen der Massen und den Vorgaben ihrer Partei. Sie dachten nur bis zur nächsten Wahl und nicht über weitere Zeiträume hinweg. Zudem hielt Goebbels sie nur für »Söldlinge der Börse und des Kapitals«[16]. Als Gegenbild zum demokratischen Politiker entwarf er das Bild eines Führers, der unabhängig ist von der Meinung der Massen und den Interessen von Parteien und Wirtschaft, der seine Visionen weit in die Zukunft entwickelt und sie dank seiner Macht und Stärke auch verwirklichen kann.

Goebbels sah seine Rolle darin, an diesen Führer zu glauben und ihm »willig und uneigennützig zu dienen«. Aber wo war solch ein Führer? War es Ludendorff? Oder war es der greise Generalfeldmarschall Paul von Hindenburg, der Ende Februar 1925 zum Reichspräsidenten gewählt worden war? Oder doch Gregor Strasser, der während der Gefangenschaft Hitlers zum starken Mann der Partei aufgestiegen war? Goebbels lernte Strasser im September 1924 bei einem Treffen in Elberfeld kennen. Sie sprachen auch über Hitler, der noch immer seine Haftstrafe in Landsberg absaß, und beide stellten sich die bange Frage, »ob er freikommt«[17].

Hitler kam frei. Am 20. Dezember 1924 wurde er aus der Festung Landsberg entlassen. Sofort ging er daran, die Zügel in seiner Partei wieder in die Hand zu nehmen. In einer Versammlung im Münchner *Bürgerbräukeller* am 27. Februar 1925 gründete er die NSDAP neu und ließ sich als alleiniger Führer mit allen Vollmachten bestätigen. Er löste das Bündnis mit den Völkischen auf und erteilte Gregor Strasser den Auftrag, in Norddeutschland eine Parteiorganisation aufzubauen.

Goebbels hatte die Freilassung Hitlers in seiner Zeitung euphorisch gefeiert. »An Adolf Hitler!«, hatte er geschrieben. »Wir grüßen Dich, Adolf Hitler, Führer und Held, und es ist eine große Freude und Erwartung in uns, Dich wieder unter uns zu wissen.«[18] Hitler, der kaum wahrnahm, was außerhalb Münchens vorging, hat von dieser Begrüßung des Elberfelder Winkelredakteurs nichts mitbekommen. Sehr wohl aber Goebbels' Chef Wiegershaus. Mit seiner Lobeshymne hatte sich Goebbels klar von den Völkischen distanziert und sich auf die Seite der Hitler-Anhänger geschlagen. Grund genug für Wiegershaus, seinem Schriftleiter zu kündigen.

Goebbels nahm das gelassen hin, waren ihm doch die Völkischen seit jeher viel zu bürgerlich und kleinkariert. Er wollte einer jungen, radikalen Bewegung angehören, die sich nicht vom parlamentarischen System vereinnahmen ließ und mit fanatischer Entschlossenheit ihre Ziele verfolgte. Und dafür schien ihm Hitler der Garant. Er hatte auch längst Kontakte zu Leuten geknüpft, die Hitler nahestanden. Vor allem, dass er Gregor Strasser kennengelernt hatte, erwies sich jetzt als Sprungbrett zu einer neuen Karriere.

Strasser, ein großgewachsener, kräftiger Mann aus dem niederbayerischen Landshut, von Beruf Apotheker, hatte den kleinen, schmächtigen Lokalredakteur nicht vergessen. Einen Mann mit diesem flotten, bissigen Schreibstil und mit solchen rednerischen Fähigkeiten konnte er gut gebrauchen beim Neuaufbau des Gaues Rheinland-Nord. Strasser sorgte dafür, dass Goebbels bei der Verteilung der Ämter einen wichtigen Posten bekam. Er wurde zum Geschäftsführer des Gaues ernannt.

Goebbels konnte seine neue Arbeit nicht mehr von Rheydt aus machen. Er musste sich im 60 Kilometer entfernten Elberfeld ein kleines Zimmer nehmen. Wie er die Miete bezahlen sollte, das wusste er nicht, denn mit einem regelmäßigen Gehalt konnte er nicht rechnen. Weiterhin war er auf die Unterstützung durch seinen Vater angewiesen, dem es nun noch schwererfiel, das Geld herzugeben, da er kein Freund der Nationalsozialisten war und es ungern sah, dass sich sein Sohn mit diesen gottlosen Leuten einließ.

In der Elberfelder Geschäftsstelle musste Goebbels die Verwaltungsarbeit machen. Er entwarf Flugblätter und Plakate, schrieb und verschickte Informationsblätter und Rundbriefe und hielt Vorträge in Ortsgruppen oder Betrieben. Die Tagebuchaufzeichnungen aus dieser Zeit sind voll von Klagen darüber, wie viel Arbeit man ihm aufbürdete, wie überlastet und müde er manchmal gewesen sei. Das darf man nicht allzu wörtlich nehmen. Goebbels spielte gerne den überarbeiteten Idealisten, der sich um alles kümmern musste, auf den Berge von Post warteten und der sich vor Anfragen zu Vorträgen kaum zu retten wusste.

Auch dass seine Zuhörer immer »restlos begeistert« waren und die Menschen in Scharen zu seinen Veranstaltungen kamen, sind Übertreibungen, die zu dem Bild gehören, das Goebbels von sich verbreitete. Dazu gehört auch, dass er sich selber als »Apostel« sah, der nicht nur zu den Leuten redete, sondern »predigte«. Unstrittig ist allerdings, dass Goebbels ein glänzender Redner war. Für Hans Heiber, der sonst kaum ein gutes Haar an ihm lässt, ist er »einer der technisch perfektesten Redner, die je die deutsche Sprache gebraucht haben«.[19] Für diese Einschätzung spricht, dass Goebbels in seiner Elberfelder Zeit in einem Jahr sage und schreibe fast 200 Auftritte als Redner hatte, und das meistens mit Erfolg.

Sein wachsender Ruf als Redner stärkte seine Position, sorgte aber auch für Spannungen in der Führungsriege des Gaues. Mit Axel Ripke, dem Gauleiter, kam er nicht zurecht. Dessen Einstellung war ihm viel zu bürgerlich und gemäßigt. Und es ärgerte Goebbels maßlos, wenn Ripke jemand anderen um Rat fragte und nicht ihn. Umgekehrt hielt Ripke seinen Geschäftsführer für einen verkappten Bolschewisten, vor dem man sich in Acht nehmen müsse. »Der Mann ist gefährlich«, warnte Ripke, »der glaubt das, was er sagt.«[20]

Von Anfang an gut verstand sich Goebbels mit dem drei Jahre jüngeren Karl Kaufmann, dem Leiter der Ortsgruppe Elberfeld und späteren Gauleiter. Die beiden duzten sich bald und wurden Freunde. Kaufmann, der am Hitlerputsch teilgenommen hatte, schilderte seinen Mitarbeiter als einen »liebenswerten, bisweilen charmanten und fast immer besessen arbeitenden Menschen«[21]. Goebbels und Kaufmann waren sich nicht nur persönlich sympathisch, sondern stimmten auch in ihren politischen Zielen überein. Während Ripke in erster Linie daran gelegen war, den Versailler Vertrag zu brechen, wollten Kaufmann und Goebbels darüber hinaus dem Sozialismus in Deutschland den Weg bereiten. Damit lagen sie auf einer Linie mit Gregor Strasser und der Mehrzahl der norddeutschen Nationalsozialisten. Vor allem das Ruhrgebiet war ein Zentrum der Industrie. Hier musste die Politik einen anderen Schwerpunkt setzen als im ländlichen Bayern. Hier hatte der Sozialismus Vorrang vor dem Nationalen.

Diese andere Ausrichtung führte zwangsläufig zu Meinungsverschiedenheiten mit der Münchner Zentrale. Die Aktivisten im Norden und Westen nahmen vor allem Anstoß am Umfeld Hitlers, an Leuten wie Hermann Esser, Julius Streicher und Max Amann. Sie machte man verantwortlich für den selbstherrlichen Stil der Münchner Partei und deren antikommunistische Töne. Hitler selbst dagegen nahm man von jeder Kritik aus und beklagte nur den schlechten Einfluss, dem er ausgesetzt sei. Auch Goebbels schimpfte über die »Lumpen« und »Dummköpfe«[22] in München, von denen Hitler umgeben sei. Dabei kannte er Hitler nur aus dessen Buch *Mein Kampf*. Er hatte es im Herbst 1925 gelesen und war wie verzaubert – weniger vom Inhalt als vom Verfasser. In sein Tagebuch schrieb er: »Wer ist dieser Mann? Halb Plebejer, halb Gott! Tatsächlich der Christus, oder nur der Johannes?«[23]

Goebbels hatte Hitler schon des Öfteren gesehen und ihn reden hören, das erste Mal vermutlich bei einer Tagung in Weimar am 2. Juli 1925. Offiziell vorgestellt wurden die beiden einander, als Hitler am 26. Oktober 1925 nach Elberfeld kam, das inzwischen zum Zentrum des linken Flügels der

NSDAP geworden war. Im evangelischen Vereinshaus hielt er eine kurze Rede und traf sich anschließend mit den örtlichen Parteiführern in einem kleinen Nebenraum. Bei dieser Gelegenheit machte Karl Kaufmann Hitler mit seinem neuen Sekretär Dr. Joseph Goebbels bekannt.[24]

Diese Begegnung Goebbels' mit Hitler soll ziemlich förmlich verlaufen sein. Trotzdem muss sich unter der Oberfläche etwas ereignet haben. Hat Hitler sofort erkannt, dass hier ein junger Mann mit großen Fähigkeiten vor ihm stand, der nur darauf wartete, sich einem »Führer« zu unterwerfen? Hat Goebbels intuitiv erfasst, dass er diesem Mann folgen muss, wenn er Macht und Ruhm erlangen will? Könnte man sagen, dass es zwischen beiden gefunkt hat? Jedenfalls warb nach diesem ersten Treffen Hitler um Goebbels. Und Goebbels ließ sich gerne umwerben.

Eigentlich hätte er nach der Lektüre von *Mein Kampf* ein Kritiker Hitlers werden müssen. Stattdessen vergötterte er ihn. Hatte er die Passagen überlesen, in denen Hitler dem Bolschewismus den Kampf ansagte? Hatten ihn die wüsten Tiraden gegen die Juden nicht abgeschreckt? Alle Aussagen Hitlers, die seinen eigenen Überzeugungen entgegenstanden, hat Goebbels offenbar ausgeblendet. Was zählte, war die Person Hitler. Heinrich Fraenkel und Roger Manvell, die nach 1945 mit vielen Menschen geredet haben, die Goebbels noch gekannt hatten, standen ebenfalls verwundert vor dieser merkwürdigen Blindheit Goebbels', und sie kamen zu dem Schluss: »Es lag in Goebbels' Natur, dass er auf jeden hereinfiel, von dem er sich geliebt und bewundert glaubte.«[25]

Noch bekannte sich Goebbels zum linken Flügel der Partei. Und er unterstützte die Pläne Gregor Strassers, die Gaue in

Nord- und Westdeutschland zu einer Arbeitsgemeinschaft zusammenzuführen, um der »Münchner Clique« als geschlossener Block gegenüberzutreten. Sprachrohr der Arbeitsgemeinschaft sollte eine Zeitung mit dem Namen *Nationalsozialistische Briefe* werden, als deren Herausgeber Goebbels bestimmt wurde. Auch wenn Hitler nichts gegen dieses Vorhaben einzuwenden hatte, war das doch eine mehr oder weniger offene Provokation gegen München.

Gleichzeitig kamen sich Goebbels und Hitler immer näher. Das nächste Mal begegneten sie sich in Braunschweig. Hitler saß gerade beim Essen. Als er Goebbels sah, sprang er gleich auf und schüttelte ihm die Hand wie einem alten Freund. Vollends im Bann seines neuen Freundes war Goebbels nach einer Rede Hitlers am Abend. »Alles hat dieser Mann, um König zu sein«, notierte er. »Der geborene Volkstribun. Der kommende Diktator.«[26]

Im Vergleich zu Hitler kam sich Goebbels klein vor. Und er haderte auch mit sich, weil ihm manchmal der Glaube an seine Arbeit abhandenkam. Besonders in den Stunden, wenn er mit dem Bummelzug zu seiner Familie nach Rheydt fuhr, war er gedrückt und mutlos. Umso wichtiger war es, dass er bald wieder in Hitlers Nähe kam. Schon zwei Wochen nach der Begegnung in Braunschweig traf er ihn wieder in Plauen. Hitler war dieses Mal noch bemühter um den kleinen Geschäftsführer aus Elberfeld. Er schenkte ihm sogar ein Foto von sich. »Wie lieb ich ihn!«, schwärmte Goebbels. »So ein Kerl!«[27]

Je größer die Liebe zu Hitler wurde, desto kleiner wurde sie zu Else. Im Auf und Ab ihrer Beziehung überwogen nun die Zeiten, in denen sie stritten oder sich stumme Vorwürfe machten. Else fühlte sich vernachlässigt und erwartete von ihrem Geliebten ein klares Bekenntnis zu einer gemeinsamen Zukunft. Goebbels, der in Elberfeld eine Freundin namens Elisabeth gehabt und auch mit Elses bester Freundin Alma eine Nacht verbracht hatte, hielt das für spießig und warf Else vor, nur an sich selbst zu denken.

Kurz vor Weihnachten schickte ihm Else einen Abschiedsbrief. Goebbels wusste nicht, wie er darauf reagieren sollte. Er wollte Else nicht verlieren. Andererseits fühlte er sich seinen Zielen verpflichtet und erwartete von Else, dass sie ihn voll und ganz unterstützte. In seiner Not suchte er Rat bei seinem Chef und Freund Karl Kaufmann. Sie unterhielten sich lange darüber, warum Frauen sich so schwertun, restlos zu ihren Männern zu stehen. »Kann man sie erziehen?«, fragte sich Goebbels. »Oder ist sie überhaupt minderwertig?«[28]

Er traf sich mit Else zu einer Aussprache und sie versöhnten sich wieder einmal. An ihrer Situation änderte das nichts. Else ließ sich nicht erziehen. Und an der Tatsache, dass sie eine Halbjüdin war, ließ sich auch nichts ändern. Immer weniger konnte Goebbels sich vorstellen, mit einer Frau verheiratet zu sein, die ein »Halbblüter« war.

Zu dieser Zeit schrieb er an einem Buch, in dem er die Grundlagen des Nationalsozialismus darstellen wollte. In diesem *Kleinen abc des Nationalsozialisten* ging er auch auf das Judenproblem ein. Auf die Frage, warum die NSDAP »judengegnerisch« sei, antwortete er: »Weil der Jude ein zersetzender Fremdkörper in unserem deutschen Volke ist, weil er durch seine lügenhaften Kulturinstitute die deutsche Volksmoral vergiftet, weil er niederreißt, statt aufzubauen, weil er der Vater des Klassenkampfgedankens ist, durch den er das deutsche Volk in zwei Teile zerreißt, um es desto brutaler beherrschen zu können, weil er der Schöpfer und Träger des internationalen Börsenkapitalismus, des Hauptfeindes der deutschen Freiheit, ist.«[29]

Der Jude war für Goebbels der Inbegriff für das »international-raffende« Kapital geworden, dem er das »national-schaffende« gegenüberstellte. Und er plädierte dafür, die nur raffenden Kapitalisten zu enteignen, um die unteren Volksschichten am wirtschaftlichen Reichtum zu beteiligen. Er wusste, dass er für solche Ideen bei seinen Münchner Parteifreunden keinen Beifall finden würde. Aber er war überzeugt davon, Hitler auf seine Seite ziehen zu können. Wie sehr er sich in seinem verehrten »Chef« täuschte, das sollte er bald auf drastische Weise erfahren.

Die Spannungen zwischen dem Münchner Hitler-Kreis und den norddeutschen Gauen spitzten sich Anfang 1926 zu und entluden sich schließlich an einer Frage, nämlich an der Haltung zur sogenannten Fürstenabfindung. Die deutschen Fürstenhäuser waren nach der Novemberrevolution 1918 entschädigungslos enteignet worden. Das war ohne Rechtsgrundlage geschehen. Darum sollte nun in einem Volksbegehren darüber entschieden werden, ob die deutschen Fürsten einen Anspruch auf Entschädigung haben oder ob ihr ehemaliger Besitz dem ganzen Volk zugutekommt.

Wie zu erwarten sprach sich die »Arbeitsgemeinschaft Nordwest« für eine Enteignung aus. Hitler pflegte seit jeher gute Kontakte zu Industrie und Adel. Diese einflussreichen und finanzstarken Gönner wollte er nicht vergraulen. Die Vereinigung der Nordgaue hatte er noch hingenommen. Jetzt aber, da die Strasser-Gruppe ein anderes Parteiprogramm anstrebte, war es mit der Toleranz vorbei. Hitler schritt ein.

Er lud die Führer der norddeutschen Gaue für den 14. Februar 1926 nach Bamberg ein. Nicht alle kamen, aber wichtige Leute wie Strasser, Kaufmann und Goebbels waren anwesend. Hitler hielt eine lange Rede und Goebbels wollte seinen Ohren nicht trauen. Hitler kam ihm vor wie ein »Reaktionär«. Er war für eine Abfindung der Fürsten und für den Schutz des Privateigentums. Er erklärte Russland zum Feind, erteilte allen sozialistischen Bestrebungen eine Absage und erklärte England und Italien zu natürlichen Bundesgenossen.

Goebbels und seine Freunde waren wie vor den Kopf geschlagen. Strasser wollte etwas sagen, aber er brachte nur zitternd und stockend ein paar Sätze hervor. Alle warteten nun darauf, dass Goebbels das Wort ergriff. Doch der sagte nichts. Er blieb stumm.

Erst als die Strasser-Leute wieder zurück in ihren Gauen waren, erholten sie sich von diesem Schock. Sie machten sich gegenseitig Mut und versicherten sich, sich von der Münchner »Saubande« nichts gefallen zu lassen. Sie wollten nicht wahrhaben, dass Hitler auf ganzer Linie gesiegt hatte und die Idee eines nationalen Sozialismus erledigt war. Oder war sich Goebbels darüber im Klaren? Hatte er längst die Seiten gewechselt und hielt nur noch seine Prinzipien aufrecht, um sein Gesicht zu wahren? Folgte er seinem Leitsatz, dass man an etwas glauben muss, egal woran? Hitler jedenfalls schien zu wissen, dass Goebbels sich im Zweifelsfall für Macht und Ansehen entscheidet und nicht an seinen Grundsätzen festhält. Und er war sehr geschickt darin, Leute wie Goebbels in ihren eigenen Schwächen zu fangen.

Zwei Monate nach dem Bamberger Treffen lud Hitler Goebbels, Kaufmann und andere leitende Nazis nach München ein.

Auf ähnliche Lockungen aus München hatte Goebbels vor Kurzem noch barsch reagiert und erklärt, die »Lumpen« dort könnten ihn »am Arsch lecken«.[30] Kaum am Hauptbahnhof angekommen, war er wie verwandelt. Hitler hatte sein Auto samt Fahrer geschickt, um seine Gäste abzuholen. Auf der Fahrt durch die Stadt sah Goebbels an den Litfaßsäulen riesige rote Plakate, die seine Rede am Abend ankündigten. Er und seine Freunde wurden in den besten Hotels untergebracht und speisten in den nobelsten Restaurants. Kein Vergleich zu Elberfeld, wo Goebbels in seiner Geschäftsstelle nicht einmal ein eigenes Telefon hatte und das nötige Geld mühsam zusammenbetteln musste.

Sein Auftritt im *Bürgerbräukeller* war sorgfältig vorbereitet. Schon als er den voll besetzten Saal betrat, jubelten die Leute. Und nach einer zweistündigen Rede wurde Goebbels gefeiert und Hitler umarmte seinen überglücklichen Freund. Am nächsten Tag kam es dann zu einer großen Aussprache. Hitler rüffelte noch einmal seine norddeutschen Parteifreunde und zelebrierte dann eine große Versöhnung. Goebbels erschienen die Differenzen nun nicht mehr so unüberwindlich. Und schließlich musste er eingestehen, dass Hitler die Probleme gründlicher durchdacht hatte als er. »Ich beuge mich dem Größeren, dem politischen Genie!«[31], bekannte er und hoffte, dass Hitler ihn nicht nur respektieren, sondern ihn auch in sein Herz schließen würde. Denn was er selbst seinem Chef entgegenbrachte, waren nicht nur Bewunderung und Achtung, sondern die herzlichsten Gefühle. »Adolf Hitler, ich liebe Dich, weil Du groß und einfach zugleich bist«, waren seine Gedanken beim Abschied.[32]

Sein Begleiter Karl Kaufmann hatte die Verwandlung Goebbels' in München verwundert verfolgt. Die Atmosphäre in der Elberfelder Geschäftsstelle war nicht mehr so freundschaftlich wie vorher. Man ließ Goebbels spüren, dass man ihn für einen Verräter hielt. Gregor Strasser meinte sogar, er sei »a saublöder Obernarr« gewesen, dass er Goebbels so gefördert habe.[33]

Das alles focht Goebbels nicht an. Er stand nun unter dem Schutz Hitlers und er war mit sich im Reinen. Seine Kritiker, so meinte er, wären nur neidisch auf seine Erfolge. Insgeheim hoffte er, dass Hitler ihn nach München holte. Stattdessen machten Gerüchte die Runde, dass Hitler ihn nach Berlin schicken wolle. Aber in diese »Steinwüste« wollte er auf keinen Fall. In Elberfeld fühlte er sich wie verlassen. Glücklich und seiner Sache sicher war er nur in Hitlers Gegenwart. Und er freute sich wie ein Kind, wenn er Hitler wiedersehen konnte.

Mitte Juni war Hitler für eine Woche im Ruhrgebiet und Goebbels durfte ihn begleiten. Und im Juli machte Goebbels zwei Wochen Urlaub in Berchtesgaden. Hitler besuchte ihn, und sie unternahmen Wanderungen auf die umliegenden Berge, wobei sich Goebbels nicht anmerken lassen wollte, wie sehr ihm sein verkrüppelter Fuß zu schaffen machte. Auf dem Hochlenzer redete Hitler über Rassenfragen. Goebbels hing an seinen Lippen und beobachtete währenddessen fasziniert ein seltsames Schauspiel am Wolkenhimmel: »Droben am Himmel formt sich eine weiße Wolke zum Hakenkreuz. Ein flimmerndes Licht steht am Himmel, das kein Stern sein kann. – Ein Zeichen des Schicksals!?«[34]

Während seiner Ferientage hätte Goebbels gerne eine kleine Urlaubsliebschaft gehabt. Eine dunkelhaarige Frau hatte es ihm angetan, die aber auf seine Annäherungen nicht reagierte. Bei einem Ausflug mit der Pferdekutsche ließ er einer blonden

Schönen einen Zettel zukommen, auf eine Antwort wartete er vergeblich. »Jedes Weib reizt mich bis aufs Blut«, schrieb der 28-Jährige in sein Tagebuch. »Wie ein hungriger Wolf rase ich umher.«[35]

Auf der Zugfahrt zurück nach Elberfeld saß dann eine »schöne Dame« in seinem Abteil. Goebbels kam mit ihr ins Gespräch und konnte sie zu einem Treffen am nächsten Morgen in Düsseldorf überreden. Er hatte sich mit Else verabredet, die in Duisburg in den Zug stieg. Else freute sich. Er verschwieg sein morgiges Rendezvous. Hatte er vielleicht noch Hitlers Ausführungen über die Rassenfrage im Ohr? Er selbst hatte in seinem *kleinen abc des Nationalsozialisten* geschrieben, dass man »alles Fremdblütige aus dem deutschen Volkskörper ausscheiden und das deutsche Volk wieder zu den ursprünglichen Quellen deutscher Rasse zurückführen« müsse.[36] Konnte er es sich noch leisten, mit einem »Halbblüter« zusammen zu sein?

Zwei Stunden lang suchte er am nächsten Morgen in Düsseldorf nach der Frau aus dem Zug. Er fand sie nicht. Hatte er sie verpasst oder hatte sie ihn vergessen? Zu Else zog es ihn nicht mehr. Er hielt sie für eine »kleine Spießerin«[37]. Und heiraten kam für ihn nicht infrage. Dann wäre er ja selber zum Spießbürger geworden, und das, so meinte er, hätte er keine acht Tage ausgehalten. Es kam ihm nun ganz gelegen, dass er von Else wieder einen Abschiedsbrief erhielt. Also musste er nach Rheydt und die Sache nun endgültig hinter sich bringen. Bei einem Spaziergang mit Else machte er mit ihr Schluss, kurz und knapp. Else brachte ihn am Morgen noch zu seinem Zug. Es regnete. Goebbels stand am offenen Fenster seines Abteils, als der Zug anfuhr. Else drehte sich um und weinte. Goebbels schloss das Fenster.

Wie schon bei Anka, so war für ihn diese Trennung ein Opfer, das er im Dienst für eine Idee bringen musste. Denn Goebbels verstand sich als Revolutionär, und Revolutionäre müssen die Idee, der sie folgen, über alles stellen. Sie müssen, so schrieb er einmal, »den Mut finden, im Kampf für diese Idee über Dinge und Menschen hinwegzuschreiten«.[38]

Goebbels schritt weiter. Auf ihn warteten große Aufgaben. Die Sache mit Berlin war nun doch ernst geworden. Er bekam einen Brief von Hitler, der ihn offiziell zum Gauleiter von Berlin ernannte. Anfang November 1926 sollte er in der Hauptstadt seine Arbeit beginnen. Goebbels war mulmig zumute, wenn er daran dachte, was ihn in dieser riesigen Stadt erwartete. Aber er durfte Hitlers Vertrauen in ihn nicht enttäuschen. Er hielt sich an ein Wort Hitlers, das ihm gut gefallen hatte: »Gott gab uns in unserem Kampf seine Gnade in überreichem Maße. Als schönstes Geschenk bescherte er uns den Hass unserer Feinde, die wir ebenso und aus vollem Herzen hassen.«[39]

Thomas Mann hätte auch Gott zu jenen Größen gezählt, die von den Nazis verhunzt wurden.

VI. MIT TERROR UND HÄRTE ZUM ZIEL

NOVEMBER 1926 – DEZEMBER 1929

Man hat die Zeit zwischen 1924 und 1929 später die Goldenen Zwanziger genannt. Dank der ausländischen Geldzufuhr kam die deutsche Wirtschaft wieder in Schwung und Wissenschaft und Kultur erlebten eine ungeahnte Blüte. Diese Jahre waren jedoch nicht nur golden, sie glichen mehr einem Tanz auf dem Vulkan.

Nirgendwo war dieser Tanz wilder und ausgelassener als in Berlin. Die deutsche Hauptstadt mit ihren über vier Millionen Einwohnern zählte zu den größten Metropolen der Welt, und was ihre Schnelllebigkeit und Vitalität anbelangte, ließ sie auch moderne amerikanische Städte wie Chicago hinter sich. Wer Ideen hatte und sein Glück machen wollte, der ging nach Berlin. Hier lebten die berühmtesten Schauspieler, die namhaftesten Wissenschaftler, die angesehensten Künstler. Die Neuigkeiten überschlugen sich hier. Und wer einen Eindruck vom Tempo und von der verwirrenden Vielfalt dieser Stadt erhalten wollte, musste sich nur auf die Straßen begeben. Im Verkehrsgewühl musste er aufpassen, nicht von den Autos, den Doppeldeckerbussen oder von einer Straßenbahn überfahren zu werden. Es gab sogar rollende, von Eseln gezogene Litfaßsäulen. Die großen Plakate kündigten neue Theaterstücke und Revuen an. Die Menschen strömten in die Kinos, in die Ballsäle, Caféhäuser und Nachtclubs. Die Zeitungsjungen schrien an den Straßenecken die neuesten Meldungen in die Menge:

Mord im Tiergarten, englisches Luftschiff explodiert, steigende Kaffeepreise. Wer das nötige Geld hatte, konnte der neuesten Erfindung, dem Radio, lauschen und von Unruhen in Afrika und einer Hungersnot in Rumänien erfahren.

In den Romanen und Theaterstücken dieser Zeit werden oft Menschen geschildert, die nach längerer Abwesenheit wieder nach Berlin kommen und von dieser unheimlichen Gleichzeitigkeit aller Ereignisse, vom chaotischen Durcheinander und der Hektik der Stadt schier überfahren werden. Der berühmteste dieser überforderten Helden ist vielleicht Franz Biberkopf im Roman *Berlin Alexanderplatz* von Alfred Döblin, der im Jahr 1928 spielt. Biberkopf war für vier Jahre im Gefängnis, und als er nach seiner Entlassung wieder in die Stadt fährt, wird ihm geradezu schwindlig vom Lärm und dem Feuerwerk an Eindrücken.

Aber nicht nur der Verkehr hat sich in diesen vier Jahren verändert, auch der Zeitgeist ist ein anderer geworden. Biberkopf nimmt sich fest vor, in dieser neuen Welt anständig zu bleiben. Allerdings bleibt das ein frommer Wunsch. Er gerät in die falschen Kreise, wird zum Verbrecher und mitschuldig an einem Mord. Und zum Schluss liegt er als einarmiger Krüppel in einer Irrenanstalt und kämpft mit dem Tod. Von dem muss er sich nun sagen lassen, was er falsch gemacht hat. Biberkopf wollte nämlich immer »fein« und »edel« sein, und er beklagte sich dauernd darüber, dass man ihm ein Unrecht angetan habe und dass er nicht zeigen konnte, wie »gut« er eigentlich war.[1] Aber genau mit dieser Haltung stürzte er sich und andere ins Unglück. Biberkopf hielt an veralteten moralischen Vorstellungen fest. Doch die Zeiten waren inzwischen andere. Die Menschen waren raffinierter. Gut und Böse waren nicht mehr so leicht unterscheidbar. Die Dinge hatten sich verkompliziert. Aber was genau hatte sich verändert? Was herrschte da für ein neuer Geist?

Der Philosoph Peter Sloterdijk hat behauptet, dass die Weimarer Kultur sich durch eine besondere Bewusstseinsform auszeichnete, die er »Zynismus« nennt.[2] Zu dieser zynischen Haltung gehört der Appell an die großen Werte ebenso wie der Verweis auf die Sachzwänge, die brutale Gewalt leider notwendig machten. Dazu gehört auch der Rückzug aus dem Mitgefühl in reine »betrachtende Kälte«. Und es gehört dazu die »Panzerung des Ichs« sowohl gegen jede wirkliche Selbsterkenntnis als auch gegen die eigenen inneren Wunden und Schwächen. Der Zyniker ist jemand, der gern von einer höheren Warte aus urteilt und über sogenannte Kleinigkeiten hinweggeht. Er ist ein Moralist, der Werte aufstellt und so tut, als glaube er daran, aber dann zeigt, »dass er nicht daran denkt, an sie zu glauben«.[3] Sloterdijk ist übrigens der Meinung, dass diese Geisteshaltung fortgewirkt hat und uns auch heute noch mit der Weimarer Zeit verbindet.

Als Joseph Goebbels am Abend des 9. November 1926 in Berlin am Anhalterbahnhof aus dem Zug stieg, fühlte er sich ziemlich verloren und machtlos angesichts dieses »Stadtungeheuers aus Stein und Asphalt«[4]. Berlin war nach Moskau die »röteste« Stadt Europas. Die Sozialdemokraten und Kommunisten waren zahlenmäßig stark und gut organisiert. Die Nationalsozialisten waren dagegen ein kleiner, zerstrittener Haufen, dem niemand Beachtung schenkte. Und nun sollte er, der kleine, schmächtige, humpelnde Doktor die Stadt für die NSDAP erobern. Eigentlich ein aussichtsloses Vorhaben.

Aber Goebbels hatte von Hitler den Auftrag bekommen.

Und er durfte seinen geliebten »Chef« auf keinen Fall enttäuschen. Außerdem war Goebbels nicht Franz Biberkopf. Er war nicht naiv und hinkte der neuen Zeit nicht hinterher. Schon bald sollte er merken, dass er und die Stadt bestens zusammenpassten. Seine Talente und sein Charakter schlossen gleichsam einen magischen Kontakt mit dem modernen Geist der Stadt. Und wenn dieser Geist wirklich »zynisch« war, so sollte Goebbels in kurzer Zeit zum Meister des Zynismus werden.

Am Bahnhof wurde er von einigen Parteigenossen abgeholt. Unter ihnen war Otto Strasser, der Bruder von Georg Strasser und wie dieser ein überzeugter Nationalsozialist. Die Strasser-Brüder hatten in Berlin erheblichen Einfluss. Ihnen gehörte der *Kampf-Verlag*, der unter anderem die Wochenzeitschrift *Der nationale Sozialist* herausgab. Auf den »Verräter«[5] Goebbels waren die Strassers seit dessen Kehrtwende in Bamberg schlecht zu sprechen. Dass es zwischen den Strassers und Goebbels zum Konflikt kommen würde, war abzusehen. Hitler wusste das. Es gehörte zu seiner Strategie, Leute gegeneinander auszuspielen.

Goebbels war von Hitler mit allen Vollmachten ausgestattet worden, und er ging sofort daran, die marode Berliner Partei auf Vordermann zu bringen. Mitglieder, die sowieso nur Karteileichen waren oder völlig abwegige Vorstellungen vom Nationalsozialismus hatten, warf er kurzerhand hinaus. Übrig blieb eine kleine Schar, auf deren richtige Gesinnung er sich verlassen konnte und die auch regelmäßig Beiträge zahlte. Das war wichtig, denn im Gegensatz zu den Münchner Parteigenossen hatten die Berliner keine reichen Gönner. Sie waren angewiesen auf die kärglichen Abgaben ihrer Mitglieder. Mit dem Geld konnte Goebbels nun damit beginnen, die Partei wieder neu aufzubauen. Dazu gehörte auch die Suche nach einer anderen Geschäftsstelle. Die alten Räume in der Potsdamer Straße, von allen nur »Opiumhölle« genannt, waren so dunkel und verraucht, dass an eine normale Verwaltungsarbeit nicht zu denken war.

Nachdem Goebbels nun wenigstens die Grundlagen für eine bessere Organisation der Partei geschaffen hatte, ging es um die Frage, wie man neue Anhänger findet und wie man die Partei in der Öffentlichkeit bekannt macht. Goebbels wollte die Arbeiter gewinnen. Aber die waren traditionellerweise in der SPD und der KPD. Für Goebbels waren die Kommunisten der Hauptfeind, mit ihm wollte er um die Seelen der Arbeiter kämpfen. Aber wie? Die Nationalsozialisten waren, verglichen mit den Kommunisten, ein »lächerlicher Verein«, den man nicht ernst nehmen konnte.

Goebbels, der nun bevorzugt in Lederjacke oder Trenchcoat auftrat, begriff sofort, welcherart Gesetze in einer Stadt wie Berlin galten. Erfolgreich war nur, wer Aufmerksamkeit erregte. Das Schlimmste, was einem passieren konnte, war, wenn niemand Notiz von einem nahm, wenn man übersehen, nicht beachtet wurde. Also musste man dafür sorgen, dass die Leute auf die Nationalsozialisten aufmerksam wurden, über sie redeten, völlig egal ob gut oder schlecht. Die Eroberung der Macht war das oberste Ziel. Dazu musste man die Masse von den eigenen Ideen überzeugen. Im Hinblick auf dieses Ziel ergab sich für Goebbels ganz logisch der einfache Grundsatz für jede Propaganda: »Jedes Mittel, das diesem Ziel dient, ist gut. Und jedes Mittel, das an diesem Ziel vorbeigeht, ist schlecht.«[6]

Berlin war für Goebbels eine mitleidlose Stadt, in der die Menschen rücksichtslos ihrem Glück nachjagten und um ihr tägliches Brot kämpften. Dementsprechend durften auch die

Methoden der Politik nicht zimperlich sein. Für seine Methoden brauchte Goebbels keine Theoretiker oder demokratischen Politiker, die mühsam nach Kompromissen suchten. Er brauchte Redner, die den Leuten eine Idee einhämmerten. Und er brauchte Kämpfer. Die hatte er in der SA. Sie war ein Sammelbecken für gescheiterte Existenzen und Raufbolde, die meist arbeitslos waren und nicht viel zu verlieren hatten. Ihnen gegenüber stand der paramilitärische Kampfverband der KPD, die Rotfront. Beide Lager hatten ihre Reviere und ihre Stammkneipen. Überfälle und Schlägereien gehörten bald zum Alltag in den proletarischen und kleinbürgerlichen Vorstädten und Stadtvierteln von Berlin.

Goebbels' Taktik war die der Provokation. Er wollte die Kommunisten reizen und sie so zu Reaktionen zwingen, die für Schlagzeilen in den Zeitungen sorgten. Goebbels ließ SA-Trupps singend und mit Hakenkreuzfahnen durch rote Bezirke der Stadt marschieren. Das waren kleine Nadelstiche, die zwar viel Blut forderten, aber sonst kaum Beachtung fanden. Den großen Schlag plante er für den 11. Februar 1927. Große Plakate auf dunkelrotem Grund – auch sie gehörten zum neuen Stil der Propaganda – verkündeten, dass der Parteigenosse Dr. Goebbels an diesem Tag in den Pharussälen zum Thema *Der Zusammenbruch des bürgerlichen Klassenstaates* reden wird.

Das war eine offene Kampfansage. Denn die Pharussäle lagen im roten Arbeiterviertel Wedding und niemand anderes als die KPD hatte an diesem Ort bisher Versammlungen abgehalten. Goebbels bekam die gewünschte Reaktion. Die Kommunisten kochten vor Wut und warnten auf Handzetteln, sie würden jeden Nazi, der seinen Fuß in die Pharussäle setzt, zu »Brei und Brühe« schlagen.[7]

Am 11. Februar waren die Pharussäle schon lange vor Goebbels' Auftritt brechend voll. Er hatte alle verfügbaren Mitglieder aktiviert, um gegenüber den zahlreich erschienenen Kommunisten und Sozialisten eine Überzahl zu schaffen. Flankiert und beschützt von SA-Männern, betrat er den tobenden Saal. Zum Reden kam er erst gar nicht. Als die SA-Männer einen kommunistischen Zwischenrufer entfernen wollten, brach die Schlacht los. Gläser und Flaschen flogen durch die Luft. Nazis und Kommunisten schlugen mit Totschlägern, Stuhlbeinen und Eisenstangen aufeinander ein. Bis die sofort herbeigeeilte Polizei wieder für Ruhe gesorgt hatte, glich der Saal einem Trümmerfeld. Und die Nazis konnten sich als Sieger fühlen. Sie hatten weit weniger Verletzte zu beklagen als ihre Feinde.

Nun zeigte sich Goebbels' Gespür für die Situation, seine Begabung, aus einem Ereignis das Maximum an Wirkung herauszuholen. Er ließ verwundete und verbundene SA-Leute auf die Bühne tragen und schüttelte ihnen theatralisch die Hand. Dann hielt er eine pathetische Rede auf den »unbekannten SA-Mann«, auf dessen Treue und Bereitschaft, für ein besseres Deutschland sein Leben einzusetzen. Solche Gesten hatten ihre Wirkung. Sie trugen dazu bei, dass die SA sich nicht als primitive Schlägertruppe empfand, sondern als Kampfgemeinschaft mit heiliger Mission.

Goebbels' Rechnung ging auf. Am nächsten Morgen berichteten alle großen Zeitungen über die Schlacht in den Pharussälen. Dass die Nazis dabei nicht gut wegkamen, war nebensächlich. Hauptsache, man redete über sie. Und in den nächsten Tagen war die neue Geschäftsstelle in der Lützowstraße voll von Leuten, die in die Partei oder die SA eintreten wollten. Vor allem junge Leute waren begeistert vom neuen Gauleiter

Joseph Goebbels hält eine Rede im Berliner Lustgarten anlässlich eines SA-Appel

und von einer Bewegung, die durch eine Idee zusammengeschweißt wurde und eine bessere Zukunft schaffen wollte. Zu ihnen gehörte auch der junge Student Horst Wessel.

Der 19-jährige Pfarrerssohn war ein »kühler Romantiker«[8], der das satte Bürgertum hasste und sich als Freund der Arbeiter verstand. Wessel gehörte zu jener Generation junger Männer, die im Weltkrieg noch zu jung waren, um Soldat zu werden, für die jedoch der Krieg mit dem faulen Frieden der Weimarer Republik nicht zu Ende war und die sich nun wie ihre Väter als Frontsoldaten bewähren wollten. Goebbels' Versprechungen von sozialer Gleichheit und einer gerechteren Welt fielen bei Wessel auf fruchtbaren Boden. Er war fasziniert von der Brutalität und Skrupellosigkeit der SA, die in seinen Augen Zeichen von Mut und Tapferkeit waren. Wessel unterbrach sein Jura-Studium und trat in die SA ein. Goebbels hielt große

gust 1934

Stücke auf den jungen SA-Mann und betraute ihn mit Sonderaufgaben. Wessel wiederum bewunderte den neuen Gauleiter grenzenlos. Für »seinen« Goebbels hätte er sich, wie er bekannte, »in Stücke schlagen lassen«.[9]

Goebbels beteuerte später, dass er ein »friedliebender Mensch« sei und seine Leute aus reiner »Notwehr« gehandelt hätten, um sich gegen den roten Terror zu schützen. Die SA habe nie von sich aus angegriffen, sondern sei immer angegriffen worden. »Schweren Herzens« seien die Nationalsozialisten zur Gewalt gezwungen worden und hätten sich nur ihrer »nackten Existenz« erwehrt. Alle gegenteiligen Behauptungen seien nur der »Lügenwust« der jüdischen »Journaille« und der roten Hetzkampagne.[10]

Wie friedliebend die SA wirklich war, das bewies sie bei jenen Ereignissen im März 1927, die als »Lichterfelder Bahnhofsschlacht« in die Annalen der Bewegung eingingen. Durch einen, so Goebbels, »blinden Zufall« hatte es sich ergeben, dass Hunderte von SA-Leuten und zwei Dutzend von Rotfrontkämpfern im gleichen Zug von auswärtigen Veranstaltungen nach Berlin zurückfuhren. Schon während der Fahrt war es zu Schlägereien gekommen. Und als der Zug in den Bahnhof Lichterfelde Ost einfuhr, stürmten die Nationalsozialisten die Abteile der hoffnungslos unterlegenen Kommunisten, bewarfen sie mit Schottersteinen und verprügelten sie mit Fahnenstangen. Anschließend zogen die braunen Sieger triumphierend durch die Stadt zum Kurfürstendamm und ohrfeigten Passanten, die irgendwie jüdisch aussahen. Für Goebbels waren diese Ohrfeigen ein harmloses »Vergnügen« gegen »freche und arrogante Juden«, begangen von übermütigen jungen Leuten, die nicht wussten, wohin mit ihrer Empörung gegen die verhasste Republik.[11]

Diese Republik, die Weimarer Republik, hatte es versäumt, früher und entschiedener gegen die Schlägertrupps und paramilitärischen Verbände vorzugehen. Besonders gegen die rechtsradikalen Gruppen zeigte man sich erstaunlich unentschlossen. Dass der Putschist Adolf Hitler mit einer milden Gefängnisstrafe davongekommen war und danach seine verfassungsfeindliche Partei wieder aufbauen konnte, hatte er einer Justiz zu verdanken, die offen oder verdeckt Sympathie mit seinen Ansichten zeigte. Aber in Berlin wollte man keine Münchner Verhältnisse einreißen lassen. Durch die Gewaltexzesse in den Pharussälen und in Lichterfelde war die Polizei alarmiert. Das Damoklesschwert eines Parteiverbotes hing nun über der NSDAP.

Es war ein vergleichsweise harmloser Zwischenfall, der tatsächlich zu diesem Verbot führte. Bei einer Versammlung im Kriegervereinshaus Anfang Mai 1927 wagte es ein Zuhörer, die Tiraden des Gauleiters Dr. Goebbels gegen jüdische Schmarotzer und Pressehetzer zu stören mit einem Hinweis auf das wenig arische Aussehen des Redners. Goebbels fühlte sich durch den Zwischenruf »auf das Gröblichste« beleidigt und ließ den Ruhestörer durch SA-Leute, die ihm zusätzlich eine kleine »Kopfmassage« verabreichten, hinauswerfen.[12]

Dummerweise war der freche Provokateur kein namenloser roter Prolet, sondern ein evangelischer Pfarrer. Goebbels bekam wieder seine Schlagzeilen. Aber dieses Mal war die Empörung groß und einhellig, und es tat ihr keinen Abbruch, als sich herausstellte, dass dieser Herr Stucke wegen seiner Alkoholprobleme von seinem Amt suspendiert worden war. Pfarrer war Pfarrer. Schon am nächsten Tag um sieben Uhr abends erschien in der Geschäftsstelle ein Abgesandter des Polizeipräsidiums und brachte den Brief mit dem Parteiverbot.

Versammlungen, Plakate, Aufmärsche und das Tragen der Uniformen waren nun verboten. Das war für Goebbels eine Katastrophe, zumal er nun auch nicht mehr öffentlich reden durfte. Die Partei drohte nach anfänglichen Erfolgen wieder in der Bedeutungslosigkeit zu versinken. In dieser Notlage sahen Goebbels' innerparteiliche Gegner ihre Stunde gekommen, allen voran Otto Strasser. Er warf dem neuen Gauleiter vor, durch seine verfehlte Taktik die Partei ins Aus manövriert zu haben. Strasser zog auch Erkundigungen über Goebbels ein und konnte nachweisen, dass dessen angebliche Beteiligung am Ruhrkampf und der frühe Parteieintritt reine Erfindung waren.[13] Höhepunkt dieser Kampagne war ein Artikel in der Strasser-Presse, in dem mehr oder weniger eindeutig Goebbels' Klumpfuß als Kennzeichen eines skrupellosen Charakters gewertet wurde.

Damit traf er Goebbels' wunden Punkt. Doch der konnte alles verkraften, solange der »Chef« hinter ihm stand. Aber Hitler sprach kein Machtwort. Er wies Strasser nicht in die Schranken und beruhigte Goebbels weiter mit Lippenbekenntnissen. Offenbar war er sich sicher, dass sein Berliner Gauleiter gerade in schwierigen Zeiten zu Höchstform auflaufen würde. Und er täuschte sich nicht. Unter dem Motto »Trotz Verbot nicht tot!« entwickelte Goebbels eine erstaunliche Fantasie, um die Partei am Leben zu erhalten. Er gründete eine Schule für Politik, wo er als »Dozent« Reden halten konnte. Und die verschiedenen Sektionen der SA verwandelten sich in scheinbar harmlose Vereine wie den Kegelclub »Gut Holz« oder den Schwimmverein »Hohe Welle«. Wenn die Polizei dahinterkam, wurde eben aus dem Kegelclub über Nacht ein Fußballverein. Dieses Versteckspiel mussten die Nationalsozialisten nur in Berlin und Brandenburg betreiben. Nur hier galt das Parteiverbot. Außerhalb konnten sie weiter ihre Uniformen tragen und Veranstaltungen abhalten.

Die Tricks in Berlin und das Ausweichen in die Provinz waren auf Dauer zu wenig, um das Überleben der Partei zu sichern. Goebbels wollte deshalb eine alte Idee verwirklichen und eine eigene Zeitung herausgeben. Damit konnte er wieder öffentlich wirksam werden und gleichzeitig war es ein Seitenhieb auf den Konkurrenten Otto Strasser und seine Presse. Trotz erheblicher finanzieller Schwierigkeiten erschien die erste Ausgabe der neuen Zeitung *Der Angriff* am 4. Juli 1927. Man hatte dieses Ereignis groß angekündigt, doch was die Straßenverkäufer dann loszuwerden versuchten, war auch in

Goebbels' Augen »gedruckter Käse«. Erst langsam wurde die Zeitung das, was er sich vorgestellt hatte.

Goebbels machte von Anfang an keinen Hehl daraus, dass er keine objektiven Informationen liefern wollte. *Der Angriff* war geplant als ein Kampfblatt mit einer ganz bewussten »Tendenz«. Die Artikel sollten geschrieben sein wie reißerische Plakate oder wie agitatorische Reden: kurz, prägnant, einfach, einseitig, hetzerisch und anschaulich. Wie das im Idealfall funktionierte, das zeigte Goebbels mit seiner Kampagne gegen den Vizepräsidenten der Berliner Polizei, Dr. Bernhard Weiß.

Weiß war ein verdienter Kriegsteilnehmer und ein zuverlässiger Beamter. Aber er war Jude und hatte das Pech, dem Zerrbild eines Juden, wie es von der antisemitischen Propaganda verbreitet wurde, ziemlich ähnlich zu sehen. Und er war ein Vertreter des demokratischen Systems und maßgeblich verantwortlich für das Verbot der NSDAP. Für Goebbels ein gefundenes Fressen. Mit einer Serie von Artikeln und Karikaturen machte er Weiß »zur Sau«. Er nannte ihn »Isidor« und die Karikaturen im *Angriff* zeigten ihn als o-beiniges Männchen mit dicker Hornbrille und riesiger, gebogener Nase. Als Weiß sich zur Wehr setzte und gegen die Verleumdungen gerichtlich vorging, schrieb Goebbels scheinheilig: »Warum ruft uns Dr. Bernhard Weiß vor den Richter, bloß weil wir ihn Isidor nennen? Findet er etwa, dass dieser Name nicht auf ihn passt? […] Weil Isidor eine Umschreibung für Jude ist? Ja, ist denn Jude etwas Minderwertiges?« [14] Damit hatte er die Lacher auf seiner Seite und Weiß wurde noch mehr zur Witzfigur.

War Goebbels bewusst, dass seine Artikel infam, gemein, schäbig und hinterhältig waren? Natürlich wusste er das. Er gab auch freimütig zu, dass seine Botschaften primitive Vereinfachungen waren. Und er nannte sich selbst auf den Plakaten einen »Oberbanditen«. Über die moralische Empörung seiner Gegner konnte er nur lachen. Hatte er doch immer wieder erklärt, dass es in der Propaganda nicht darum gehe, objektiv, geistreich oder »anständig« zu sein. Es gehe einzig und allein darum, neue Anhänger zu gewinnen, um an die Macht zu kommen. Die Propaganda, so erklärte er in einer Rede, »soll nicht anständig sein, sie soll auch nicht sanft oder weich oder demütig sein; sie soll zu einem Erfolg führen«.[15]

Der Erfolg war es, der zählte, und um dieses Ziel zu erreichen, war jedes Mittel recht. Das galt nicht nur für die Propaganda, das galt für den Nationalsozialismus im Allgemeinen. Der Nationalsozialismus war, so könnte man sagen, eine total zielorientierte Bewegung oder, wie Goebbels schrieb: »Beim Nationalsozialismus ist alles Tendenz. Alles ist auf ein bestimmtes Ziel ausgerichtet und auf einen bestimmten Zweck eingerichtet. Alles wird diesem Ziel und Zweck dienstbar gemacht, und was ihm nicht dienlich sein kann, das wird mitleidlos und ohne viel Bedenken ausgemerzt.«[16]

Dieser Satz führt ins Zentrum der nationalsozialistischen Ideologie. Er ist im Grunde ein Freibrief für Terror und Gewalt und eine Absage an jede Moral. Wie kommt es aber dann, dass Goebbels immer wieder moralische Werte für sich in Anspruch nimmt? Woher nimmt er das Recht, seinen Gegnern feiges Verhalten, Lüge, Verleumdung und menschenverachtende Brutalität vorzuwerfen? Glaubt er im Ernst, dass er und seine Parteigenossen nur unschuldige Opfer sind und die anderen die Täter? Ist er blind dafür, dass er sich Dinge zu tun erlaubt, die er bei anderen verabscheuungswürdig findet? Merkt er nicht, dass er ständig zweierlei Maß anlegt?

Diese Widersprüchlichkeit gehört auch zum Zynismus von Goebbels. Er ist hochmoralisch und gleichzeitig pfeift er auf jede Moral. Moralist ist Goebbels, wenn es um sein Ziel geht. Dieses Ziel liegt weit in der Zukunft und ist erreicht, wenn die Machtergreifung gelingt und die ganze Wirklichkeit vom nationalsozialistischen »Evangelium« durchdrungen ist. Was dann ersteht, so Goebbels' Glaube, ist eine Welt, in der wahre Mitmenschlichkeit, wirkliche Gerechtigkeit und Friede herrschen. Wer kann schon dagegen sein, alles zu tun, um dieses Ideal zu erreichen? Doch nur Leute, die naiv oder »bürgerlich« genug sind, um an ihren alten Wertvorstellungen festzuhalten.

Die anderen, die Elite, die fanatisch Glaubenden, lassen die Schranken der Moral hinter sich. Um ein Ziel zu erreichen, das absolut gut ist, ist alles erlaubt, das Ziel heiligt alle Mittel. In dieser Sichtweise ist das Böse nur scheinbar böse und in Wirklichkeit gut, weil es ja dem großen Ideal dient. Und wenn der Feind sich noch so ehrenwert und anständig verhält, so ist das auch nur Schein, weil der Feind ja den eigenen Zielen im Wege steht und darum sein Verhalten »eigentlich« feige, schädlich, niederträchtig ist.

In dieser Logik herrscht die totale Verwirrung. Gut und Böse werden ununterscheidbar. Das eine schlägt dauernd in das andere um. Der Grund dafür ist, dass jeder feste Maßstab aufgelöst wird. Alles ist relativ, nämlich relativ auf ein Ziel hin. Die ganze Realität wird instrumentalisiert. Auch Leiden, Gewalt, Mord und Totschlag sind nur mehr bedauerliche, aber eben unvermeidliche Erscheinungen auf dem Weg zu letzten Zielen, zu einer endgültigen Lösung oder zum Dritten Reich. So kommt es, dass ein Joseph Goebbels sich einer Elite der

Ehrlichen und Anständigen zugehörig fühlt und fest davon überzeugt ist, für eine »reine und große Sache«[17] zu kämpfen, und andererseits in der Praxis vor keiner Lüge, keiner Gemeinheit, keiner Grausamkeit zurückschreckt. Er ist ein moralischer Träumer und ein erbarmungsloser Realist. Wo aber die Moral nur einem letzten Ziel vorbehalten ist und in der gelebten Realität nur ein gnadenloses Zweckdenken herrscht, da geht jedes Empfinden für moralische Werte verloren. Die Welt, die nun entsteht, ist laut dem Philosophen Peter Sloterdijk die reine Hölle, nämlich die »Hölle der guten Absichten«[18].

Am 31. März 1928 wurde das Parteiverbot aufgehoben. Grund dafür war die bevorstehende Reichstagswahl, an der auch die NSDAP teilnehmen wollte. Nicht als normale Partei wollte sie sich in das demokratische System eingliedern. Als Feinde der Verfassung sollten nationalsozialistische Abgeordnete in den Reichstag einziehen, um die Demokratie von innen her zu zerstören. »Wie der Wolf in die Schafherde einbricht, so kommen wir«, verkündete Goebbels unverhohlen im *Angriff.*[19]

Bei den Wahlen am 20. Mai bekam die NSDAP nur 2,6 Prozent der Stimmen. Immerhin durften nun zwölf Abgeordnete der Partei auf den hinteren Bänken des Reichstages Platz nehmen. Unter ihnen Gregor Strasser, der Fliegerhauptmann Hermann Göring, der beim Hitler-Putsch teilgenommen hatte und schwer verletzt worden war, und der Gauleiter Joseph Goebbels. Als Abgeordneter genoss er nun Immunität, er bekam ein Gehalt und durfte umsonst mit der Bahn fahren. »Wenn die Demokratie so dumm ist, uns für diesen Bärendienst Freifahrkarten und Diäten zu geben, so ist das ihre eigene Sache«, schrieb Goebbels schadenfroh im *Angriff.*[20] Er selbst verstand sich nicht als MdR, als Mitglied des Reichstages, sondern als »IdI«, als Inhaber der Immunität.

Diesen Schutz eines Amtsträgers vor Strafverfolgung hatte Goebbels bitter nötig, denn gegen ihn lagen zahlreiche Anklagen vor, wegen Beleidigung, Aufforderung zur Gewalt oder wegen des Verstoßes gegen das Gesetz zum Schutz der Republik. Goebbels hatte bisher die Behörden an der Nase herumgeführt, war verreist, statt vor Gericht zu erscheinen, oder hatte im Gerichtssaal lautstark den unschuldig Verfolgten gespielt, woraufhin er mit einer Geldstrafe davongekommen war. Nun hatte er das alles nicht mehr nötig, denn er war ja »IdI«. In den Reichstag ging er nur, wenn er musste, diese Volksvertretung war für ihn nur ein »Affentheater« und eine »Judenschule«. Wenn er einmal anwesend war, tat er sich mit beleidigenden Zwischenrufen hervor oder er schrieb heimlich an seinem Drama *Die Saat*. Denn er verstand sich als Schriftsteller und Politiker. Seine erste Rede nutzte er dazu, um den »Schweinen«, wie er die Parlamentarier nannte, die Meinung zu geigen.[21] Die Empörung, die er auslöste, war für Goebbels der Beweis dafür, dass er die Wahrheit gesagt hatte.

Nach der langen Zeit des Parteiverbotes konnte er nun wieder rastlos herumreisen und Reden halten. Er ließ eine neue, größere Geschäftsstelle einrichten, strukturierte den Gau um und baute die ersten Betriebszellen der NSDAP in den Fabriken auf. Die Erfolge wurden ihm allerdings immer wieder verleidet durch die Attacken der Strasser-Brüder. Im Sommer 1928 war er dieser ständigen Störungen so überdrüssig, dass er sogar mit Rücktritt drohte. Wie erhofft, kam Hitler sofort nach Berlin und glättete die Wogen. Wie ein Vater lobte Hitler Goebbels' Arbeit und versprach, gegen die Strassers vorzugehen. Auf einen Goebbels in Berlin wollte er auf keinen Fall verzichten.

Als Gauleiter war Goebbels von früh bis spät beschäftigt. In der Geschäftsstelle hielt er alles am Laufen, er eilte von Versammlung zu Versammlung, hielt oft zwei bis drei Reden am Tag und entwarf zwischendurch Plakate, schrieb Artikel oder arbeitete an seinen Büchern, die nun auch im parteieigenen Verlag erschienen. Privatleben hatte er so gut wie keines mehr. Immerhin gönnte er sich eine eigene Wohnung in Berlin-Friedenau, wo er als 30-jähriger Junggeselle lebte. In Berlin kursierten schon Gerüchte, wonach Goebbels ein »175er«, also homosexuell sei, was nach dem Paragraf 175 strafbar war. Davon konnte bei Goebbels allerdings nicht die Rede sein. Immer wieder schrieb er in sein Tagebuch, wie sehr er sich nach einer »gütigen« und »schönen Frau« sehne. Er lernte auch viele Frauen kennen, aber nie hielt er es lange mit einer aus. Das Fräulein Heß war ein »liebes Ding«, aber »leider nicht schön«. Tamara war schön und von »asiatischer Ergebenheit«, aber zu »hemmungslos« und noch dazu faul und arrogant. Dora war ihm letztlich doch zu »still«. Herthas »emanzipierte Allüren« gingen ihm schnell auf die Nerven. Und die herrliche Nora benahm sich leider doch zu oft wie »eine Hündin«.[22]

Goebbels fragte sich selber, warum er von einer Geliebten schnell genug hatte, und er wusste auch eine Antwort. Es lag an Anka. Er hatte sie im Frühjahr 1928 in Weimar getroffen und war in sie verliebt gewesen wie am ersten Tag. Anka hatte ihm erzählt, dass sie einen Sohn habe und in ihrer Ehe unglücklich sei, und seitdem machte er sich wieder Hoffnungen. Goebbels glaubte, dass jeder Mensch nur einmal im Leben eine Liebe hat, die ihn ganz ausfüllt. Für ihn war das Anka. Was nach ihr kam, war alles nur noch schaler Ersatz. »Anka ist an allem schuld«, schrieb er in sein Tagebuch. »Sie hat mich dahin gebracht, dass die Frauen für mich nur noch Spielzeug sind. Rache der betrogenen Natur.«[23]

Nicht nur von Anka war er enttäuscht. Er hatte das Gefühl, seine ganze Kraft für andere einzusetzen und selten etwas zurückzubekommen. Unter den vielen Leuten, mit denen er tagtäglich zu tun hatte, war kein einziger richtiger Freund. Zeitweise glaubte er, nur von Feinden umgeben zu sein. Georg Strasser machte ihm das Leben schwer. Und mit der SA hatte er nur Sorgen. Leute wie der SA-Führer Stennes waren ständig unzufrieden und verlangten mehr Geld und Aktionen. Die SA war in ihrem Element, wenn ihre Leute durch die roten Stadtviertel marschierten und es zu handfesten Auseinandersetzungen mit den Kommunisten kam. Goebbels war in der Zwickmühle. Er musste die SA bei Laune halten und sie gleichzeitig an die politische Kandare nehmen, um nicht ein erneutes Verbot zu riskieren.

Der Einzige, an dessen rückhaltloser Freundschaft ihm wirklich lag, war Hitler. Wenn der »Chef« nach Berlin kam, waren das Festtage. Mitte November 1928 organisierte Goebbels für Hitler einen großen Auftritt im Sportpalast. Die riesige Halle war voll besetzt und Hitler wurde bei seiner Rede immer wieder von Beifallsstürmen unterbrochen. Goebbels war stolz auf seinen Erfolg und er bewunderte Hitler grenzenlos.

Wenn der »Chef« ihn anlächelte, war er der glücklichste Mensch auf der Welt. Umso bitterer war es für ihn, dass Hitler sich aus allem heraushielt und nie klar Stellung bezog für ihn und gegen die Strassers. Überhaupt bereitete es Goebbels schlaflose Nächte, dass anscheinend in München die großen

Entscheidungen getroffen wurden und man in Berlin viel zu spät davon erfuhr oder ganz übergangen wurde.

Mit Sorge verfolgte er vor allem Hitlers Kurs, auf legalem Wege an die Macht zu kommen. Es war nun auch die Rede davon, dass er sich mit völkischen Gruppen wie der Deutschnationalen Volkspartei (DNVP) und dem »Stahlhelm«, einem Zusammenschluss deutscher Frontsoldaten, verbinden wollte, um ein Volksbegehren gegen den sogenannten Young-Plan zu erwirken, der als Nachfolgeregelung des Dawes-Planes eine weitere Verringerung der deutschen Reparationszahlungen festlegte. Goebbels war strikt gegen solche Pläne. Die Führer der völkischen Parteien wie der Unternehmer und Medienmogul Alfred Hugenberg waren für ihn rückwärtsgewandte Spießer, mit denen sich einzulassen bedeutete, den radikalen Kurs der NSDAP zu verwässern. Aber würde es Goebbels wagen, sich in dieser Frage gegen Hitler zu stellen, wo er doch nie – komme, was wolle – von dessen Seite weichen wollte? »Wo Hitler ist, ist der Sieg«, schrieb er in sein Tagebuch.[24]

Goebbels traf Hitler wieder bei einer Führertagung in Weimar im Januar 1929. Er nutzte die Gelegenheit, sich mit Anka zu verabreden, die mit ihrer Familie in Weimar lebte. Sie saßen im Café und redeten über die alten Zeiten. Goebbels hatte in den letzten Wochen seinen Michael-Roman noch einmal überarbeitet und er sollte nun bald als Buch erscheinen. Anka war darüber begeistert. Die Geschichte von Michael Voormann und Hertha Holk war auch die Geschichte ihrer Liebe zu »Ulex« Goebbels. Als Anka mit ihm im Taxi zum Bahnhof fuhr, konnte sich Goebbels nicht mehr zurückhalten und küsste sie leidenschaftlich. Anka erwiderte seine Gefühle und versprach ihm, bald nach Berlin zu kommen.

In Berlin wartete schon Jutta auf Goebbels. An dem 17-jährigen Mädchen gefiel ihm, dass sie so unverdorben war und so herzerfrischend plaudern konnte. Eines Abends entschlüpfte ihr ein unbedachtes Wort, auf das Goebbels ziemlich grob reagierte. Hatte Jutta eine Bemerkung über seine Behinderung gemacht? Jedenfalls war das der Anfang vom Ende dieser Liebe. Frauen seien der »treibende Motor« in seinem Leben, bekannte er, aber Jutta bringe seinen Motor nicht mehr recht in Gang. Ihr nachzuweinen, verbot sich Goebbels. Für einen Mann wie ihn, der eine große Aufgabe zu erfüllen hatte, durfte es keine unglückliche Liebe geben. Vor die Wahl zwischen Ruhm und Liebe gestellt, wollte er sich immer für den Ruhm entscheiden, auch wenn er das mit Einsamkeit bezahlen musste. »Höhen sind einsam!«, schrieb er in sein Tagebuch, das man auch als Tagebuch eines Verführers lesen kann.[25]

Sind es wieder diese Höhen des Zynikers, von denen Goebbels nun herabsieht, nicht nur als Politiker und Künstler, sondern auch als Liebhaber? Gibt es einen Zynismus der Liebe? Der dänische Schriftsteller Sören Kierkegaard hat ein *Tagebuch des Verführers* geschrieben und darin den Prototyp des zynischen Frauenhelden geschildert. Für diesen sind Frauen lediglich ein »Reizmittel«, und er schüttelt sie ab, wenn sie ihren Reiz verlieren. Ein Gewissen plagt ihn dabei nicht, denn er beruft sich auf ein »höheres Bewusstsein«. Dieses Bewusstsein äußert sich als Unruhe. Es gönnt ihm keine Ruhe und hält ihn in »unfruchtbarer Rastlosigkeit«. Einen Ausweg gibt es nicht. Er ist in sich selber gefangen wie in einer Höhle aus Verzweiflung und Angst.[26]

Wie versprochen kam Anka im März nach Berlin. Goebbels zeigte ihr die Stadt und den Reichstag. Und am Abend saß sie neben ihm im Wallnertheater, wo Goebbels' Drama *Die Saat* nun unter dem Titel *Blutsaat* uraufgeführt wurde. Für Goebbels war das Stück hochaktuell, denn tagtäglich wurden in den Straßenkämpfen Kameraden verletzt oder getötet, und auf diesem blutgetränkten Boden würde eines Tages die Saat aufgehen und das neue Deutschland erstehen.

Für Ostern plante Goebbels mit Bekannten eine kleine Reise mit Autos durch den Harz, und er lud Anka ein mitzukommen, zusammen mit ihrem Mann. Anka sagte zu. Und am Karsamstag traf sich die Reisegesellschaft mit dem Ehepaar Mumme im Städtchen Kelbra. Vom ersten Augenblick an hatte Goebbels für Ankas Mann nur Verachtung übrig. Nur allzu gut erinnerte er sich daran, wie Georg Mumme ihm Anka weggenommen hatte und wie arrogant er ihn, den armseligen Krüppel, behandelt hatte. Jetzt war Mumme dem Berliner Gauleiter gegenüber fast unterwürfig, und er ließ es zu, dass Goebbels und Anka wie ein Liebespaar auf dem Rücksitz des Autos saßen und den Abend allein, ohne ihn, verbrachten. Goebbels konnte es nicht fassen, dass »dieser Idiot, dieser harmlose Irre eine solche Frau besitzt!«[27] . Auf der Weiterfahrt steckte ihm Anka unter der wärmenden Decke heimlich einen Ring an den Finger.

Goebbels wollte jenen Ring für immer aufbewahren. Aber er wusste auch, dass Anka für ihn verloren war. Nach wie vor war er davon überzeugt, dass Anka ihn so verletzt hatte, dass er jede neue Liebe nur noch bis an die, wie er sich ausdrückte, »Schale des Herzens« gelangen ließ. Offenbar hatte er vergessen, dass auch damals, als sie noch ein Liebespaar waren, Anka seinen Vorstellungen von Liebe nicht genügen konnte. Sie hatte sich von ihrer bürgerlichen Herkunft nicht befreien können und war zu der vollständigen Hingabe, die er erwartete, nicht fähig gewesen. Nicht Anka also hatte ihn enttäuscht, sondern seine Idee einer radikalen Liebe war nicht erfüllt worden. Diese Idee bestand aber weiter und war der Maßstab für jede neue Liebe.

So auch bei Anneliese, in die Goebbels angeblich über alle Maßen verliebt war, die aber nur kurze Zeit in seinem Leben eine Rolle spielte. Bald wurde sie verdrängt von der jungen und schönen Xenia. Sie war sein »Sonnenschein«, an den Tagen jedenfalls, an denen sie »ganz Hingabe und Güte« war. An schlechten Tagen, wenn sie »launisch und trotzköpfig« war, konnte er sie nicht ausstehen. Zur Strafe sprach er dann kein Wort mit ihr. Stundenlang konnte er stumm neben ihr sitzen, bis sie endlich ihren Trotz aufgab und »kapitulierte«. »Sie muss sich beugen oder zerbrechen«, schrieb er unnachgiebig in sein Tagebuch.[28]

Ende Mai 1929 verbrachten sie wieder einen Abend in Goebbels' Wohnung miteinander. Xenia war wieder ein »liebes Ding«. Sie aßen und plauderten vergnügt, als plötzlich das Telefon läutete. Hitler war am Apparat, er wollte, dass Goebbels die Reichspropaganda übernimmt und dazu alle zwei Wochen ein paar Tage in München verbringt. Auch ein funkelnagelneues Auto sollte Goebbels bekommen. Goebbels wollte es sich überlegen, doch im Grunde war seine Entscheidung schon gefallen. Reichspropagandaleiter zu werden, war immer schon sein Traum gewesen. Und in München würde er Hitler nahe sein.

Hitler wusste, wie er seinen Berliner Gauleiter behandeln musste. Goebbels brauchte viel Anerkennung und ein bisschen Luxus, dann überwand er auch seine Zweifel gegenüber Hitlers politischem Kurs. Von Goebbels' Widerstand gegen das geplante Bündnis mit den deutschnationalen Parteien war jedenfalls nicht mehr die Rede.

Seinen Sommerurlaub 1929 verbrachte Goebbels an der Ostsee. Bei einem Konzert der SA-Kapelle lernte er ein reizendes junges Mädchen namens Erika Chelius kennen. Goebbels gab der Tochter eines Oberförsters die Korrekturbögen seines *Michael* zu lesen. Erika erinnerte ihn an die junge Anka, als sie noch unbelastet war von »Ehe und Bürgerlichkeit«.[29] Und Erika verliebte sich in den berühmten Mann, der ihr seine innersten Gefühle anvertraute und so charmant war.

Anfang August fuhr Erika mit einem Sonderzug nach Nürnberg, wo der Reichsparteitag der NSDAP stattfand. Sie saß auf der Tribüne und winkte Goebbels zu. Der war hocherfreut. Seit ihrem Abschied war ihm dieses Mädchen nicht mehr aus dem Kopf gegangen. Goebbels wusste nicht, dass auch seine aktuelle Geliebte in Nürnberg war. Xenia stand plötzlich neben ihm, als wäre sie vom Himmel gefallen. Goebbels war verwirrt und wusste nicht recht, was er tun sollte. Er bemühte sich nicht, zu verbergen, dass er Erika nun den Vorzug gab. Mit Auto und Chauffeur brachte er sie abends zu dem Haus, wo sie untergebracht war, und küsste sie das erste Mal. Xenia hatte ausgespielt. »Es ist nichts mehr mit uns«, schrieb er in sein Tagebuch. »Sie ist zu leicht und flatterhaft. Dabei liebt sie mich nicht mehr wie ehedem. Wird trotzig und arrogant.«[30]

So langsam wuchsen ihm die vielen Affären über den Kopf. Er nahm sich vor, eine »Radikalkur« zu machen und wenigstens vorläufig alle Frauen aus seinem Leben zu verbannen, um sich ganz auf seine Arbeit zu konzentrieren. Für Mitte Oktober war eine »nationalsozialistische Woche« mit Aufmärschen,

Reden und kulturellen Veranstaltungen geplant. Und für die Wahlen zum Stadtparlament Mitte November musste er die Propagandamaschine wieder auf Hochtouren bringen.

Goebbels selber war fast täglich als Wahlkampfredner unterwegs. Am 10. September 1929 war er in Breslau. Mitglieder der KPD sorgten für einen gebührenden Empfang und beschimpften ihn als »Lump« und »Mörder«. Als Goebbels im voll besetzten Veranstaltungssaal gerade mit seiner Rede beginnen wollte, wurde ihm ein Telegramm gereicht, auf dem stand, dass Hitler soeben tödlich verunglückt sei und er sofort nach München kommen solle.

Goebbels wurde schwarz vor Augen und er brach in einen Weinkrampf aus. Ihm war, als wäre er in grausamer Einsamkeit plötzlich völlig allein auf der Welt. Nach einer halben Ewigkeit des Wartens stellte sich heraus, dass Hitler lebte und das Telegramm eine gezielte Falschmeldung politischer Gegner war. Goebbels hielt seine Rede, aber der Schock steckte ihm noch stundenlang in den Gliedern. Auch im Hotel konnte er die ganze Nacht nicht schlafen. »Jetzt erst empfinde ich«, so schrieb er in sein Tagebuch, »was Hitler mir und der Bewegung ist: Alles! Alles!«[31]

Hitler war für Goebbels wie ein Vater und ein Genie. Er musste schließlich auch zugeben, dass Hitler recht gehabt hatte, sich mit dem rechten Lager zu verbünden. Der Volksentscheid gegen den Young-Plan scheiterte zwar zuletzt, aber die Teilnahme am Volksbegehren verschaffte der NSDAP eine große öffentliche Aufmerksamkeit und Anerkennung. Schon bei den Wahlen zur Berliner Stadtverordnetenversammlung kam die Partei auf über fünf Prozent. Das war, verglichen mit den Zahlen der Kommunisten, immer noch wenig. Aber immerhin konnten die Nationalsozialisten nun auch im Stadtrat ihre Boykott-Politik betreiben.

Trotz dieser ersten Erfolge war die NSDAP in Berlin immer noch eine Randpartei. Dass sich das nun änderte, lag an einem Ereignis, das von Goebbels fast unbemerkt geblieben war. Ende Oktober 1929 war an der New Yorker Börse der Aktienmarkt zusammengebrochen. Die katastrophalen Folgen waren bald auf der ganzen Welt zu spüren. Auch in Deutschland. Das vorher so reichlich ins Land geflossene ausländische Kapital blieb nun aus. Die Wirtschaft stürzte in eine tiefe Krise. Die Goldenen Zwanziger waren vorbei. Schon im November 1929 war im Raum Berlin jeder Zehnte arbeitslos.

Mit der wirtschaftlichen Not nahm die politische Radikalisierung zu. Die Enttäuschung und die Verzweiflung über die materiellen Zustände schufen den Nährboden für demokratiefeindliche Parteien wie die NSDAP. Und erst jetzt begannen die vielfältigen Propagandamaßnahmen des Gauleiters Dr. Joseph Goebbels zu wirken.

Am 7. Dezember 1929 starb Goebbels' Vater. Zur Beerdigung fuhr der Sohn nach Rheydt. Seine Brüder Hans und Konrad holten ihn am Bahnhof ab. Zu Hause waren seine Mutter und seine Schwester Maria untröstlich. Goebbels war die letzten Jahre nicht gut auf seinen Vater zu sprechen gewesen. Als einen immer unzufriedenen, Bier trinkenden Pedanten hatte er ihn geschildert. Nun stand er neben seinen Brüdern am Sarg des Vaters und verklärte ihn zu einem pflichtbewussten Helden, verglich ihn sogar mit Friedrich Wilhelm I., dem Vater jenes Preußenkönigs Friedrich, den man den Großen nannte und der Goebbels' Vorbild war. In seinem Tagebuch bedachte er seinen Vater mit jenen Eigenschaften, die er bei einem echten Nationalsozialisten schätzte. »Er war ein ganzer Mann«, schrieb er. »Ein Kerl! Ein Pflichtmensch. Ein Fanatiker der Arbeit. Ein Berserker der Hingabe an seine Aufgabe, so klein sie auch sein mochte.«[32]

Bald sollte Goebbels einen anderen Toten zu beklagen haben und auf seine meisterhafte Weise zeigen, wie man noch aus dem Tod politisches Kapital schlagen kann. Es gehört zum Handwerk des zynischen Utopisten, dass ihm alles zur Waffe wird und er sogar Tote wieder zum Leben erwecken kann, indem er sie zu Märtyrern macht.

VII. DIE LÜGEN DER ANDEREN

JANUAR 1930 – JANUAR 1933

Am Dienstag, dem 14. Januar 1930 betrat eine gewisse Elisabeth Salm eine Stammkneipe der kommunistischen Rotfrontkämpfer im Armen- und Spelunkenviertel des Berliner Stadtteils Friedrichshain. Die junge Witwe, deren verstorbener Mann auch Rotfrontkämpfer gewesen war, beklagte sich lauthals über einen jungen Mann, der seit Anfang November mit seiner Freundin bei ihr zur Untermiete wohnte. Sie forderte die ehemaligen Kumpane ihres Mannes dazu auf, ihr zu helfen, die lästigen Mieter loszuwerden. Die KPD-Leute zeigten aber wenig Lust. Erst als der Name des Mieters fiel, horchten sie auf. Es war Horst Wessel, der Günstling des Gauleiters Joseph Goebbels. Als Anführer des berüchtigten SA-Sturms V war Wessel bei den Kommunisten rund um den Alexanderplatz verschrien als »Faschistenhund« und »Arbeitermörder«. Nur zu gern war man bereit, der Witwe Salm einen Freundschaftsdienst zu erweisen und diesem verhassten Nazi eine »proletarische Abreibung« zu verpassen.

Eine Gruppe bewaffneter Männer begleitete Frau Salm zu ihrer Wohnung in der Großen Frankfurter Straße, unter ihnen auch der vorbestrafte Tischler und Zuhälter Albrecht, genannt »Ali« Höhler. Im Flur der Wohnung läutete Frau Salm die Türglocke zu Wessels Zimmer, und als dieser öffnete, schoss ihm »Ali« Höhler mit einer großkalibrigen Waffe ins Gesicht. Bevor die Angreifer flüchteten, gab Höhler dem am Boden liegenden Horst Wessel noch einen Fußtritt und meinte: »Du weißt ja, wofür.«

Joseph Goebbels entspannte sich gerade in seiner Wohnung bei der Lektüre von Thomas Manns *Buddenbrooks*, als spätabends das Telefon läutete und er die Nachricht vom Überfall auf Wessel erfuhr. Sein erster Gedanke war, dass nun das Maß voll sei und man bald mit dem »Aufräumen« beginnen müsse. »Der Endkampf rückt näher und näher!«, schrieb er in sein Tagebuch.[1]

Goebbels besuchte Wessel mehrfach im Krankenhaus und schilderte im *Angriff* ausführlich diese Besuche. Wie er dem Schwerverletzten ein kleines »Veilchensträußchen« auf das Bett legte, wie Wessels Augen trotz seines zerschossenen Gesichts dankbar leuchteten und wie er seinen Gauleiter flehentlich bat, noch länger zu bleiben.

Das gehörte alles schon zur Propaganda. Tatsache ist, dass »Ali« Höhlers Kugel Wessels Zunge und Gaumen zerrissen hatte und er überhaupt nicht mehr reden konnte. Das Sprechen übernahm nun Goebbels für ihn. Dabei erwähnte er allerdings nicht, dass Wessel in der SA schon vor dem Überfall in Ungnade gefallen war und sein Leben grundsätzlich ändern wollte. Der Tod seines jüngeren Bruders Werner, der im Dezember 1929 beim Skilaufen verunglückt war, hatte ihn völlig aus der Bahn geworfen. Halt fand er offenbar nur noch bei seiner Freundin und Verlobten Erna Jänichen, einer Prostituierten, die er im Herbst vor einer Kneipe für Huren und Zuhälter kennengelernt hatte. Die beiden zogen zusammen. Erna verdiente wieder etwas Geld in ihrem Beruf als Näherin und Wessel wollte sein Jurastudium wieder aufnehmen. Von seiner Familie und seinen SA-Kameraden hatte er sich entfremdet.[2]

Das alles interessierte nun niemanden mehr. Jede Seite machte sich ihr eigenes Bild von Horst Wessel. Kommunistische Zeitungen wie die *Die Rote Fahne* erklärten ihn zum Zuhälter, der einem persönlichen Racheakt im einschlägigen Milieu zum Opfer gefallen war. Für den *Angriff* dagegen war Wessel ein vorbildlicher SA-Mann, den eine rote Mörderbande feige niedergeschossen hatte, und man drohte, diese »Giftbrut« dereinst auszurotten, »so wie man Ratten und Wanzen vertilgt«.[3]

Am 23. Februar 1930 starb Horst Wessel an einer Blutvergiftung. Als Goebbels die Nachricht erreichte, war er sich sicher, dass nun ein »neuer Märtyrer für das Dritte Reich«[4] geboren war, und er ging sofort daran, die Trauerfeierlichkeiten zu organisieren. Die groß geplante Beerdigung mit Aufmarsch und Kundgebungen wurde jedoch von der Polizei verboten. Genehmigt wurde lediglich ein kleiner Trauerzug, der dann am 1. März vom Elternhaus Wessels in der Jüdenstraße zum Friedhof der Kirche St. Nicolai am Prenzlauer Berg zog, wo Wessels Vater Pfarrer gewesen war. Tausende Menschen und ein starkes Polizeiaufgebot säumten den Weg des von Pferden gezogenen Leichenwagens. Auf dem Bülowplatz riefen kommunistische Demonstranten Schmährufe gegen den Toten und Steine prasselten auf den Trauerzug. Einige versuchten sogar, die Polizeikette zu durchbrechen und den Leichenwagen umzukippen.

Auf dem Friedhof waren die Nationalsozialisten unter sich. Sie durften ihre Uniformen tragen und ihre Fahnen zeigen. Von der Straße war das Gejohle und Gelächter der Rotfrontler zu hören, und die Trauergäste mussten immer wieder in Deckung gehen, wenn ein Steinhagel über die Friedhofsmauer flog. Auf die Mauer hatte jemand mit großen, weißen Buchstaben geschrieben: »Dem Zuhälter Wessel ein letztes Heil Hitler!« Für Goebbels waren diese Störer »Untermenschen«, von denen er sich nicht abhalten lassen wollte, einem Märtyrer die letzte Ehre zu erweisen. Auf seine Veranlassung hin wurde gefilmt, wie der mit Hakenkreuzfahnen bedeckte Sarg durch das Spalier von SA-Leuten getragen und in das Grab hinabgelassen wurde. Besonders ergreifend fand er später die Szene, als er Wessels Namen rief und ein SA-Chor laut mit »Hier!« antwortete, zum Zeichen, dass der Tote weiterlebte in seinen Mitkämpfern.

In seiner Ansprache nannte Goebbels den Verstorbenen einen »Christussozialisten«, der sein Elternhaus verlassen hatte, um seinem Glauben zu folgen. Wie Christus sei er für diesen Glauben verhöhnt und angespuckt worden. Aber für viele andere sei er zum Vorbild geworden, der durch seine Taten die Botschaft verbreitet habe: »Kommt her zu mir, ich will euch erlösen!«[5]

Zum Schluss senkten SA-Männer ihre Fahnen über dem Grab, hoben sie wieder an und sangen das Lied *Die Fahne hoch!*, zu dem Horst Wessel den Text verfasst hatte. Goebbels konnte nicht ahnen, wie rasch und weitreichend die Verklärung des Horst Wessel wirkte. Es wurden Bücher über ihn geschrieben und Filme gedreht. Denkmäler wurden ihm gesetzt und Straßen, Schulen und Schiffe nach ihm benannt. Horst Wessel wurde zur Kultfigur der nationalsozialistischen Bewegung. Und das Horst-Wessel-Lied zu einer Art Nationalhymne.

Schon seit den Tagen in Elberfeld litt Goebbels darunter, dass er nicht zum harten Kern der Hitler-Gefolgschaft zählte. Dazu gehörte nur, wer im November 1923 am Putschversuch in München teilgenommen hatte wie Hermann Göring, Ernst Röhm, Gregor Strasser, der Judenhasser Julius Streicher, der Leiter des Parteiverlages Max Amann, der Wirtschaftsfachmann Gottfried Feder oder der Rassenideologe Alfred Rosenberg. Der Marsch zur Münchner Feldherrnhalle war der Gründungsmythos der Bewegung. Und alle, die damals dabei gewesen waren, fühlten sich untereinander verbunden wie Blutsbrüder in einem heiligen Orden. Jedes Jahr am 9. November trafen sich die »alten Marschierer« und gedachten mit großem Pomp und Pathos der Kameraden, die vor der Feldherrnhalle im Kugelhagel der Polizei gefallen waren.

Für Goebbels war es eine lästige Verpflichtung, an diesen Feiern teilzunehmen. Unter diesen »bayerischen Deppen mit ihren Blutorden«[6], wie er die Münchner Urgenossen nannte, fühlte er sich wie ein Außenseiter. Den Hitler-Putsch hielt er für völlig überbewertet. Seiner Meinung nach hatten die Nationalsozialisten im Ruhrgebiet, in Preußen und Berlin viel mehr für die Bewegung geleistet. Nur wurde das in München nie gesehen und gewürdigt.

Nun hatte Goebbels in Horst Wessel seinen eigenen, Berliner Märtyrer. Aber Hitler hatte es nicht für nötig gehalten, zur Beerdigung Wessels zu kommen, obwohl ihn Goebbels dringend darum gebeten hatte. Für Goebbels war diese Entscheidung wieder auf den schädlichen Einfluss der Münchner Clique auf Hitler zurückzuführen und verdeutlichte einmal mehr den tiefen Unterschied zwischen München und Berlin. In Berlin sitze der Kopf und in München der Arsch der Bewegung, soll er gesagt haben.[7] In dieser Bemerkung steckte der Groll darüber, dass die Münchner Genossen ein leichtes Leben führten und in Geld schwammen, während die Berliner Nationalsozialisten aus den Geldsorgen nicht herauskamen und in den Straßenkämpfen täglich Kopf und Kragen riskierten.

Für diesen Einsatz erwartete Goebbels die Anerkennung und die Unterstützung des »Führers«. Vor allem sollte der in Berlin endlich für klare Verhältnisse sorgen und Goebbels' Erzfeind Otto Strasser in seine Grenzen weisen. Hitler versprach es immer wieder, aber seinen Worten folgten keine Taten. Goebbels war schließlich so wütend über Hitlers Wortbrüche und sein Zaudern, dass er sogar mit seinem Rücktritt drohte. Hitler wollte davon nichts wissen. Und endlich gab er Ende Juni 1930 seinem Berliner Gauleiter die Erlaubnis, eine »rücksichtslose Säuberung« durchzuführen und alle »Salon-Bolschewisten« aus der Partei auszuschließen. Goebbels tat es mit Vergnügen. Gregor Strasser konnte er nichts anhaben, der war immer noch ein bedeutender und einflussreicher Mann in der Partei. Aber dessen Bruder Otto Strasser und seine Anhänger verließen enttäuscht die NSDAP. In einem letzten Aufruf beklagte er die »fortschreitende Verbonzung« der Partei und die Anbiederung an die Mächtigen und Reichen. In seinen Augen verlor die Partei mit ihm und seinen Gesinnungsgenossen die letzten Sozialisten.[8]

Goebbels triumphierte. Aber im Grunde war er mit seinen Ansichten gar nicht so weit von Strasser entfernt. Beide verstanden sich als Sozialisten. Und vieles, was Goebbels im *Angriff* über die Befreiung der Arbeiter, den Missbrauch des Kapitals und die Verantwortung der Besitzenden geschrieben hatte, hätte Otto Strasser gutgeheißen. Der Unterschied zwischen beiden war letztlich nur, dass für Strasser das Festhalten am sozialistischen Kurs immer wichtiger war als jeder Führerkult, wogegen Goebbels im Zweifelsfall immer Hitler recht gab, auch wenn dessen Ideen und Verhalten so gar nicht zu seinen Vorstellungen von einem nationalen Sozialismus passten.

Mit dem Ausschluss der Strasser-Gruppe waren die Richtungskämpfe in der NSDAP nicht beendet. Die ständige Unzufriedenheit der SA hatte ähnliche Gründe wie die Kritik der linken Nazis an der Parteiführung. Ihr Anführer Walter Stennes wollte es nicht hinnehmen, dass Hitler in München eine luxuriöse neue Geschäftsstelle, das Braune Haus, einrichten ließ, während in Berlin mancher SA-Mann mit zerrissenen Stiefeln herumlief. Hauptsächlich aber wollte die SA nicht am Gängelband der Politiker geführt werden, sondern eigenständig sein. Außerdem fürchtete die SA, von einer immer stärker werdenden SS, die als »Schutzstaffel« 1925 gegründet worden war und die von Heinrich Himmler seit 1929 immer weiter ausgebaut wurde, verdrängt zu werden.

Der Streit eskalierte Ende August 1930. SA-Leute drangen in die Berliner Geschäftsstelle der Partei ein und verwüsteten die Zimmer. Goebbels, der sich in Breslau aufhielt, alarmierte sofort Hitler, und beide eilten nach Berlin, um die SA wieder zur Vernunft zu bringen. Es gelang ihnen auch. Bei einer Versammlung im Kriegervereinshaus wurde unter vielen Treueschwüren der Streit beigelegt.

Das war dringend nötig. Denn der alte Reichstag war Mitte Juli aufgelöst worden und die Neuwahlen am 14. September standen unmittelbar bevor. Goebbels hatte einen Wahlkampf geführt, wie ihn Deutschland noch nie erlebt hat, mit Fackelzügen, Massenversammlungen, Sondernummern der Zeitungen und unzähligen Flugblättern und Plakaten. Eine Revolte der SA hätte einen erheblichen Rückschlag bedeutet und die Erfolgsaussichten gemindert.

Als Goebbels am Abend des Wahltags im überfüllten Sportpalast die ersten Ergebnisse erfuhr, konnte er es selbst kaum fassen, was für ein politischer Erdrutsch sich ereignet hatte. Fast sechseinhalb Millionen Menschen hatten die NSDAP gewählt. Das war ein Zuwachs von fast 600 Prozent und 95 Mandaten gegenüber der letzten Wahl. Damit war die NSDAP nach der SPD, die große Verluste hinnehmen musste, die zweitstärkste Partei.

»Der Sportpalast gleicht einem Irrenhaus«, schrieb Goebbels. »Die S.A. trägt mich auf den Schultern durch den Saal. Bis 4 h nachts fahre ich noch durch die S.A. Lokale. Überall dasselbe Bild. Freude, Kampfstimmung.«[9]

Die NSDAP war quasi über Nacht von einer Splittergruppe zu einer politischen Kraft geworden, an der man nicht mehr vorbeikam. Für Goebbels war es nur noch eine Frage der Zeit, bis die Partei an die Macht kam. So weit war es aber noch lange nicht. Der greise Reichspräsident Hindenburg und der seit März 1930 amtierende Kanzler Heinrich Brüning wollten die Nazis mit allen Mitteln aus der Regierung heraushalten. Und das wirkungsvollste Mittel war der Paragraf 48 der Verfassung, der es Brüning erlaubte, im Notfall auch ohne das Parlament zu regieren.

Der Wettlauf um die Macht hatte begonnen. Alle außer den Sozialdemokraten warteten darauf, dass die Demokratie endgültig scheitert und dann ihre Stunde kommt. Die Kommunisten wollten die bolschewistische Revolution, die Konservativen wollten wieder eine Monarchie und die Nazis wollten die Alleinherrschaft ihrer Bewegung mit dem »Führer« an der Spitze. Noch galten die Regeln der Demokratie. Aber die Republik hatte nur noch wenige Verteidiger. Viele bedienten sich der demokratischen Regeln nur noch, um sich ihrer bald zu entledigen.

Nun schlug die Stunde der Taktiker und Intriganten, die wie der General Kurt von Schleicher im Hintergrund ihre Fäden zogen. Auch in der NSDAP stellte man sich die Frage, wie man sich nun verhalten sollte. Es schien unvermeidlich, eine Koalition mit einer anderen Partei einzugehen, um in die Regierung zu kommen. Goebbels war strikt dagegen, irgendwelche Kompromisse zu machen. Keine andere bürgerliche Partei kam für ihn als Partner infrage, alle waren sie für ihn zu bürgerlich. Dabei waren es gerade die Menschen aus den bürgerlichen Schichten, die massenweise zur NSDAP übergelaufen waren, aus Angst vor dem Kommunismus, aus Sorge um den Verlust ihres Wohlstands oder weil der Nationalismus der Nazis sie anzog.

Einer, der sich als Bürger verstand und dem das Wahlergebnis einen gehörigen Schrecken eingejagt hatte, war der Schriftsteller Thomas Mann. Am 17. Oktober 1930 wollte er in Berlin einen Appell an die Vernunft seiner Landsleute richten. Goebbels, der davon erfahren hatte, schickte zwölf SA-Leute in den Beethovensaal, die man vorher, entsprechend dem feierlichen Anlass, in Smokings gesteckt hatte. Die SA-Leute hätten allen Grund gehabt, Thomas Manns Ausführungen zu verhindern. Denn er nahm kein Blatt vor den Mund und sagte, was er von den Nazis hielt. »Barbaren« waren es für ihn, die mit ihrem Gerede von Rasse, Volk und Novemberverbrechern nur die Gehirne der Deutschen verklebten. Was die Nazis als Politik verkauften, das nannte Thomas Mann eine groteske Veranstaltung mit »Heilsarmee-Allüren, Massenkrampf, Budengeläut, Halleluja und der derwischmäßigen Wiederholung monotoner

Schlagworte, bis alles Schaum vor dem Mund hat«.[10] Es waren aber nicht die SA-Leute, die protestierten, sondern national gesinnte Künstler wie der Schriftsteller und Goebbels-Freund Arnolt Bronnen, die durch Zwischenrufe Thomas Mann aus dem Konzept bringen wollten. Es kam zu hitzigen Wortgefechten und die Polizei musste eingreifen. Inmitten des ganzen Aufruhrs blieben die zwölf SA-Leute ruhig sitzen. Sie hatten nämlich strengste Anweisungen erhalten, sich nur »geistig zu betätigen« und auf keinen Fall die ausgeliehenen Smokings zu beschmutzen.[11]

Diskussionen zu führen, war nicht die Sache der SA. Eher schon Gewalt und Terror. Gelegenheit dazu gab es immer wieder oder man schaffte sich eben diese Gelegenheit. Zur Eröffnung des Parlamentes am 13. Oktober waren SA-Horden durch Berlin gezogen und hatten die Schaufenster jüdischer Geschäfte eingeschlagen. Es galt das Gesetz der Straße, und Goebbels wollte zeigen, dass er die bürgerliche Justiz verachtete, dass er selbst die Stimme des Volkes sei und daher bestimmen könne, was Recht und Unrecht ist.

Eine weitere Chance dazu bot sich Anfang Dezember, als in den Berliner Kinos die Verfilmung des Antikriegsromans *Im Westen nichts Neues* anlaufen sollte. Für Goebbels waren das Buch von Erich Maria Remarque und der amerikanische Spielfilm natürlich pazifistische Machwerke, und was er von Pazifisten hielt, hatte er schon im *Angriff* deutlich gemacht: Es waren feige Drückeberger, die nicht begreifen wollten, dass Krieg etwas Unvermeidliches ist und dass man Frieden nur herbeiführen und erhalten kann, wenn man mit Waffen für ihn kämpft. »Wer den Frieden will, rüste zum Krieg«, hatte er in einem Leitartikel geschrieben.[12]

Am 5. Dezember saßen Goebbels und seine Leute »rein zufällig«, wie man später beteuerte, im Lichtspielhaus *Mozartsaal.* Kaum war der Film angelaufen, wurden Stinkbomben geschmissen und weiße Mäuse aus heimlich mitgebrachten Kartons freigelassen. Das Licht ging wieder an. Frauen stiegen kreischend auf Stühle und es brach eine Panik aus. Nazis grölten ihre Parolen, und Goebbels verkündete laut, dass Hitler vor den Toren Berlins stehe. Die Vorführung musste abgebrochen werden und nach tagelangen Aufmärschen und Demonstrationen wurde der Film schließlich richterlich verboten, wegen »Gefährdung des deutschen Ansehens in der Welt«. Goebbels hatte gesiegt. »Die n.s. Straße diktiert der Regierung ihr Handeln«, stellte er zufrieden fest.[13]

Solche Erfolge konnten ihn nur kurzfristig befriedigen. Er wunderte sich selbst darüber, wie schnell bei ihm jede Euphorie verflog und er in ein Loch zu fallen drohte, wenn er nicht gleich wieder eine neue Aktion startete. So wie er seine fanatischen Anhänger nur bei Laune halten konnte, wenn er sie pausenlos beschäftigte, so musste es auch bei ihm immer Schlag auf Schlag gehen. Von einer Rede zur nächsten, von einer Konferenz zur anderen, dazwischen schnell einen »Leiter«, also einen Leitartikel geschrieben oder ein Plakat entworfen. Dann mit dem Flugzeug nach Königsberg und mit dem Auto zurück. Am nächsten Tag mit dem Zug nach München und weiter zum Obersalzberg, um Hitler zu treffen. Im Nachtzug zurück nach Berlin, wo neuer Ärger im Büro wartete oder er wieder einmal vor Gericht erscheinen musste.

Liest man seine Tagebücher, gewinnt man den Eindruck, dass alles falsch lief, was Goebbels nicht selber in die Hand nahm. Überall musste er eingreifen, Dinge in Ordnung bringen, Fehler beheben. Dann wurde von ihm nebenbei ein Mitarbeiter »zusammengebügelt«, »zusammengeboxt« oder »abgerieben«. Ein politischer Gegner wurde »eingeseift«, »abgefertigt« oder »abgebürstet«; einem begriffsstutzigen Bürger musste er »heimleuchten« oder den »Marsch blasen«. Auf Goebbels' schmalen Schultern, so scheint es, lag alle Verantwortung.

Erholung fand er nur, wenn er sich abends einen Film anschaute oder bei Frau von Dirksen eingeladen war. Die adlige Dame war eine stramme Nationalsozialistin und in ihrem Haus verkehrten viele einflussreiche Leute aus Politik, Kunst und Wirtschaft. Goebbels lernte hier den Sohn des geflohenen deutschen Kaisers Wilhelm II., August Wilhelm von Preußen, kennen, der in die NSDAP eintrat und den alle nur »Auwi« nannten. Auch Hermann Göring war ein gern gesehener Gast. Goebbels fand ihn anfangs sehr sympathisch. Dann wurde das Verhältnis distanzierter.

Göring entwickelte sich zum Statthalter Hitlers in Berlin, und der Arbeiterfreund und Sozialist Goebbels verfolgte mit Argwohn, dass Göring immer von einem »ganzen Schwarm von Durchlauchts und Geldkapitanos«[14] umgeben war. Eifersüchtig sammelte Goebbels alles, was ihm an Beschwerden und Fehlern über Göring zu Ohren kam. Er wusste, dass Göring nach seiner Verwundung beim Putschversuch in München seine Schmerzen nur mit Morphium hatte bekämpfen können. Angeblich aus Sorge teilte er Hitler mit, dass Göring auch noch in Berlin von dieser Droge nicht loskam.

Göring war in vielem das Gegenteil von Goebbels, schon äußerlich. Er war ziemlich dick, er liebte das Essen und den Luxus und suchte die Nähe der Reichen und Mächtigen. Und er hatte eine Ehefrau, um die ihn viele wegen ihrer Schönheit und ihrer Treue beneideten. Der asketische Goebbels dagegen führte weiter sein bescheidenes Junggesellenleben. Den Vorsatz, alle Frauengeschichten sein zu lassen und nur mehr einer treu zu sein, hatte er nicht verwirklichen können. Weiterhin traf er sich mit Anka und hatte daneben kurze Affären, unter anderem mit seiner Sekretärin. Ob es mehr Wunsch als Wirklichkeit war, als er in sein Tagebuch anlässlich seines 33. Geburtstages schrieb: »Die gütigen Frauen überschütten mich mit Liebe«? Andererseits vertraute er diesem Tagebuch auch an, dass er an manchen Abenden von einer »grenzenlosen Einsamkeit« überfallen werde. Ob dieses »ewige Einsamkeitsgefühl« vielleicht nur die andere Seite war seiner Sehnsucht, von möglichst vielen möglichst rückhaltlos geliebt zu werden?[15]

Es muss Anfang November 1930 gewesen sein, als Goebbels auf der Treppe zur Geschäftsstelle der Partei in der Hedemannstraße eine junge Frau entgegenkam. Er erkundigte sich nach ihr und erfuhr, dass es sich um eine Frau Quandt handele, die geschiedene Frau des schwerreichen Industriellen Günther Quandt, die ehrenamtlich in der Geschäftsstelle arbeite. Goebbels' Neugier war geweckt, und er betraute die schöne Frau Quandt mit der Aufgabe, sich um sein Privatarchiv zu kümmern. Das war ein hintersinniger Schachzug. Denn diese Arbeit brachte es mit sich, dass Magda Quandt manchmal in Goebbels' Wohnung kommen musste, um Material zu sichten und zu sondieren.

Auf diese Weise kamen sich beide schnell näher. Nach wenigen Wochen war Goebbels ganz verzaubert von dieser »berückenden blonden Süßigkeit«[16], und er war sich sicher, dass sie ihn auch liebte. Noch nie hatte Goebbels, der Kleinbürgersohn aus Rheydt, so eine Frau kennengelernt. Sie war nicht nur schön, sondern kam aus vornehmen, reichen Kreisen, war gebildet, elegant, sprach fließend Französisch, Englisch und Italienisch und hatte perfekte Umgangsformen.

Maria Magdalena Quandt, wie sie mit vollem Namen hieß, entstammte keineswegs wohlgeordneten Verhältnissen. Sie kam 1901 in Berlin als uneheliches Kind des Zimmermädchens Auguste Behrend auf die Welt. Kurz nach der Geburt heiratete die junge Mutter den reichen Bauunternehmer Oskar Ritschel, der vermutlich der Vater war, aber die kleine Magda offiziell nicht als seine Tochter anerkannte. Als die Ehe nach drei Jahren geschieden wurde, nahm Oskar Ritschel die fünfjährige Magda zu sich nach Brüssel und gab sie in ein klösterliches Internat. Zwei Jahre später zog auch ihre Mutter nach Brüssel, mit ihrem neuen Ehemann, dem jüdischen Lederfabrikanten Joseph Friedländer.

Magda verstand sich gut mit ihren zwei Vätern und sie wurde von ihnen »vergöttert«, doch anscheinend hatte niemand richtig Zeit für sie, auch ihre Mutter nicht. Nur so ist zu erklären, warum sie in eine andere, noch strengere Klosterschule gesteckt wurde. Als die Familie 1914 kriegsbedingt nach Berlin fliehen musste, besuchte sie in der deutschen Hauptstadt das Gymnasium und machte das Abitur.

Auch die zweite Ehe ihrer Mutter scheiterte und Magda kam in ein Mädchenpensionat nach Goslar. Als sie eines Tages nach den Ferien mit dem Zug in das Pensionat fuhr, machte sie die Bekanntschaft eines Herrn, der sich als Günther Quandt vorstellte. Dass dieser fast 20 Jahre ältere Mann mit der Glatze und dem Bauchansatz einer der reichsten Männer Deutschlands war, wusste sie nicht. Quandt war augenblicklich gefangen von der ungewöhnlichen Schönheit dieses Mädchens.

Getarnt als »Freund ihres Vaters«[17] besuchte er Magda im Pensionat, machte Ausflüge mit ihr und fragte sie eines Tages, ob sie seine Frau werden wolle. Magda wollte. Anfang des Jahres 1921 fand die Hochzeit statt.

Magda Quandt, wie sie nun hieß, hatte vermutlich erwartet, dass jetzt ein aufregendes Leben für sie beginnen würde, mit Reisen, Festen und Theaterbesuchen. Stattdessen musste sie sich den Erwartungen der Familie fügen, die gesellschaftlichen Verpflichtungen wahrnehmen und sie verbrachte viele langweilige Tage allein im goldenen Käfig der Quandt'schen Villa in Babelsberg. Der vielbeschäftigte Günther Quandt war nicht der leidenschaftliche Mann, den sie sich erträumt hatte. Die beiden lebten sich auseinander. Daran änderte sich auch nichts, als das Paar einen Sohn bekam, dem man den Namen Harald gab. Magda fing eine Affäre mit einem Studenten an und gab sich nicht viel Mühe, dieses Verhältnis geheim zu halten. Als das Liebespaar eine Reise machte und in einem Hotel in Bad Godesberg abstieg, war für Günther Quandt das Maß voll. Er setzte seine junge Frau auf die Straße.

Das wäre für Magda ein tiefer Fall geworden, wenn sie in dieser Situation nicht eine sehr berechnende Intelligenz bewiesen hätte. Sie erinnerte sich an alte Briefe ihres Mannes an frühere Liebschaften, auf die sie einmal im Haus gestoßen war. Sie brachte diese Briefe in ihren Besitz und setzte Quandt damit unter Druck. Der regelte die Sache diskret und großzügig. Er kaufte Magda eine geräumige Siebenzimmerwohnung am Reichskanzleiplatz und verpflichtete sich, ihr monatlich 4000 Mark zu zahlen.

Am Gymnasium war Magda befreundet gewesen mit einem jungen Juden, der sich leidenschaftlich für die zionistische Bewegung eingesetzt hatte. Magda beneidete Menschen wie ihn, weil sie im Leben ein Ziel hatten, für das es sich zu kämpfen lohnte. Sie selbst konnte nun ein sorgenloses Leben führen, aber es fehlte ihr auch jeder Lebensinhalt. Offenbar aus purer Langeweile ging sie eines Tages in den Sportpalast, wo Goebbels eine Rede hielt. Sie war fasziniert von der Begeisterung der Massen und vom fanatischen Glauben des Redners und wollte sich nun irgendwie in dieser Bewegung nützlich machen. Sie engagierte sich zunächst in der NS-Frauenschaft und bot dann in der Geschäftsstelle der Partei ihre Dienste an.

Goebbels glaubte, die Frau seines Lebens gefunden zu haben. »Noch etwas Erziehung an ihr und an mir«, so meinte er zuversichtlich, »dann passen wir fabelhaft zusammen.«[18] Er wusste zunächst nicht, dass noch jemand zwischen ihnen stand. Magda traf sich weiterhin mit jenem Studenten, dessentwegen ihre Ehe mit Quandt in die Brüche gegangen war. Dieser Student wollte Magda nun ganz für sich haben. Und als Magda ihm gestand, dass sie sich zum Berliner Gauleiter hingezogen fühle, drehte ihr eifersüchtiger Liebhaber durch und schoss mit einer Pistole auf sie. Die Kugel landete im Türrahmen.

Goebbels erfuhr von alledem immer nur bruchstückweise. Der Gedanke, dass er Magda mit einem anderen Mann teilen musste, machte ihn schier wahnsinnig. Manchmal konnte er Magda nicht erreichen und wartete tagelang auf einen Anruf von ihr. Er drängte sie zu einer Entscheidung, doch sie ließ ihn im Ungewissen. Dabei plagten ihn genug andere Sorgen. Die SA rebellierte erneut; die homosexuellen Neigungen des Stabschefs der SA Ernst Röhm waren öffentlich bekannt geworden, zudem hatte Goebbels mehrere Prozesse am Hals und gegen ihn war ein dreimonatiges Redeverbot verhängt worden. In

München wurde er sogar von der Polizei verhaftet und nach Berlin gebracht, weil er dort nicht vor Gericht erschienen war.

Goebbels glaubte schon, Magda verloren zu haben. Er nahm sich vor, sich nur noch auf seine Aufgabe zu konzentrieren und in Zukunft nie wieder etwas zu erhoffen von einem Menschen, diesem »Haufen gefrorene Scheiße«[19], wie er schrieb. Da teilte ihm Magda mit, dass sie mit ihrem Liebhaber Schluss gemacht habe und nun ganz ihm, Goebbels, gehöre. Magda sei nun endlich sein »Eigen«, konnte Goebbels überglücklich in sein Tagebuch schreiben. »Ich liebe sie über alle Maßen.«[20]

Magda Quandt und Joseph Goebbels waren nun ein Paar und er konnte seine neue Lebensgefährtin auch seinem »Führer« vorstellen. Diese Begegnung im *Hotel Kaiserhof*, wo Hitler residierte, wenn er in Berlin war, scheint ein magischer Moment gewesen zu sein. Wie der damalige Wirtschaftsberater Hitlers, Otto Wagener, später behauptete, soll Hitler von Magda Quandt so beeindruckt gewesen sein, dass er ihr kurz darauf durch Wagener einen Pakt vorschlagen ließ: Magda sollte sozusagen die platonische Geliebte Hitlers werden, und um sie unverfänglich in seiner Nähe zu halten, sollte sie Goebbels heiraten. Für Adolf Hitler sei sie zu allem bereit, soll Magda geantwortet haben.[21]

Wageners Erinnerungen sind mit Vorsicht zu genießen. Er fiel später bei Hitler in Ungnade, musste sogar um sein Leben fürchten, ist also ein vorbelasteter Zeuge. Fest steht jedenfalls, dass Hitler sich in Magda verliebt hat und beide in den folgenden Jahren ein sehr enges Verhältnis hatten – letztlich bis zum Tod im Führerbunker – und dass Hitler an der Goebbels-Ehe immer großen Anteil genommen hat. Hitler war auch Trauzeuge bei der Hochzeit am 19. Dezember 1931 auf dem Gut

Severin bei Parchim, das pikanterweise der Familie Quandt gehörte. In der Wohnstube des Dorfbürgermeisters fand die standesamtliche Trauung statt. Danach schritt das Brautpaar durch ein Spalier von SA-Männern zur Kirche, allen voran Magdas Sohn Harald in SA-Uniform.

Nach dem Jawort soll Hitler geweint und sich von Goebbels gewünscht haben, dass er immer sein »guter Freund« bleiben möge. Im Herrenhaus des Gutes versammelte sich dann die kleine Hochzeitsgesellschaft, zu der auch Goebbels' Mutter und seine Schwester Maria gehörten, zu einem einfachen Essen, und der Pfarrer hielt eine kurze Rede zum Trauspruch, den sich das Paar ausgesucht hatte. Er lautete: »Alle Dinge tuet aus Liebe!«[22]

Goebbels gab seine kleine Wohnung in Berlin-Steglitz auf und zog zu Magda in ihr elegantes Appartement am Reichskanzlerplatz. Mit ihrer neuen Ehe verlor sie den Anspruch auf die Unterstützung durch Günther Quandt. Dafür erhöhte Hitler Goebbels' Gehalt um tausend Mark. Das kam ihm auch selber zugute. Denn die Wohnung der Goebbels wurde zu einem privaten Rückzugsort für Hitler, wenn er in der Hauptstadt war. Hitler war nicht gerne in Berlin und bei den Goebbels fand er etwas von der ungezwungenen Münchner Atmosphäre. Magda kochte für ihn vegetarisches Essen und seine geliebten Mehlspeisen. Abends wurde Musik vom Grammofon gehört, oder Ernst, genannt »Putzi«, Hanfstaengl, bei dem Hitler nach dem Münchner Putsch Zuflucht gefunden hatte, spielte auf dem Klavier Melodien aus Wagner-Opern. Zu fortgeschrittener Stunde erzählte Hitler dann gern aus seinem Leben, von seinem strengen Vater und seiner gütigen Mutter, die Goebbels sehr an seine eigenen Eltern erinnerten. »Der Führer ist der beste Erzähler, den ich kenne«, meinte er gerührt und bewundernd.[23]

Dank Magda hatte er nun auch teil an jenem luxuriösen Leben, das er an den Münchner Bonzen immer kritisiert hatte. Gleichzeitig wartete er darauf, dass Deutschland im politischen und wirtschaftlichen Chaos versinkt. Die zunehmende Krise war nirgends deutlicher zu spüren als in Berlin. Die Brutalität der Straßenkämpfe nahm zu und die Armut vieler Bewohner wurde immer bedrückender. Jede Nacht wurden bei der Polizei Leichen abgeliefert. Manche trugen an ihren blutigen Kleidern den kommunistischen Sowjetstern, manche das Hakenkreuz. Aber immer öfter hatten die Toten die grünen Gesichter jener Verzweifelten, die sich mit Gas das Leben genommen hatten. Allein in Berlin gab es eine halbe Million Arbeitslose. Die Lage war für viele so aussichtslos, dass sie bereit waren, jedem zu folgen, der Abhilfe versprach. Und Hitler versprach sie. Auf einem Plakat, das Goebbels' Grafiker Hans Schweitzer, der den Künstlernamen »Mjölnir« trug, entworfen hatte, war eine Menge von trostlosen Gestalten zu sehen, dazu die Worte: »Unsere letzte Hoffnung: Hitler«.

Der Kanzler Heinrich Brüning trieb mit seiner Politik ein gefährliches Spiel. Er nahm den wirtschaftlichen Niedergang nicht nur hin, sondern verstärkte ihn noch, mit dem Ziel, das Land zahlungsunfähig zu machen und so die Reparationszahlungen abzuschütteln. Außenpolitisch hatte er mit dieser Strategie durchaus Erfolge. Aber in Deutschland wurde die Lage immer explosiver. Die Zeit lief Brüning davon. Hitler wurde immer mächtiger. Putschgerüchte lagen in der Luft. Das Ende der Republik schien gekommen.

In dieser angespannten Situation verlagerte Hitler sein Hauptquartier nach Berlin, in das oberste Stockwerk des Luxushotels *Kaiserhof*, das direkt gegenüber dem Reichstag lag. Von hier aus sollte der entscheidende Kampf um die Macht gelenkt werden. Hitler hatte endlich seine Münchner Umgebung verlassen, wie es sich Goebbels immer erhofft hatte. In Berlin glaubte er mehr Einfluss auf den »Führer« zu haben und ihn von seinem radikalen Kurs zu überzeugen. Für Goebbels gab es nur die totale Opposition oder die totale Macht. Nichts dazwischen. Hitlers Bündnis mit anderen nationalistischen Parteien zur sogenannten »Harzburger Front« und sein öffentliches Gelöbnis, sich an die geltenden Gesetze zu halten, waren für Goebbels nur taktische Zugeständnisse, die man über Bord werfen konnte, wenn man das Ziel, die Macht, erreicht hatte.

Goebbels wollte Hitler auch dazu überreden, bei der anstehenden Wahl zum Reichspräsidenten zu kandidieren. Das war ein riskantes Vorhaben, denn Hitler würde gegen den amtierenden Präsidenten Hindenburg antreten müssen. Nur zu gern hätte Goebbels den »alten Bock« und »Trottel«, wie er Hindenburg nannte, aus dem Weg geräumt. Der war zwar schon 84 Jahre alt, aber immer noch ein Kriegsheld und in der Bevölkerung geachtet und beliebt. Hitler zögerte lange, bevor er Goebbels die Erlaubnis gab, seine Kandidatur im Sportpalast bekannt zu geben. Die Leute reagierten auf diese Ankündigung nach Goebbels' Schilderung mit minutenlangen Beifallsstürmen. »Die Decken drohen zu brechen«, berichtete er überschwänglich. »Es ist fantastisch. So werden wir siegen.«[24]

Goebbels musste Hitler nun beweisen, dass er ihn zu Recht zur Kandidatur gedrängt hatte. Ein Meisterstück der Propagandakunst wollte er abliefern und so erreichen, was unmöglich erschien. Dabei setzte er ganz neue Mittel ein. Neben den üblichen Plakaten und Flugblättern ließ er einen Tonfilm mit seiner Rede anfertigen, der in Kinos und auf Plätzen gezeigt wurde, und er besprach eine kleine Schallplatte, die dann in Tausenden von Kopien in Briefumschlägen verschickt wurde. Zum ersten Mal wurde ein Flugzeug eingesetzt, das Hitler von Stadt zu Stadt, von Auftritt zu Auftritt flog. Gleichsam aus dem Himmel kam Hitler zu den Menschen, um ihnen seine Botschaft zu bringen. Höhepunkt war eine Massenversammlung im Berliner Lustgarten, wo Goebbels bei Schnee- und Matschwetter vor einer riesigen Menschenmenge eine »knorke« Rede hielt, wie sein Lieblingsausdruck lautete. Schon vorher hatte er im *Angriff* einen »knorke« Artikel geschrieben und darin Hitler wie einen Messias gefeiert: »Wer sich aufbäumt gegen Klassenkampf und Brudermord, wer den Weg sucht aus Irrnis und Wirrnis unserer Zeit, der gibt Adolf Hitler seine Stimme!«[25]

Bei der Wahl am 13. März 1932 erhielt Hitler zu wenig Stimmen. Hindenburg war klarer Sieger. Auch bei der Stichwahl einen Monat später zog Hitler den Kürzeren. Diese Niederlage war aber auch ein Prestigesieg für die NSDAP. Sie hatte den Kandidaten der Kommunisten, Ernst Thälmann, deutlich hinter sich gelassen und das gab der Partei enormen Auftrieb.

Diesen Auftrieb nutzte Goebbels, um den Kanzler Brüning zu attackieren. Ihn wollte er unbedingt zu Fall bringen. Brüning zog den Zorn des Gauleiters auf sich, weil er mit einer Notverordnung die SA verboten hatte. Goebbels kündigte groß ein Rededuell mit Brüning im Sportpalast an. Das Publikum in der überfüllten Arena staunte aber nicht schlecht, als Goebbels alleine auf der Bühne stand und neben sich ein Grammofon aufbauen ließ. Er hatte eine Rede Brünings aufnehmen lassen, die jetzt über Lautsprecher zu hören war. Von Zeit zu Zeit ließ

Goebbels die Rede des Kanzlers stoppen, um lächelnd nach vorne zu treten und seinem Kontrahenten zu antworten oder, wie Goebbels es ausdrückte, ihn »einzuseifen«. Das Publikum jubelte und lachte. Die Show war gelungen. »Er ist unterlegen, das geben alle zu«, triumphierte Goebbels[26], so als hätte er sich wirklich mit einem lebendigen Gegner einen Schlagabtausch geliefert. Aber es war nur eine Schallplatte gewesen und im Sportpalast hatten fast nur Parteigenossen gesessen. Wer hätte ihm da widersprechen sollen? Wer hätte ihn nicht zum Sieger erklärt? Es war nur die Illusion einer Auseinandersetzung – und im Grunde nur ein Gespräch von Goebbels mit sich selbst.

Dieses Geisterduell führte sicher nicht den Sturz Brünings herbei. Hinter den Kulissen wurden längst Pläne ausgeheckt, in die Brüning nicht mehr passte. Es war schließlich Hindenburg selbst, der aus mehr oder weniger persönlichen Interessen den Kanzler zum Rücktritt bewog. Hindenburg präsentierte auch gleich einen neuen Kanzler. Es war der Abgeordnete der Zentrumspartei Franz von Papen, ein typischer Vertreter der alten wilhelminischen Herrenschicht. Er stellte ein »Kabinett der Barone« zusammen und löste den Reichstag auf. Ende Juli sollten Neuwahlen stattfinden.

Goebbels war es gleichgültig, wer nun Kanzler war. Für ihn befand sich die Weimarer Republik im freien Fall und ein Kanzler Papen konnte das endgültige Ende des »Systems« nur verzögern, nicht verhindern. Die erneute Auflösung des Reichstages ließ Goebbels nicht zum Verschnaufen kommen. Nach den Wahlen zum Reichspräsidenten und den Landtagswahlen in Preußen stand in diesem chaotischen Jahr 1932 nun schon der dritte Urnengang bevor. Die Propagandamaschine musste wieder zum Laufen gebracht werden. Goebbels wollte den Wahlkampf als »Feldzug gegen die Lüge« aufziehen. Das war für ihn eine »ekelhafte Arbeit«, denn er musste sich gegen eine »Schmutzflut von Lügen« und einen »Wust von Verleumdungen« zur Wehr setzen.[27] Das Gegenbild zu dieser Welt der Lüge war für ihn die Gestalt Hitlers, »ein fabelhafter Kerl und uranständiger Mensch«[28], wie er den »Führer« nannte. Auch sich selbst zählte er zu den wenigen, die sich in einem Meer von Bosheit und Niedertracht ihre Unschuld und Wahrheitsliebe erhalten hatten. Und nichts brachte ihn mehr in Rage als die persönlichen Angriffe der »Judenpresse«. »Nichts ist mir widerwärtiger«, so schrieb er in sein Tagebuch, »als wenn der sachliche Kampf durch persönliche Argumente gehemmt wird.«[29]

Wie waren diese Bekenntnisse zu vereinbaren mit der schmutzigen »Isidor«-Kampagne im *Angriff* gegen den Juden Bernhard Weiß? Was war mit den Auftritten Goebbels' vor Gericht, wenn er dem Staatsanwalt Beleidigungen an den Kopf warf? Was war mit den Aktionen der SA, die jüdisch aussehende Passanten auf der Straße anpöbelten und ohrfeigten? Was war mit Goebbels' Verhalten im Reichstag, wenn er die Abgeordneten der SPD als »Partei der Deserteure« verunglimpfte oder applaudierte, als seine Parteigenossen im Plenarsaal Kommunisten verprügelten? Was war mit dem angeblichen Sprengstoffanschlag auf Goebbels, den er, wie sich herausstellte, selbst inszeniert hatte?

Stand das alles nicht im Widerspruch zu seiner angeblichen Wahrheitsliebe und seinem reinen Charakter? War er ein Lügner? Wohl nicht im eigentlichen Sinne, denn ein Lügner weiß, dass er die Unwahrheit sagt. Goebbels aber glaubte an das, was er sagte und tat. Er war überzeugt, auf der Seite der Wahrheit zu stehen und richtig zu handeln. Zugleich widersprach er sich ständig selbst. Das war möglich, weil Goebbels andere dann am besten täuschen konnte, wenn er sich selbst betrog. Diese Selbsttäuschung ist nach der Philosophin Hannah Arendt »die gefährlichste Form des Lügens«.[30] Denn jemand, der wirklich an seine Lügen glaubt, der kennt keine Selbstzweifel, und er wirkt auf andere viel glaubwürdiger als derjenige, der bewusst die Unwahrheit sagt.

Der sich selbst betrügende Betrüger Joseph Goebbels hatte keine Skrupel, im Privatleben anderer zu wühlen und ihre körperlichen Mängel oder moralischen Fehler genüsslich für seine Zwecke auszuschlachten. Aber er war überaus empfindlich, wenn politische Gegner auf sein wenig arisches Aussehen hinwiesen oder wenn in der Presse ein falsches Wort über seine inzwischen schwangere Ehefrau stand. Journalisten, die das wagten, waren »Kreaturen«, die man bedenkenlos »niederknallen« sollte. Als der Redakteur einer Berliner Zeitung Magda eine jüdische Abstammung andichtete, schickte Goebbels seinen Chauffeur Alfred Kubisch los, der auf diesen »Ehrabschneider« mit der Reitpeitsche so lange einschlug, bis der blutüberströmt am Boden lag. »Sie machen selbst vor dem guten Ruf einer wehrlosen Frau nicht halt«, empörte sich Goebbels, »und müssen deshalb so lange verprügelt werden, bis ihnen die primitivsten Gesetze des Anstandes wieder geläufig sind.«[31]

Die Idee, den Wahlkampf als »Kampf gegen die Lüge« zu führen, war erfolgreich. Bei der Reichstagswahl am 31. Juli 1932 wurde die NSDAP zur stärksten Partei. Aber sie hatte nicht die absolute Mehrheit. Um legal an die Regierung zu kommen, musste sie eine Koalition eingehen, und hier kam nur die Zentrumspartei in Frage. Diesen Schritt aber wollten

Hitler und Goebbels nur im äußersten Notfall machen. Was blieb an Möglichkeiten übrig? Ein Putsch? Weiter in der Opposition? Goebbels fand die Situation »zum Kotzen«.

Bei einem Treffen auf dem Obersalzberg war Hitler zuversichtlich. Er rechnete fest damit, zum Reichskanzler ernannt zu werden, und man verteilte schon die Posten einer zukünftigen Regierung. Goebbels sollte den ganzen Bereich der Volkserziehung übernehmen. Auf diese »geschichtliche Aufgabe« freute er sich.

Der »Führer« hatte seine Rechnung ohne Hindenburg gemacht. Der wollte einen Kanzler Hitler unbedingt verhindern. Allerhöchstens war er dazu bereit, Hitler in eine Regierung einzubinden, um ihn sozusagen zu bändigen. Schleicher und Papen redeten auf Hitler ein, sich doch mit der Vizekanzlerschaft zufriedenzugeben. Hitler blieb stur. Er wollte auf keinen Fall Vizekanzler in einem bürgerlichen Kabinett werden. Und weil auch Hindenburg nicht nachgab, waren die Gespräche festgefahren. Goebbels war wütend auf Hindenburg, dieses »Kalkdenkmal«, wie er ihn beschimpfte, und Schleicher und Papen waren für ihn »kleine Spießer mit Napoleon-Komplexen«[32], die man noch mürbe machen werde.

Die vielen Wahlkämpfe und die verfahrene Situation hatten auch Goebbels zugesetzt. Zudem hatte ihm Magdas Schwangerschaft viele Nerven gekostet. Er hatte nun die, wie er sich ausdrückte, »unromantische Härte des Alltags« kennengelernt. Und die hatte ihm an Magda auch andere Seiten gezeigt als nur die des »süßen Engels«. Sie war eifersüchtig auf Goebbels' Sekretärin, grundlos, wie er beteuerte. Umgekehrt kam sie ihm oft zu verwöhnt vor, und er wollte ihr beibringen, dass im Leben nicht immer alles nur »Schokolade« sei. Magda ließ sich aber nicht zähmen. Im Gegenteil, sie konnte sehr ausfällig werden, wenn Goebbels seine Ansichten über die Aufgaben und Fähigkeiten von Frauen zum Besten gab. Dann schlug sie krachend die Tür hinter sich zu und schrie, sie würde behandelt »wie ein Hund«.[33]

Am Morgen des 1. September 1932 setzten bei Magda die Wehen ein und sie wurde in die Klinik gebracht. Goebbels betete, dass alles gut gehen möge und es ein Junge werde. »Leider nur ein Mädel«, schrieb er am nächsten Tag enttäuscht in sein Tagebuch. Es tröstete ihn, dass Hitler begeistert war. Mädchen, so meinte der »Führer«, seien doch viel »süßer« und ein Junge wäre doch gegenüber dem Vater »abgefallen«.[34]

Goebbels hatte nicht viel Zeit für Magda und seine kleine Tochter, der man den Namen Helga gab. Die politische Situation spitzte sich wieder zu. Papen war bei einem Misstrauensantrag im Parlament mit Pauken und Trompeten durchgefallen. Er löste den Reichstag auf und setzte Neuwahlen für den 6. November fest. Goebbels musste also schon wieder einen Wahlkampf in Gang bringen. Doch dieses Mal waren die Voraussetzungen ungünstig. Nach den vielen Wahlen war die Partei nur schwer zu motivieren und das Geld war aufgebraucht. Außerdem schreckte Goebbels viele Anhänger aus dem bürgerlichen Lager ab, als er kurz vor der Wahl den Streik der Verkehrsgesellschaft unterstützte, Seite an Seite mit den Kommunisten. Man dürfe, so schrieb er, den Arbeiter nicht verlieren. Hier zeigte sich wieder der Sozialist Goebbels. Aber während er um die Gunst der Arbeiter kämpfte, führte Hitler längst Gespräche mit Bankiers und Industriellen.

Die Wahl am 6. November war für die NSDAP ein Schock. Die Partei musste schwere Verluste einstecken. Die KPD konnte sich als Sieger fühlen. Die Tage von Franz von Papen waren gezählt. Er hatte so gut wie keine Unterstützung mehr und trat zurück. Doch erneut konnte sich Hindenburg nicht dazu entschließen, Hitler, den kleinen Gefreiten aus dem Weltkrieg, an die Macht gelangen zu lassen. Nachfolger Papens wurde nun der Mann, der sich bisher im Hintergrund gehalten hatte, Kurt von Schleicher. Er verfolgte eine neue Taktik. Er wollte nun die NSDAP spalten, indem er der Gruppe um Gregor Strasser das Angebot machte, in eine Regierung einzutreten. Strasser, der anders als Hitler immer für Kompromisse eingetreten war, zeigte Interesse. Für Hitler war das Verrat, und er drohte damit, sich augenblicklich zu erschießen, wenn die Partei auseinanderfallen sollte.

Strasser hätte es wirklich in der Hand gehabt, als Vizekanzler in die Regierung einzutreten und damit Hitler auszubooten. Aber nach einem Treffen mit Goebbels und Göring bekam er Angst vor der eigenen Courage und zog sich zurück. Die Spaltung der Partei war damit verhindert, aber diese war in einem desolaten Zustand. Die Macht, die zum Greifen nah gewesen war, lag wieder in weiter Ferne.

Goebbels verfluchte das Jahr 1932, das ihm so viele Siege und doch noch mehr Enttäuschungen gebracht hatte. Aber noch war das Jahr nicht zu Ende. Am Weihnachtstag musste Magda mit starken Schmerzen in die Klinik gebracht werden. Bald ging es ihr wieder so gut, dass Goebbels zu Hitlers Berghof auf dem Obersalzberg fuhr, um dort den Jahreswechsel zu verbringen. Während an Silvester die anderen auf der Terrasse des Berghofs ein Feuerwerk abbrannten, hing Goebbels am Telefon, und mit jedem Anruf aus Berlin wurden seine Sorgen größer.

Magda hatte eine Fehlgeburt gehabt. Es stand schlimm um sie. Sie hatte hohes Fieber und musste künstlich ernährt werden. Goebbels fuhr am nächsten Tag mit dem Nachtzug zurück nach Berlin. Im Morgengrauen kam er in der Hauptstadt an und fuhr sofort zur Klinik. Magdas Zustand hatte sich weiter verschlechtert. Die Ärzte sagten Goebbels nicht, dass sie seine Frau eigentlich schon aufgegeben hatten. »Bis ans Ende der Welt laufe ich für Dich, Magda«, schrieb er in sein Tagebuch. »Du musst, musst, musst bei mir bleiben.«[35]

Goebbels schlief kaum noch und verbrachte jede freie Minute am Krankenbett. Am 10. Januar 1933 musste er Magda schweren Herzens für längere Zeit alleine lassen, um wieder Wahlkampf zu machen, dieses Mal in Lippe-Detmold. Lippe war der kleinste Freistaat im Deutschen Reich und eigentlich unbedeutend. Aber Goebbels wollte alle Kräfte mobilisieren, um den Landtag zu erobern und den Abwärtstrend der Partei zu stoppen.

Alle Parteigrößen wie Göring, Frick und selbst Hitler reisten in die bäuerliche Gegend, um in Wirtshäusern und Vereinsheimen ein paar Dutzend Bauern und Kleinbürger von ihren Ansichten zu überzeugen. Der Aufwand lohnte sich. Die NSDAP wurde in Lippe stärkste Partei, und Goebbels sorgte mit seiner Propaganda dafür, dass dieser Erfolg als Signal für ganz Deutschland verkauft wurde.

Durch den Sieg in Lippe war die Partei tatsächlich wieder im Aufwind. Dafür sorgten nun auch Industrielle wie Fritz Thyssen, die die NSDAP nicht nur finanziell unterstützten, sondern auch Hindenburg unter Druck setzten, den Weg an die Macht für Hitler freizumachen. Diese reichen und einflussreichen Männer wollten unbedingt einen Vormarsch der

Kommunisten verhindern und eine Partei fördern, die ihre Interessen vertrat.

Goebbels konnte nun wieder mit breiter Brust auftreten. Am 22. Januar weihte er auf dem Nikolaifriedhof den Grabstein für Horst Wessel ein. Dieses Mal war auch Hitler dabei und hielt eine Rede. Draußen vor dem Friedhof demonstrierten wieder Kommunisten. Goebbels begnügte sich nicht mit der Feier am Grab des Märtyrers. Er ließ die SA in die Stadt marschieren, auf den Bülowplatz, direkt vor das Karl-Liebknecht-Haus, dem Sitz der KPD. Das war eine ungeheure Provokation und die Kommunisten mussten es hinnehmen.

Nach diesem Aufmarsch fuhren Goebbels und Hitler zur Klinik, um Magda zu besuchen. Als Magda Hitler sah, ging es ihr schlagartig besser. Der behandelnde Arzt Dr. Stoeckel war selbst erstaunt über die heilende Wirkung von Hitlers Anwesenheit und wünschte sich, dass auch das kranke Deutschland durch ihn wieder gesund werden möge.

Sechs Tage später trat Schleicher zurück. Er hatte glücklos regiert und zum Schluss die Unterstützung Hindenburgs verloren. Die brennende Frage war, wer ihm nun nachfolgt. Wieder Papen? Oder doch Hitler?

Am 30. Januar gegen Mittag wurde Hitler zu Hindenburg gerufen. Goebbels, Göring und die anderen aus dem engsten Kreis warteten alle im *Hotel Kaiserhof*. Röhm stand unentwegt am Fenster und starrte hinüber zur Reichskanzlei, wo Hitler herauskommen musste. Endlich fuhr ein Wagen vor. Und ein paar Minuten später stand Hitler im Zimmer bei seinen Gefolgsleuten. Hindenburg hatte ihn zum Kanzler ernannt. »Es ist so weit«, schrieb Goebbels am nächsten Tag in sein Tagebuch. »Hitler ist Reichskanzler. Wie ein Märchen!«[36]

Am Abend zogen endlose Fackelzüge unter Marschmusik am *Kaiserhof* vorbei und weiter zur Reichskanzlei, wo Hindenburg und Hitler an den Fenstern standen. Junge Leute waren auf die Bäume vor der Reichskanzlei geklettert und feierten Hitler mit Sprechchören. Goebbels stand hinter seinem »Führer«. Er war am Ziel. Der arbeitslose Krüppel aus Rheydt, den keiner haben wollte, gehörte nun zu den mächtigsten Männern in Deutschland. »Wir werden die Macht niemals wieder aufgeben«, hatte er in sein Tagebuch geschrieben, »man muss uns als Leichen heraustragen.«[37]

VIII. »WIDERSTAND AUSSICHTSLOS!«

JANUAR 1933 – JULI 1934

Im Februar 1931 war in der Zeitschrift *Die Weltbühne* ein Gedicht von Kurt Tucholsky über Joseph Goebbels erschienen:

»Wat wärst du ohne deine Möbelpacker!
Die stehn, bezahlt un treu, so um dir rum.
Dahinter du: een arma Lauseknacker,
een Baritong fort Jachtenpublikum.
 Die Weiber – hach – die bibbern dir entjejen
 un möchten sich am liebsten uffn Boden lejen!
 Du machst un tust und jippst da an …
 Josef, du bist 'n kleener Mann.
Mit dein Klumpfuß – seh mal, bein andern,
da sacht ick nischt; det kann ja jeda ham.
Du wißt als Recke durch de Jejend wandern
un paßt in keen Schützenjrahm?
 In Sportpalast sowie in deine Presse,
 da haste eine mächtich jroße Fresse.
 Riskierst du wat? – De Schnauze vornean.
 Josef, du bist 'n kleener Mann.
Du bist mit irgendwat zu kurz gekomm.
Nu rächste dir, nu lechste los.
Dir hamm se woll zu früh aus Nest jenomm!
Du bist keen Heros, det markierste bloß.
Du hast 'n Buckel, Mensch – du bist nich richtich!

Du bist bloß laut – sonst biste jahnich wichtig!
Keen Schütze – een Porzellanzerschmeißer,
keen Führer biste – bloß 'n Reißer,
Josef, du bist een jroßer Mann –!«[1]

Kurt Tucholsky irrte sich. Goebbels war nicht »bloß laut« und ansonsten nicht wichtig. Wie auch andere Kritiker war Tucholsky hilflos gegenüber dem, was da auf ihn zukam. Er wollte, wie Erich Kästner meinte, »mit der Schreibmaschine eine Katastrophe aufhalten«. Dabei unterschätzte er die Macht der Propaganda. Sie ebnete den Weg für einen Terror, gegen den man mit schnoddrigen Gedichten nichts mehr ausrichten konnte. Goebbels beschimpfte den Juden Tucholsky als »verdorbenes und krankes Gehirn«, und er drohte, mit Leuten wie ihm bald ein Ende zu machen.[2]

Tucholsky konnte sich noch rechtzeitig ins Ausland absetzen. Dagegen fiel sein Kollege und Freund Carl von Ossietzky kurz nach dem Reichstagsbrand den Nazis in die Hände. Er kam ins Konzentrationslager, wurde misshandelt und war nach einem Jahr ein gebrochener und schwer kranker Mann.

Auch dem Polizeivizepräsidenten Bernhard Weiß, der im *Angriff* monatelang als »Isidor« lächerlich gemacht wurde, hatte Goebbels gedroht. Eines Tages werde jemand an seine Tür klopfen, und dann werde es heißen: »Herr Weiß, es ist so weit!«

Nun war es so weit oder fast so weit. Hitler war Reichskanzler. Aber er war noch nicht der unumschränkte Herrscher über Deutschland, sondern nur der Chef einer Koalitionsregierung, in der seine Partei in der Minderheit war. Von den zwölf Ministern waren nur zwei von der NSDAP, Hermann Göring und Wilhelm Frick. Goebbels war leer ausgegangen. Magda war untröstlich, dass ihr Mann nicht vorankam, und Goebbels selbst fühlte sich schmählich übergangen. Er wusste, dass er in der Parteiführung wenig Freunde hatte und seine Karriere einzig und allein von Hitler abhing. Seine größte Angst war es daher, dass dem »Führer« etwas zustoßen könnte oder sein politischer Stern irgendwann wieder sinken würde. Franz von Papen, der nun Vizekanzler war, rechnete schon fest mit Hitlers Ende. Er glaubte, Hitler gezähmt zu haben, und er prophezeite, dass er in zwei Monaten an die Wand gedrückt sei.

Hitler hatte längst andere Pläne, die weit über zwei Monate hinausgingen. Es war nicht weniger als ein tausendjähriges Reich, das er errichten wollte. Und die ersten Schritte dazu waren, die politischen Gegner aus dem Weg zu räumen und die demokratische Ordnung abzuschaffen. War das erst einmal erledigt, sollte Deutschland durch Aufrüstung wieder seine alte Stärke gewinnen. Und eine Weltmacht Deutschland würde dann natürlich das Recht haben, seinen beengten Lebensraum zu erweitern, vornehmlich in östlicher Richtung. So verkündete es Hitler Anfang Februar 1933 vor hochrangigen Vertretern der Reichswehr. Und so hatte man es schon lange vorher in seinem Buch *Mein Kampf* lesen können.

In diesem Buch geht es auch um Propaganda, deren Bedeutung im Kampf um die Macht und im Krieg man laut Hitler nicht hoch genug einschätzen könne. Er beschreibt sie als die Kunst, mit einfachen und bewusst einseitigen Schlagwörtern die Gefühle der Menschen zu beeinflussen und so die Massen von der eigenen Botschaft zu überzeugen. Das sei eine anspruchsvolle Aufgabe, mit der man nicht den »nächstbesten Esel« betrauen dürfe, sondern nur den »allergenialsten Seelenkenner«.[3] Hitler dachte hier offenbar an sich selbst, aber zweifellos hielt er auch Goebbels für einen dieser »Seelenkenner«. Nur aus Rücksicht auf Hindenburg, der Goebbels für einen gefährlichen Scharfmacher hielt, hatte er den umstrittenen Berliner Gauleiter nicht gleich zum Propagandaminister machen können. Aber das wollte er so bald als möglich nachholen.

Ob Minister oder nicht – Goebbels wurde gebraucht. Er war schon wieder mit den Vorbereitungen für einen Wahlkampf beschäftigt. Am 5. März sollte eine neue Regierung gewählt werden. Und vorher sollte der »Tag der erwachenden Nation« stattfinden, ein Großereignis, bei dem Goebbels vorhatte, ganz Deutschland mit Feiern, Aufmärschen, Rundfunkreden und Freiheitsfeuern in einen nationalen Taumel zu versetzen. Allen in der Partei wollte er beweisen, wie unverzichtbar er war – allein, ihm fehlte das Geld. Die Kassen waren leer. Sein Zorn richtete sich gegen Hermann Göring, diesen »pathologischen Ehrgeizling«, wie er ihn nannte, der Unsummen für seine Fantasieuniformen, für Gemälde und Möbel verprasste, während er, Goebbels, wegen Geldmangels die Auslieferung seiner Zeitungen stoppen musste. »Dann soll der dicke Göring einmal auf etwas Kaviar verzichten«, forderte er verärgert.[4]

Bald musste er beim »dicken Göring« Abbitte leisten. Denn Göring überraschte ihn mit der erfreulichen Mitteilung, dass er eine Wahlkampfhilfe von drei Millionen Reichsmark erhalten habe. Woher das Geld kam, darüber redete der Sozialist Goebbels nicht gerne. Aber er wusste, dass Göring beste Verbindungen hatte zu Industrieunternehmen wie *Krupp*, den *Vereinigten Stahlwerken* und dem Konzernzusammenschluss *I.G. Farben*. Nichts fürchteten die Industriebosse mehr als eine Machtergreifung der Kommunisten. Und bereitwillig unterstützten sie mit einer Spende die Nazis, die erklärten, sie allein könnten den Vormarsch der Kommunisten aufhalten. Göring hatte fleißig Gerüchte genährt über eine angeblich bevorstehende kommunistische Revolution. Beweise war er allerdings bisher schuldig geblieben.

Am Dienstag, dem 27. Februar 1933 war Hitler abends zu Gast bei den Goebbels. Auch Ernst Hanfstaengl, der Auslandspressechef der Partei, war eingeladen, um der Gesellschaft etwas auf dem Klavier vorzuspielen. Doch Hanfstaengl war erkältet und lag mit Fieber in seiner Wohnung am Brandenburger Tor. Er schlief schon, als er durch ein unerklärliches Licht in seinem Zimmer wieder geweckt wurde. Hanfstaengl dachte erst, er hätte eine Lampe brennen lassen. Doch als er zum Fenster trat, sah er, woher die merkwürdige Helligkeit kam: Der Reichstag stand in Flammen. Sofort rief Hanfstaengl bei Goebbels an. »Soll das ein Witz sein?«, fragte Goebbels. »Kommen Sie gefälligst selbst her und überzeugen Sie sich«, antwortete Hanfstaengl verärgert.[5]

Hanfstaengl glaubte anfangs, dass Goebbels wirklich ahnungslos war. Erst später bekam er Zweifel und war schließlich überzeugt, dass Goebbels an jenem Abend längst Bescheid wusste und nur den Überraschten spielte.

Goebbels und Hitler rasten im Auto zum Reichstag. Die Feuerwehr war schon im Einsatz. Die beiden Männer stiegen über Wasserschläuche in die noch unzerstörte Eingangshalle. Dort trafen sie auf den geschäftigen Hermann Göring, der ihnen schon einen Brandstifter präsentieren konnte. Ein junger holländischer Landstreicher war gefasst worden, der geständig war. Für Goebbels stand sofort fest, dass dieser naive Maurergeselle namens Marinus van der Lubbe nur im Auftrag kommunistischer Hintermänner gehandelt hatte, die mit »Brand und Terror« Verwirrung stiften wollten, um in der allgemeinen Panik die Macht an sich zu reißen. Sofort machte sich Goebbels daran, die nötigen Artikel und Aufrufe zu verfassen. Die »rote Weltpest«, so schrieb er im *Angriff*, müsse nun endgültig ausgerottet werden.[6]

Die Hintergründe des Reichstagsbrandes sind bis heute nicht aufgeklärt und werden wohl nie ganz aufgeklärt werden. Vieles spricht dafür, dass jener Marinus van der Lubbe, der später verurteilt und hingerichtet wurde, nicht der Täter war, sondern der ganze Anschlag von den Nazis selbst geplant und ausgeführt wurde. Manche Autoren glauben, dass der listenreiche Goebbels der eigentliche Drahtzieher war. Andere halten Göring für den Hauptakteur in diesem Coup.

Wie auch immer – fest steht, dass den Nazis nichts Besseres passieren konnte als dieser Reichstagsbrand. Nun hatten sie endlich einen Vorwand, die Jagd auf ihre Feinde zu beginnen. Die Listen mit den unliebsamen Namen lagen schon bereit. Noch in der Nacht wurden Tausende von Kommunisten, linken Journalisten und Schriftstellern verhaftet, viele verschwanden in den Folterkellern der SA oder in den Konzentrationslagern, die nun entstanden. Kurt Tucholsky hatte sich schon vorher ins Ausland abgesetzt. Bernhard Weiß, auf den ein Kopfgeld ausgesetzt war, gelang im letzten Moment die Flucht nach Prag.

Dass die NSDAP bei den Wahlen am 5. März nicht die erhoffte absolute Mehrheit errang, fiel nicht mehr ins Gewicht. Man hatte nun ganz andere Mittel, um sich die Macht zu sichern. Unter dem Druck der Ereignisse unterschrieb der greise Hindenburg Notverordnungen, mit denen Grundrechte außer

Kraft gesetzt wurden. Und mit dem sogenannten Ermächtigungsgesetz, dem nur die Sozialdemokraten nicht zustimmten, schaffte sich die Weimarer Demokratie mehr oder weniger legal selbst ab. »Wir kennen nun keine Rücksicht mehr«, triumphierte Goebbels. »Deutschland ist mitten in einer kalten Revolution. Widerstand aussichtslos.«[7]

Mit Hitler hatte Goebbels schon seit Längerem über sein zukünftiges Ministerium gesprochen. Am 14. März kam nun Goebbels' großer Tag. Im Anzug und mit Zylinder fuhr er in die Reichskanzlei, um seine Ernennungsurkunde zum »Reichsminister für Volksaufklärung und Propaganda« in Empfang zu nehmen. Der Reichspräsident Hindenburg nahm ihm den Eid auf die Verfassung ab. Feierlich schwor Goebbels, sein Amt »unparteiisch und gerecht« auszuüben. Hindenburg, den er vor Kurzem noch als »alten Trottel« hingestellt hatte, schilderte er nun als den weisen Vater der Nation. Die beiden plauderten noch lange miteinander, auch über Goebbels' Herkunft. Hindenburg erzählte noch eine paar Kölner Witze und ermahnte den jüngsten Minister, ja »überparteilich« zu bleiben.[8]

Hindenburg schien nicht bewusst zu sein, dass er nur noch eine Marionette war, die von den Nationalsozialisten benutzt wurde, um den Schein von Legalität zu wahren und die konservativen Kräfte an sich zu binden. Beim großen »Tag von Potsdam« zur Eröffnung des neuen Reichstages wurden Hindenburgs Ansehen und seine Stellung ein letztes Mal missbraucht, oder wie Goebbels gesagt hätte, er wurde »eingeseift«. Der alte Weltkriegsheld durfte es genießen, wie Reichswehr, SA und SS unter Marschmusik an ihm vorbeimarschierten. Und gerührt sah das »Volk« zu, wie der ehemalige Gefreite Adolf Hitler sich vor Hindenburg, der wirkte wie ein »steinernes Denkmal«[9], verneigte. Das war eine von Goebbels perfekt inszenierte Verbrüderung des alten Kaiserreiches mit der neuen, dynamischen Bewegung des Nationalsozialismus.

Was hinter den Kulissen geschah, davon bekam der Reichspräsident so gut wie nichts mehr mit. Einen verzweifelten Brief von Berliner Juden nahm er nicht zur Kenntnis. Dabei hätte er durch diesen Notschrei immerhin eine Ahnung davon bekommen können, was in Deutschland los war. Am Anhalterbahnhof marschierten SA-Kohorten auf und empfingen die einfahrenden Züge mit »Juden raus!«-Sprechchören. Bei einem verdächtigen Kommunisten gruben SA-Leute den Garten um auf der Suche nach Waffen. Sie fanden nichts, traten aber dem Mann trotzdem mit ihren Stiefeln den Schädel ein und gaben als Todesursache »Ruhr« an. Niemand klagte sie an, und es gab keine kritischen Zeitungen mehr, die solche Zwischenfälle publik machten. Und wer wie die jüdische Journalistin Bella Fromm oder der jüdische Professor Klemperer seine Beobachtungen heimlich in einem Tagebuch festhielt, musste in der ständigen Angst leben, dass diese Aufzeichnungen entdeckt wurden. Unter dem Datum 17. März 1933 notierte Klemperer: »Es ist erschütternd, wie Tag für Tag nackte Gewalt, Rechtsbruch, schrecklichste Heuchelei, barbarische Gesinnung ganz unverhüllt als Dekret hervortritt.«[10]

Was Klemperer als Rechtlosigkeit, Heuchelei und Barbarei empfand, das war für Goebbels der Wille des Volkes. Wer allerdings zum Volk gehörte, das bestimmte er. Juden und Kommunisten gehörten sicher nicht dazu. Und auch die Verräter aus den eigenen Reihen waren Feinde des Volkes. Der frühere SA-Chef Walter Stennes, der gegen die Bonzen der Partei rebelliert hatte, war nun ein Abtrünniger und musste aus

Deutschland fliehen. Stennes stellte später Goebbels dennoch ein gutes Zeugnis aus. Er schilderte ihn als einen überaus charmanten Menschen und hervorragenden Redner, der allerdings eine »offene Wunde« gehabt habe, nämlich seine Jugend, von der er nicht losgekommen sei.[11]

Vielleicht hängt es mit dieser »offenen Wunde« zusammen, dass Goebbels bald nach seiner Ernennung zum Minister seine Heimatstadt Rheydt besuchte. Angeblich tat er es, um seiner Mutter Genugtuung zu verschaffen. Jahrelang hätte sie wegen ihres »ungeratenen Sohnes«[12] unter Beschimpfungen und Verleumdungen zu leiden gehabt. Das wollte ihr Sohn jetzt gutmachen. Oder wollte er auch seine eigenen Verletzungen wiedergutmachen?

Rheydt war der Ort, wo er als behindertes Kind ausgelacht und ausgegrenzt worden war. Hier hatte er die schmerzliche Erfahrung gemacht, dass Mädchen sich nur aus Mitleid mit ihm abgaben. Hier hatte er als arbeitsloser »Krüppel« in seinem Dachzimmer gesessen und Gedichte und Dramen geschrieben, die keiner haben wollte. Noch vor einem Jahr war er in Rheydt vom »roten Mob« verfolgt worden und hatte »wie ein Schwerverbrecher« aus seiner Heimatstadt fliehen müssen.

Jetzt war er nicht mehr der »Idiot«, wie er meinte, sondern der »Herr Reichsminister«. Er hatte es mit seinen Mitstreitern geschafft, die Welt zu verändern, zunächst und zumindest in Deutschland und Rheydt. Im Triumphzug fuhr er im offenen Wagen durch die über und über mit Hakenkreuzfahnen geschmückte Stadt. Die Dahlener Straße, in der sein Elternhaus stand, war in Joseph-Goebbels-Straße umbenannt worden. In seiner alten Schule hielt er eine Rede und der Direktor nannte ihn den »Stolz der Stadt«. Im Rathaus wurde ihm die Ehrenbürgerwürde verliehen. Anschließend trat er auf die Freitreppe und kündigte an, dass die Eingemeindung Rheydts durch Mönchengladbach rückgängig gemacht und Rheydt wieder eine eigenständige Stadt sein werde. Neben ihm stand die Mutter seines alten Schulfreundes Fritz Prang. »Diese Canaille«, flüsterte Goebbels ihr angesichts der jubelnden Menge zu, »da sind wahrscheinlich dieselben Schweine drunter, die mich vor einigen Monaten gesteinigt und angespuckt haben. Na, die werden es mir büßen.«[13]

Der »Seelenkenner« Goebbels hatte seinen steilen Aufstieg der Begabung zu verdanken, Menschen durchschauen und für sich gewinnen zu können. Zugleich galt seine ganze Verachtung der »Canaille Mensch«, die sich so leicht verändern und verführen ließ. Steckte in dieser Verachtung auch ein gewisser Selbsthass? Hatte Goebbels nicht seine früheren Ideale aufgegeben, um an der Macht zu bleiben? Als Student hatte er seiner geliebten Anka einen Gedichtband des jüdischen Schriftstellers Heinrich Heine geschenkt. Nun hielt er die »Feuerrede«, als am 10. Mai 1933 Studenten und Professoren auf dem Berliner Opernplatz die »undeutschen« Bücher von Autoren wie Heinrich Heine, Kurt Tucholsky, Carl von Ossietzky, Sigmund Freud oder Karl Marx auf den Scheiterhaufen warfen. Die Bibliotheken, so forderte Goebbels, müssten vom »Unrat und dem Schmutz dieser jüdischen Asphaltliteraten« befreit werden.[14]

Der junge, sozialistisch gesinnte Joseph Goebbels hatte noch verlangt, dass kein Minister über tausend Mark verdienen sollte. Und immer noch ärgerte er sich über die Prunksucht eines Hermann Göring. Sich selbst ermahnte er in seinem Tagebuch, »einfach« zu bleiben, um die Verbindung zum Volk nicht zu verlieren. Diese guten Vorsätze schienen ihm nun nicht mehr mit dem Ministeramt vereinbar. Er wollte standesgemäß leben und dazu war eine angemessene Dienstwohnung nötig. Seine Wahl fiel auf ein altes Palais zwischen dem Regierungsviertel und dem Tiergarten, zu dem ein weitläufiger Park gehörte. Goebbels beauftragte den jungen Architekten Albert Speer, die verwahrloste Villa zu renovieren. Das Haus wurde um ein Stockwerk erweitert, ein privater Filmsaal wurde eingerichtet und die zahlreichen Räume wurden mit Teppichen, Bildern und Gobelins aus verschiedenen Museen ausgestattet.

Goebbels überließ die Einrichtung des neuen Hauses seinem »Engelchen«, wie er seine Frau Magda nannte. Da Hitler unverheiratet war, hatte Magda gute Chancen, zur ersten Frau im nationalsozialistischen Deutschland zu werden. Mit ihren blonden Haaren und den blauen Augen entsprach sie vollkommen dem arischen Ideal einer Frau und Mutter. Und Goebbels erwartete, dass sie diese Rolle ausfüllte. Sein Frauenbild hatte sich seit seiner Jugend nicht sehr geändert. Zur Eröffnung einer Ausstellung über die »deutsche Frau« verkündete er: »Den ersten, besten und ihr gemäßesten Platz hat die Frau in der Familie, und die wunderbarste Aufgabe, die sie erfüllen kann, ist die, ihrem Land und Volk Kinder zu schenken.«[15] Eine Ehefrau sollte für ihn in erster Linie schön sein, sich um den Mann und die Kinder kümmern und als perfekte Gastgeberin auftreten. Magda hatte bisher diese Erwartungen erfüllt. Aber offenbar hatte sie gehofft, dass sich nach der Machtübernahme der Nazis und dem Aufstieg ihres Mannes auch ihr eingeschränktes Leben erweitern würde.

Goebbels erlaubte es noch, dass Magda zum Muttertag im Radio eine Ansprache hielt. Doch als sie den Vorsitz eines neu geschaffenen Amtes für deutsche Mode übernehmen wollte, untersagte er es ihr strikt. Magda zog sich daraufhin beleidigt zurück und weigerte sich, ihren Mann zu den Wagner-Festspielen nach Bayreuth zu begleiten. Es war das erste Mal, dass Hitler eingreifen musste, um die beiden wieder zu versöhnen.

Hans-Otto Meissner, der Magda Goebbels noch persönlich kennengelernt und später ein Buch über sie geschrieben hat, behauptete, dass Goebbels sich schon vor der Hochzeit von Magda die Erlaubnis zu »außerehelichen Abenteuern« hatte geben lassen.[16] Diese Seitensprünge sollten nichts daran ändern, dass Magda seine Frau blieb und er noch viele Kinder mit ihr haben wollte. Ob es so ein Abkommen gegeben hat, ist fraglich. Aus Goebbels' Tagebüchern geht hervor, dass Magda sehr verletzbar war und es keineswegs einfach hinnahm, wenn ihr Mann fremdging. Sie war eifersüchtig. Und je mächtiger Goebbels wurde, desto mehr Grund hatte sie dazu.

Goebbels hatte nun viel Macht, und wer Macht habe, so meinte er einmal, müsse sie auch nutzten. Er war Chef des Propagandaministeriums, das im sogenannten Leopoldpalast am Wilhelmsplatz, gegenüber der Reichskanzlei und dem *Hotel Kaiserhof*, untergebracht war. Die Räume des altehrwürdigen, von Karl Friedrich Schinkel erbauten Gebäudes waren Goebbels zu dunkel und muffig gewesen. Es passte zum revolutionären Elan, den er predigte, dass er sich beim Umbau nicht um bürokratische Vorschriften scherte. SA-Leute schlugen kurzerhand den Stuck ab, rissen Holzwände heraus und warfen verstaubte Akten die Treppe hinunter. Altgediente Beamte, die diesem Treiben entsetzt zuschauten, klärte Goebbels darüber auf, dass in Deutschland eine Revolution im Gange sei und sie nun auch nicht mehr gebraucht würden.

Die meisten Stellen in seinem neuen Ministerium besetzte

er mit jungen, zuverlässigen Parteimitgliedern. Über 300 Beamte und Angestellte arbeiteten anfangs in der Verwaltung und in den zunächst fünf Fachressorts: Propaganda, Rundfunk, Presse, Film und Theater. Offiziell war Goebbels zuständig »für alle Aufgaben der geistigen Einwirkung auf die Nation«. Was das bedeutete, sprach er unumwunden bei einer Ansprache vor Vertretern des Rundfunks aus. »Das Ministerium«, so verkündete er, »hat die Aufgabe, in Deutschland eine geistige Mobilmachung zu vollziehen.« Diese Aufgabe hielt er für mindestens genauso wichtig wie die militärische Aufrüstung. Und Zeitung, Rundfunk und Film waren so gesehen die »geistigen Gewehre« der Propaganda.[17]

Goebbels' Pläne und Ziele waren total oder totalitär. Das heißt, was er anstrebte, war eine »absolute Vereinheitlichung«. Dieser geistige Krieg konnte erst dann zu Ende sein, wenn auch der letzte Abweichler entweder auf den richtigen Kurs gebracht oder beseitigt war. Und natürlich lag es auch in der Logik dieser Gedanken, dass dieser Krieg nicht an den Grenzen des eigenen Landes aufhörte. Oder wie Goebbels es in seinem für die Öffentlichkeit gedachten Tagebuch klar und deutlich ausdrückte: »Es steht uns ein geistiger Eroberungsfeldzug bevor, der in der Welt genauso durchgesetzt werden muss, wie wir ihn in Deutschland selbst durchgesetzt haben.«[18]

In Deutschland hatte Goebbels das Sagen. In der Welt noch nicht. Und es war für ihn ein Ärgernis, dass er ausländische Zeitungen nicht kontrollieren konnte. Diese berichteten von den gewalttätigen Methoden der Nazis und von Judenverfolgungen. Goebbels wies solche Berichte als »Weltgräuelhetze« zurück. Im April 1933 hatte er einen Boykott jüdischer Geschäfte verfügt. Die deutschen Juden sollten dadurch gezwungen werden, auf ihre »Rassegenossen« in anderen Ländern einzuwirken, damit diese mit ihren »Lügenmärchen« aufhörten. Natürlich ließ sich die ausländische Presse vom deutschen Propagandaminister nicht den Mund verbieten.

Im September hatte das Ausland nun Gelegenheit, diesen »wilden Mann aus Deutschland« einmal aus der Nähe kennenzulernen. Goebbels begleitete den deutschen Außenminister Konstantin Freiherr von Neurath zu einer Sitzung des Völkerbundes nach Genf. Goebbels, der außer kurzen Reisen nach Schweden und Italien noch nie im Ausland gewesen war, betrat nun das erste Mal ein internationales Parkett. Er erschien im schwarzen Anzug und mit steifem Hut, und überall, wo er auftauchte, umgab ihn eine Leibgarde von baumlangen SA-Männern. Innerlich war er voller Abneigung gegen die versammelten Politiker. Der französische Außenminister erschien ihm als eitler »Poseur« und der österreichische Kanzler Dollfuß als »Schlawiner«.[19]

Nach außen gab sich Goebbels offen und gesprächsbereit. Und als er im *Hotel Carlton* eine internationale Pressekonferenz abhielt, war der Saal brechend voll. Niemand wollte es sich entgehen lassen, den berüchtigten deutschen Propagandaminister zu erleben. Statt des erwarteten tobenden Volkstribuns erlebten die versammelten Journalisten einen liebenswürdig lächelnden Mann, der überzeugend und mit Humor redete und auf alle heiklen Fragen offen antwortete. Den Nationalsozialismus schilderte Goebbels als eine »veredelte Art von Demokratie«, und er beteuerte immer wieder, dass das neue Regime »vom Geiste des Friedens« getragen werde. Er lud die Journalisten sogar ein, die Konzentrationslager in Deutschland zu besuchen, um sich selbst davon zu überzeugen, dass dort asoziale Elemente mit den »humansten Mitteln« zu brauchbaren Mitgliedern der Gesellschaft erzogen werden.[20]

Am Ende der Pressekonferenz erntete er tosenden Beifall. Und die Zeitungsberichte über seinen Auftritt waren voll des Lobes und der Bewunderung über diesen »bemerkenswerten Mann«, wie eine französische Zeitung schrieb.[21] Goebbels war weniger angetan von den Leuten, die er in Genf kennenlernte. »Wie haushoch wir Deutschen doch überlegen sind«, meinte er im Rückblick auf seine Eindrücke in Genf.[22]

Vierzehn Tage nach Goebbels' diplomatischer Mission trat Deutschland aus dem Völkerbund aus mit der Begründung, dass das Ausland ihm keine Gleichberechtigung zugestehe. Gleichberechtigt sollte Deutschland sein in der militärischen Stärke. Die Taktik bestand nun darin, den eigenen Friedenswillen zu bekunden, gleichzeitig aufzurüsten und sich um die Meinung anderer Länder nicht mehr zu kümmern. »Sie sollen schimpfen, wir rüsten«, meinte Goebbels lapidar.[23] Diese Aufrüstung hatte allerdings nicht die Gleichberechtigung zum Ziel, sondern die Überlegenheit.

Auch auf seinem Gebiet, der geistigen Eroberung des Landes, rüstete Goebbels kräftig auf. Jeder Künstler musste nun einer Kulturkammer angehören, in der genau geregelt war, wie er seinen Beruf im nationalen Interesse auszuüben hatte. Und das sogenannte Schriftleitergesetz schrieb vor, dass jeder Journalist in einer Berufsliste eingetragen sein musste, bevor er arbeiten durfte. In seinen Veröffentlichungen war ihm dann freilich jede Äußerung verboten, die nicht im Sinne des Propagandaministeriums war. Verstieß er, gewollt oder ungewollt, gegen dessen Leitlinien, wurde er aus der Berufsliste gestrichen, was einem Berufsverbot gleichkam, oder ihm drohten noch schlimmere Strafen. Goebbels griff gerne hart durch und schickte die Leute, wenn nötig, »ins Konzi«. »Da muss man erbarmungslos sein«, stellte er nüchtern fest.[24]

Erbarmungslos konnte Goebbels auch sein, wenn es darum ging, über das Schicksal von Juden zu entscheiden. Immer öfter kamen Leute zu ihm, die von den neuen Gesetzen betroffen waren und ihm ihre Not klagten und um Hilfe baten. Auch der jetzige Ehemann seiner früheren Geliebten Else Janke stand eines Tages vor Goebbels' riesigem Schreibtisch. Er war Arzt, galt durch die Ehe mit der Halbjüdin Else als »jüdisch versippt« und durfte nicht mehr in seinem Beruf arbeiten. Goebbels war berührt von dieser »schrecklichen menschlichen Tragödie«. Eine Ausnahme wollte er dennoch nicht machen. Das Prinzip sei immer höher zu stellen als ein »Einzelschicksal«, war sein letztes Wort.[25]

Auch im Fall des Schauspielers Joachim Gottschalk wollte Goebbels keine Ausnahme machen. Gottschalk war mit einer Jüdin verheiratet und wollte sich nicht, wie von Goebbels gefordert, scheiden lassen. In seiner Verzweiflung nahm sich Gottschalk zusammen mit seiner Frau und dem dreijährigen Sohn das Leben.

Für Goebbels selbst war das Glück der Familie das »Schönste auf Erden«[26]. Im Frühjahr 1934 mietete er ein Ferienhaus in Kladow, am Westufer der Havel, und schaffte sich ein Motorboot an, das er »Baldur« taufte. Jede freie Minute kam er nun nach Kladow und ließ sich auf seinem Boot in der schönen Seen- und Flusslandschaft herumfahren. Mit an Bord waren dabei oft junge Damen wie die Schauspielerin Jenny Jugo und die Moderedakteurin Hela Strahl. Magda war hochschwanger und musste zu Hause bleiben. Am 13. April 1934 brachte sie ihr Kind zur Welt. Es war ein Mädchen, die kleine Hilde, und Goebbels war wieder enttäuscht. Ein Trost für ihn war, dass Magdas Ex-Mann Günther Quandt nach langem Hin und Her darauf verzichtete, dass Harald, sein Sohn, bei ihm aufwuchs. Der Junge blieb jetzt bei seiner Mutter Magda. Er gehörte nun auch zur Familie Goebbels.

Das war auch Haralds Wunsch. Er bewunderte seinen Stiefvater, den Propagandaminister. Und für Goebbels war Harald ein »richtiger Junge«, wie er ihn sich immer gewünscht hatte. Sein absoluter Liebling war allerdings seine Erstgeborene Helga. Unzählige Male betont er in seinen Tagebüchern, wie »süß« sie sei. Und noch süßer wurde sie für ihn, als auch Hitler sich in das Mädchen vernarrte. Wenn der »Onkel Führer« zu Besuch kam, durfte Helga auf seinem Schoß sitzen. Und entzückt schauten alle zu, wenn Hitler mit Helga am Kindertisch saß und mit ihr »Kaffee« aus Puppentassen trank und sie dabei plauderten. Zum Geburtstag bekam Hitler von Goebbels ein Porträtbild von Helga. Und Helga war es auch, die dem »Führer« als Erste zum Geburtstag gratulieren und ihm einen Blumenstrauß überreichen durfte.

Goebbels war glücklich, wenn er dem »Führer« eine Freude machen konnte. Und er war glücklich, wenn Hitler ihn wie seinen besten Freund behandelte und ihm Dinge anvertraute, über die er, so jedenfalls hoffte Goebbels, mit niemand anderem redete: über seine Einsamkeit, über Frauen und Liebe. »So spricht er wohl nur mit mir«, notierte er gerührt und stolz.[27]

Mit Magda gelang diese Vertrautheit immer seltener. Vor allem in der Zeit nach einer Schwangerschaft waren Streitereien an der Tagesordnung. Magdas beste Freundin war nun Eleonore, genannt »Ello«, Quandt, die ein ähnliches Schicksal

Joseph Goebbels mit seinen Töchtern Helga und Hilde, 1935

hinter sich hatte. Ello war mit Günther Quandts Bruder Werner verheiratet gewesen und nun von ihm geschieden. Von ihr erfuhr Magda immer den neuesten Tratsch aus Berlin – und eben auch die Gerüchte um das lebhafte Liebesleben ihres Mannes. Magda durchsuchte daraufhin seine Post und machte ihm abends eine so fürchterliche Szene, dass Goebbels »vor Groll und Ärger« nicht schlafen konnte.[28]

Einmal packte Magda schon ihre Koffer und wollte ihren Mann verlassen. Ihre Drohung machte sie nicht wahr. Sie wusste, dass sie von Goebbels abhängig war und sich eine erneute Scheidung nicht leisten konnte. Sie hätte dann auf den gewohnten Lebensstandard verzichten müssen und Goebbels hätte ihr sicher nicht die Kinder überlassen. Sie kannte ihren Mann gut genug, um zu wissen, wie rücksichtslos er reagieren konnte, wenn er sich in seinem Selbstwertgefühl gekränkt fühlte. Goebbels hatte nicht vergessen, dass Magda einen jüdischen Stiefvater hatte, und vielleicht hätte er ihr daraus einen Strick gedreht. Magda musste bleiben und weiter um Goebbels' Gunst kämpfen. Sie war in einer Zwickmühle: Einerseits wollte sie die perfekte Mutter sein, andererseits musste sie mit den Verehrerinnen ihres Mannes konkurrieren. Nach jeder Geburt ließ sie sich Spritzen geben, um schneller abzunehmen. Zusätzlich verordnete sie sich eine drakonische Diät, um den Körper der Mutter wieder in den schlanken Körper einer Geliebten zu verwandeln.[29]

Die Treue, die Magda von ihrem Mann verlangte und erhoffte, brachte der nur einem entgegen, seinem »Führer«. Treue ist hier allerdings das falsche Wort. Eher handelte es sich um restlose Ergebenheit oder blinde Gefolgschaft. Das zeigte sich vielleicht niemals deutlicher als bei den Ereignissen Ende Juni 1934. Damals zeigte sich auch, dass Goebbels keineswegs der intime Vertraute des »Führers« war, sondern eher im Dunkeln tappte, wo Hitler schon längst Entscheidungen getroffen hatte.

Goebbels rechnete mit einer großen Aktion, allerdings dachte er, dass diese sich gegen die »Reaktion« in den Kreisen des Adels, der Wehrmacht oder der Kirche richten würde. Am Morgen des 29. Juni wurde er von Hitler nach Bad Godesberg bestellt. Im *Hotel Dreesen* erfuhr er dann, dass Hitler nicht mit den reaktionären Kräften abrechnen wollte, sondern mit der SA. Die Sturmabteilung der Partei und vor allem ihr

Anführer Ernst Röhm waren ihm zu mächtig und unabhängig geworden. Ein Machtkampf zwischen der SA und der Reichswehr bahnte sich an und Hitler setzte für die Zukunft auf die Reichswehr. Für seine Aufrüstungsplane schien sie ihm ge eigneter. Außerdem wollte er nach dem Tod Hindenburgs selbst das Staatsoberhaupt und damit der höchste militärische Befehlshaber werden. Und dazu brauchte er die Unterstützung der Reichswehr. Die SA stand bei all diesen Plänen im Weg.

Goebbels hatte seinen Aufstieg in Berlin der SA zu verdanken und in seiner Propaganda war der SA-Mann als Inbegriff des treuen, opferbereiten Parteisoldaten gefeiert worden. Ernst Röhm hatte er immer geschätzt als einen geradlinigen Gesinnungsgenossen. Nach dem ausführlichen Bericht Hitlers im *Hotel Dreesen* war das alles null und nichtig. Goebbels war sofort überzeugt, dass von der SA die größte Gefahr ausging und ihre Anführer einen Putsch planten. »Gegen Röhm und seine Rebellen«, war nun die Marschroute. »Mit Blut. Sollen wissen, dass Auflehnung Kopf kostet.«[30]

Nach einem Telefonanruf aus Berlin startete das »Unternehmen Kolibri«. Laut Alfred Rosenberg sollte Goebbels an der Aktion nicht teilnehmen. Erst als er darum gebettelt habe, mitgenommen zu werden, sei er zu dem »Männerunternehmen« zugelassen worden.[31] Er gehörte nun auch zu der kleinen Gruppe um Hitler, die bei Nacht und Nebel nach München flog. In den Morgenstunden des nächsten Tages fuhren sie mit Hitlers *Mercedes* nach Bad Wiessee, wo die ahnungslosen SA-Führer in einem Hotel versammelt waren. Mit der Reitpeitsche in der Hand stürmte Hitler, Goebbels immer dicht hinter ihm, in die Zimmer, wo die SA-Leute noch in ihren Betten lagen, und erklärte ihnen im barschen Ton, dass sie verhaftet seien. Die Verhafteten wurden von Heinrich Himmlers SS-Kommandos in das Münchner Gefängnis Stadelheim gebracht und dann erschossen. Ernst Röhm, der sich weigerte, sich selbst eine Kugel in den Kopf zu schießen, wurde später ebenfalls ermordet.

Am Abend des 30. Juni kehrte das Flugzeug mit einem kreidebleichen Goebbels nach Berlin zurück. Göring und Himmler, die das Todeskommando auf dem Flugplatz empfingen, übergaben Hitler eine Liste der liquidierten Rebellen. Der angebliche »Röhm-Putsch« war dazu genutzt worden, alte Rechnungen zu begleichen und missliebige Personen aus dem Weg zu räumen. General von Schleicher, der ehemalige Kanzler, war zusammen mit seiner Frau in seinem Haus erschossen worden. Und sogar Goebbels' früherer Freund und sozialistischer Weggefährte Gregor Strasser war den Mordtrupps nicht entkommen. Über 200 Menschen wurden in der »Nacht der langen Messer«, wie diese Aktion später im Volksmund genannt wurde, umgebracht, manche auch aus Versehen.

Es war Aufgabe des Propagandaministers, diese Morde in der Öffentlichkeit als einen Akt der Notwehr gegen skrupellose Vaterlandsverräter und eine moralisch verkommene Clique darzustellen.

Am 10. Juli 1934 sprach er im Rundfunk zu seinen »Volksgenossen und Volksgenossinnen«: »Der Führer hat mit seiner Autorität und einer bewundernswerten Kühnheit die Revolte eines kleinen Klüngels von Saboteuren und krankhaften Ehrgeizlingen blitzartig niedergeschlagen. Die Ruhe und Ordnung wurde dabei im ganzen Land nicht gestört. [...] Das Volk in seiner Gesamtheit aber begrüßte mit einem befreienden Aufatmen die rettende Tat des Führers, die Deutschland und damit die ganze Welt vor schwersten Katastrophen bewahrte. Eine ungeheure Vertrauenswelle schlug Adolf Hitler bei seinem mutigen Vorgehen aus der ganzen Nation entgegen. Wenn sich etwas in Deutschland geändert hat, so höchstens, dass das Volk seitdem mit noch größerer Liebe und Anhänglichkeit dem Führer und dem von ihm repräsentierten politischen Regime zugetan ist.«

Empört zeigte sich Goebbels über die Berichterstattung der ausländischen Presse. Jeden, der noch ein »Gefühl für Wahrheit und persönliche Sauberkeit« besaß, forderte er auf, diese »gewerbsmäßigen Lügenfabrikanten« mit einem lauten »Pfui-Teufel!« zu verurteilen.[32] Empört war er auch darüber, dass ausländische Kreise dafür eintraten, dem KZ-Häftling Carl von Ossietzky den Friedensnobelpreis zu verleihen. Tatsächlich wurde Ossietzky diese Auszeichnung Ende 1936 zuerkannt, sehr zum Ärger Hitlers, der verfügte, dass in Zukunft kein Deutscher mehr den Nobelpreis annehmen dürfe. Ossietzky war zu dieser Zeit ein todkranker Mann, er starb im Mai 1938 an den Folgen seiner Haft.

Kurt Tucholsky erlebte die weltweite Anerkennung seines Freundes nicht mehr. Er starb am 21. Dezember 1935 in einem Krankenhaus in Göteborg, nachdem er eine Überdosis Schlaftabletten genommen hatte. Die Hoffnung, durch politisches Engagement etwas gegen das Nazi-Regime auszurichten, hatte er längst aufgegeben. Dieser Versuch war für ihn so aussichtslos, als würde man von einem Apfelbaum erwarten, dass er Birnen trägt. »Ich habe mit diesem Land, dessen Sprache ich so wenig wie möglich spreche, nichts mehr zu tun«, schrieb er an Arnold Zweig. »Möge es verrecken – möge es Russland erobern – ich bin damit fertig.«[33]

IX. »WIE SEHR MICH DIE LEUTE LIEBEN!«
MÄRZ 1936 – OKTOBER 1938

Am 7. März 1936 überschritten deutsche Soldaten unter dem Jubel der Bevölkerung den Rhein und besetzten das entmilitarisierte Grenzgebiet. Das war ein klarer Verstoß gegen die Verträge von Versailles und Locarno, und es war offen, wie die Westmächte auf diese Provokation reagieren würden. Paris und London protestierten zwar, unternahmen sonst aber nichts.

Das war ein Erfolg für Hitler und eine Ermunterung, seine aggressive Politik fortzusetzen. Bei den Wahlen am 29. März sollte das Volk dem Kurs des »Führers« seine feierliche Zustimmung erteilen. Für viele kritische Beobachter war der Ausgang der Wahl schon entschieden. Die Ergebnisse habe Goebbels bereits im Schreibtisch liegen, meinte mancher hinter vorgehaltener Hand.[1]

Goebbels legte dann auch die Zahlen auf seine Weise aus. Den Unterschied zwischen gültigen und ungültigen Stimmen erklärte er kurzerhand für »dummen Juristenquatsch«. Und so konnte er seinem »Führer« melden, dass 99 Prozent mit »Ja« gestimmt hätten. Dass er selbst von diesem Ergebnis überrascht war, gehört zu jener Selbsttäuschung, die für Goebbels typisch ist: Erst manipulierte er die Tatsachen, dann tat er so, als hätte sich alles ohne sein Zutun ergeben. »So hatten wir das in unseren kühnsten Träumen nicht erhofft«, jubelte er über das Wahlergebnis. »Der Führer ist ganz still und schweigsam. Er legt mir nur die Hände auf die Schultern. Seine Augen sind ganz nass.«[2]

In der kleinen Kreisstadt Alzey, südlich von Mainz, schrieb damals die knapp 17-jährige Lore Walb in ihr Tagebuch: »Auf den Straßen, überall wurde man an die Wahl erinnert, Plakate überall, sogar an Elektrischen, an Lokomotiven, an allen Schaufenstern, Transparente auf der Straße, überall. [...] Wie stolz dürfen wir auf unseren Führer sein; und wie bewundern wir ihn. Wieder einmal hat sich, wie schon so oft, die Kraft des deutschen Blutes gezeigt. Wir leben in einer großen Zeit. Eine Tat folgt der anderen. Wie groß muss der Glaube und Wille unseres Führers sein! Wenn er der Welt den Frieden geben könnte. Sein größter Wunsch, sein Ziel.«[3]

Lore Walb konnte später als alte Dame nicht mehr verstehen, wie sie solche Zeilen hatte schreiben können. Es kam ihr vor, als wäre sie als junges Mädchen ein völlig anderer Mensch gewesen, vor dem sie nun erschrak. Sie konnte nicht begreifen, wie kritiklos sie als Jugendliche die allgemeinen Phrasen nachgebetet hatte, wie begeistert sie als »Scharführerin« beim BDM, dem »Bund Deutscher Mädel«, mitgemacht hat und wie sie vor Glück geweint hat, als sie einmal den »großen Führer« mit eigenen Augen sehen durfte. Aber die Tagebücher waren der Beweis dafür, dass sie damals so gefühlt und gedacht hat.

Erst in schmerzlicher Erinnerungsarbeit gelang es Lore Walb, sich diesem anderen Teil ihres Lebens und ihrer Persönlichkeit zu stellen und der Frage nachzugehen, wie es hatte kommen können, dass sie als Mädchen so »hypnotisiert« war. Dabei stieß sie auf ein merkwürdiges Paradox. Einerseits war ihr durch die Propaganda eingehämmert worden, wie unwichtig sie als Person sei. Andererseits hatte man ihr dauernd versichert, wie wichtig sie war, wenn sie nur dem »Führer« ihre Stimme gab und ihn so stärkte.

Lore Walb lebte in dem festen Glauben, dass der »Führer« sie brauchte, so wie sie den »Führer« brauchte. Nur durch ihn war sie »auch wer«. Diese Hingabe durfte natürlich nicht erzwungen sein oder widerwillig geschehen, sie musste, zumindest dem Anschein nach, freiwillig sein oder am besten aus »Liebe zum Führer«. Zu dieser Liebe war sie umso leichter bereit, als sie durch sie von der eigenen Verantwortung befreit wurde. Wer bedingungslos an den »Führer« glaubte, ersparte sich Konflikte mit dem eigenen Gewissen. Das Unrecht, das vor aller Augen geschah, konnte man übersehen oder verdrängen. So wurde das Leben von Lore Walb wie das Leben vieler Menschen zweigeteilt. In ihrem privaten Bereich waren sie rücksichtsvoll, hilfsbereit und mitleidsfähig. Im Politischen waren sie rücksichtslos und unmenschlich.

Wenn Goebbels vom »Volk« sprach, meinte er jene Menschen, die bedingungslos dem »Führer« folgten. Und er wollte darin das Vorbild sein. Der Treueste der Treuen. War er allein, beschlichen ihn durchaus Zweifel, er wurde melancholisch und seiner Arbeit überdrüssig. Sobald er aber in Hitlers Nähe war, fielen alle Zweifel von ihm ab und er war sich seiner Mission wieder absolut sicher. Hitler war seine Kraftstation. Von ihm wieder aufgerichtet, konnte er ohne den geringsten Skrupel die dreistesten Lügen verbreiten oder einen unliebsamen »Kritikaster« ins KZ schicken.

Am 2. Oktober 1935 war für Goebbels ein großer Wunsch in Erfüllung gegangen. Magda hatte endlich einen Jungen zur Welt gebracht. Helmut sollte er heißen. Goebbels war außer sich vor Freude und hätte vor Begeisterung »alles kaputtschlagen« können, zumal er bei seinem Besuch im Krankenhaus feststellen konnte, dass der Kleine ein »Goebbelsgesicht« hatte.[4] Für die nun ständig wachsende Familie beanspruchte Goebbels nun auch mehr Platz. Er und Magda hatten ein »Sommerhaus« auf der Wannseeinsel Schwanenwerder besichtigt, das zum Verkauf stand. Dank eines unverhofften Geldsegens konnten sie im Frühjahr 1936 das Anwesen tatsächlich erwerben.

Ein Großteil des Geldes kam vom Leiter des parteieigenen Eher-Verlages, Max Amann. Dafür erhielt der die Rechte für Goebbels' Tagebücher, die 20 Jahre nach dessen Tod veröffentlicht werden sollten. Auch Hitler hatte mit seinem Buch *Mein Kampf* gut verdient. Er zeigte sich großzügig und überreichte seinem Propagandaminister zwei in Zeitungspapier gewickelte Päckchen. Darin waren 70 000 Mark in 50-Mark-Scheinen.

Am Gründonnerstag zog die Familie in das neue Heim, das Magda geschmackvoll eingerichtet hatte. Die Villa im englischen Landhausstil lag am Waldrand, und das Gelände zur Havel fiel sanft ab zum schilfbewachsenen Ufer, wo am Bootssteg Goebbels' Motorjacht »Baldur« lag, die nun sogar mit Telefon ausgestattet war. Nach und nach wurden auch die Nebengebäude hergerichtet. Alte Stallungen wurden zu einem kleinen Privatkino umgebaut, und ein Kavaliershaus wurde eingerichtet, wo der »Führer« bei seinen Besuchen wohnen sollte. Die Kinder bekamen Hunde und Ponys als Spielgefährten, und neben der großen Jacht des Hausherrn stand bald ein kleines Motorboot, mit dem Magda und die Kinder auf der Havel herumfahren durften. Goebbels war nun »restlos glücklich« und fühlte sich »wie ein Gott in Frankreich«.[5]

Doch die Idylle war nur von sehr kurzer Dauer. Schon wenige Wochen nach dem Einzug hing der Haussegen schief. Fast täglich kam es zu Streitereien zwischen dem Ehepaar. Goebbels hielt es schließlich nicht mehr aus und floh nach Berlin, um seine Ruhe zu haben. »Ich habe kein Zuhause mehr, wenn sie da ist«, beschwerte er sich über Magda.[6] Magda hatte vermutlich wieder von einem Seitensprung ihres Mannes erfahren. Die Gerüchte um das Liebesleben des Propagandaministers drangen auch bis ins abgelegene Schwanenwerder. Dafür sorgte Magdas beste Freundin Ello Quandt.

In diplomatischen Kreisen sprach man dezent von den »Mädchen um Goebbels« und von den Geliebten, die als Sekretärinnen getarnt waren.[7] Weniger diplomatisch wurde in der Bevölkerung über die Affären des Propagandaministers geredet. Der »liebestolle Giftzwerg«, so witzelte der Volksmund, habe sich ein Wappentier zugelegt – eine Kaulquappe, denn auch die bestehe nur aus Schnauze und Schwanz.[8] Goebbels, der in seinen Reden eine intakte Familie als »Kraftquell des Volkes« forderte, musste es sich gefallen lassen, dass er hinter seinem Rücken als »Bock von Babelsberg« tituliert wurde. Das war eine Anspielung auf die Filmstudios der UFA (Universum Film AG) in Babelsberg bei Berlin und auf die jungen, hübschen Schauspielerinnen, die dort zu Stars werden wollten.

Als Propagandaminister war Goebbels auch der Herrscher über den deutschen Film. Er konnte nicht nur Drehbücher umändern und Filme verbieten, sondern auch Rollen besetzen, Karrieren fördern oder beenden. Diese Macht hat er dazu benutzt, sich schöne Frauen gefügig zu machen. Die Namen ergaben, wie sich später herausstellte, eine beachtliche Liste. Dabei ist allerdings offen, ob jene Frauen immer nur Opfer waren oder ob sie dem unbestrittenen Charme des Ministers bereitwillig erlagen. Wahrscheinlich stimmt beides. So wie Goebbels mit seiner Propaganda die Menschen beeinflussen wollte, ohne dass sie es merkten, so übte er auch auf auserwählte Frauen einen sehr sanften, unmerklichen Druck aus. Erst wenn er auf Widerstand stieß, ließ er die Maske des galanten Verliebten fallen und drohte offen mit Konsequenzen.

Gegenüber Magda stellte er seine Affären als harmlose Flirts dar oder behauptete, dass sich ihm die Frauen aufdrängten. Und es gelang ihm auch immer wieder, dass Magda, wie er es nannte, »vernünftig« wurde. Es ist erstaunlich, wie schnell sich sein Urteil über Magda ändern konnte und aus dem »unausstehlichen« Hausdrachen die »wunderbarste Frau, die man sich denken kann« wurde.[9]

Magda war nicht mehr die Jüngste und die vielen Geburten waren nicht spurlos an ihr vorbeigegangen. Auf den Fotos aus dieser Zeit wirkt sie verhärmt und gealtert. Ello Quandt meinte später, Magda hätte etwas »Hausbackenes« angenommen. Goebbels sah das offenbar ähnlich, es ist jedenfalls auffällig, dass er sie immer öfter »gute Mutti« oder »Mami« nannte. Am liebsten war sie ihm als »bester und treuester Kamerad«, und nahm Magda diese Rolle an, dann war auch das Zusammenleben auf Schwanenwerder halbwegs friedlich.[10]

An einem Sommerabend Anfang Juni 1936 machte Goebbels mit seinen zwei Töchtern Helga und Hedda auf der Insel einen Abendspaziergang und lernte dabei seine Nachbarn kennen, das Schauspielerpaar Lida Baarova und Gustav Fröhlich. Fröhlich führte den Minister durch seine Villa, während Baarova mit den Mädchen spielte. Die junge, erst 21-jährige

Schauspielerin hatte in ihrer Heimatstadt Prag schon in vielen Filmen mitgewirkt und war nun auch in Deutschland über Nacht zum Star geworden. Goebbels hatte sie schon bei Dreharbeiten in den Babelsberger Filmstudios beobachtet. Und die abendliche Begegnung auf der Insel war vermutlich auch kein Zufall.

Es dauerte noch viele Wochen, bis Goebbels die schöne Tschechin wiedersah. Er war vollauf damit beschäftigt, Berlin für die Olympischen Spiele vorzubereiten. Am 2. August 1936 sollte die Eröffnung sein, und Goebbels wollte alles dafür tun, dass die Welt einen guten Eindruck von Deutschland erhielt. Das aktuelle Bild Deutschlands im Ausland war schlecht, was Goebbels unverständlich und ungerecht fand. Geradezu eine persönliche Beleidigung war es für ihn, dass die ausländischen Medienleute die »neuen Methoden« der Nationalsozialisten nicht verstehen wollten und die politischen und wirtschaftlichen Erfolge nicht anerkannten.[11] Wäre es nach ihm gegangen, hätte er, wie im eigenen Land, diesen »Miesmachern und Kritikastern« den Mund verboten. Überhaupt wollte Goebbels auf Dauer jede Kritik abschaffen, vor allem im kulturellen Leben. Für ihn war es ein Unding, dass kleine Geister an großen Künstlern herummäkeln und sie herunterziehen durften. »Die Dummen dürfen nicht die Klugen kritisieren«, forderte er kategorisch.[12]

Weniger aus schlechtem Gewissen als aus Rücksicht auf die ausländischen Gäste hatte er angeordnet, dass während der Spiele keine antisemitischen Artikel erscheinen durften und die judenfeindlichen Plakate aus den Straßen verschwinden sollten. Bei den Wettkämpfen saß Goebbels dann in der Ehrenloge hinter Hitler und zählte die Goldmedaillen, die das deutsche Team errang. Und er schämte sich stellvertretend für die »weiße Rasse«, dass auch »Neger« aus den USA auf den ersten Plätzen landeten wie der Hundertmeterläufer Jesse Owens.

Amerika war für Goebbels ein »Land ohne Kultur« und von dieser kulturlosen Nation hatte er nichts anderes erwartet. Dabei wollte er kein »Rasse-Materialist« sein wie sein Parteigenosse und großer Widersacher Alfred Rosenberg. Rasse war für ihn eine Sache der »Haltung und Gesinnung« und entschied sich nicht an der Körpergröße oder daran, wie »wasserstoffblond« jemandes Haare waren.[13] Angesichts von Goebbels' Aussehen eine verständliche Einstellung.

In den Tagen der Olympiade zeigten sich Goebbels und die gesamte Partei weltoffen. Die ausländischen Gäste wurden verwöhnt und umschmeichelt. Die NS-Größen wollten sich mit Empfängen auf ihren Grundstücken gegenseitig übertrumpfen. Joachim von Ribbentrop, der deutsche Botschafter in London und zukünftige Außenminister, ließ einen ganzen Ochsen braten, und auf dem Fest von Hermann Göring flog der Fliegerheld Ernst Udet seine Kapriolen über den Köpfen der Gäste. Doch alle übertraf Joseph Goebbels mit seinem Sommerfest auf der Pfaueninsel, unweit von Schwanenwerder.

An die 3000 Gäste waren zu diesem Spektakel eingeladen. Offiziere und Politiker, Sportler und Künstler. Pioniere hatten eigens eine Brücke zur Insel gebaut. Die ankommenden Gäste schritten durch ein Spalier von jungen Mädchen, die als Pagen verkleidet waren und Fackeln in der Hand hielten. Die ganze Insel war festlich beleuchtet wie von unzähligen Glühwürmchen. Tanzflächen waren angelegt und mehrere Orchester spielten. Auf weiß gedeckten Tafeln, zwischen denen befrackte Diener die Gäste umsorgten, waren Berge von Kaviar, Austern und Hummer angerichtet. Und überall standen Eiskübel mit Champagner- und Sektflaschen.

Auch Lida Baarova und Gustav Fröhlich waren der Einladung gefolgt. Nach dem großen Feuerwerk wollten sie das Fest verlassen. Aber Goebbels hielt sie zurück, und sie mussten ihm versprechen, an einem der nächsten Tage mit ihm eine Rundfahrt auf seiner Jacht zu machen. Lida Baarova war erleichtert, als sie endlich gehen konnte. Denn Goebbels hatte sie mit Blicken gemustert, die sie von ihm nicht erwartet hatte.[14]

Länger blieb an diesem Abend der junge Diplomat Hans-Otto Meissner auf der Pfaueninsel. Er berichtete später darüber, wie das Fest ein ziemlich unwürdiges Ende nahm.[15] SS-Leute, Wachmänner und pflichtvergessene Bedienstete hatten sich an den Bars volllaufen lassen und machten sich nun sturzbetrunken über die als Pagen verkleideten Mädchen her. Es kam zu Schlägereien, Tische wurden umgekippt und Flaschen flogen gegen die Bäume oder in hohem Bogen ins Wasser. Ehrengäste flüchteten schockiert von der Insel. Magda Goebbels zog sich beschämt zurück und ihr Mann lief ratlos hin und her.

Im Morgengrauen sah der Festplatz aus wie ein Schlachtfeld. Dieses Bild von Deutschland hätte den Gästen eigentlich verborgen bleiben sollen. Goebbels erwähnte in seinen Tagebüchern nichts von dem Skandal. Für ihn war das Fest ein großer Erfolg, und alle Gäste, so behauptete er, seien begeistert gewesen.[16]

Goebbels war froh, als die Olympischen Spiele endlich vorbei waren. Er wollte Hitler überreden, den alljährlichen Parteitag in Nürnberg dieses Mal ausfallen zu lassen. Aber Hitler bestand darauf und beauftragte seinen Propagandaminister mit der Aufgabe, beim Parteitag eine scharfe Rede gegen den

Bolschewismus zu halten. Magda war nach den Spielen nach Dresden gefahren, wo sie oft wochenlang im *Hotel Weißer Hirsch* eine Kur machte. Auch Lida Baarova erholte sich von den Dreharbeiten zu ihrem neuesten Film *Verräter* bei einer Kur im tschechischen Franzensbad. Eines Nachmittags rief Goebbels an und bat sie, oder richtiger, er forderte sie auf, zum Reichsparteitag zu kommen, wo die feierliche Premiere ihres Films stattfinden sollte.

Lida Baarova wollte die Einladung abschlagen, fuhr aber schließlich doch nach Nürnberg. In ihren Memoiren schildert sie glaubhaft, dass sie mit ihren Gefühlen im Widerstreit war. Einerseits wollte sie Nein sagen. Andererseits hatte sie Angst vor Goebbels und seinem Einfluss; und gleichzeitig fühlte sie sich geschmeichelt von seinem Interesse an ihr.

In Nürnberg war er von ausgesuchter Höflichkeit. Aber seine Zurückhaltung gab er sofort auf, als er durch Zufall erfuhr, dass Lida Baarova und Gustav Fröhlich nicht, wie er angenommen hatte, verheiratet, sondern nur befreundet waren. Man kann sich vorstellen, wie verwirrt die Lida Baarova war, als ihr Goebbels plötzlich seine Liebe gestand. Er bat sie auch, bei seiner großen Rede, die er in Kürze auf dem Parteitag halten sollte, dabei zu sein. Und immer, wenn er sein Tuch aus der Tasche hervorziehen und sich damit über den Mund fahren werde, so erklärte er, sei das ein Zeichen, dass er an sie denke. Goebbels griff bei seiner Rede dann oft nach seinem Taschentuch und tupfte sich die Lippen ab.

Lida Baarova saß inmitten der fanatischen Zuhörer und war fasziniert von Goebbels' Stimme. Wenn er von Deutschlands Zukunft sprach, hörte er sich geradezu »lieblich« an. Zog er über Russland und den Bolschewismus her, klang er »bösartig«.

Ob die junge Schauspielerin ahnte, dass Goebbels nicht nur Russland zum Feind erklärte, sondern dass auch das Schicksal ihres Heimatlandes Tschechoslowakei schon besiegelt war?

Hitler hatte Goebbels längst in seine außenpolitischen Ziele eingeweiht. Beide waren sich einig, dass das deutsche Volk »Raum« brauche und man sich diesen Raum holen werde, und zwar im Osten. Hitler rechnete damit, dass Russland ins Wanken kommen werde. Dann wäre seine Stunde gekommen und er würde sich »für 100 Jahre an Land eindecken«. Dieser deutsche »Ausdehnungszwang« war für Hitler wie für Goebbels eine unbestreitbare Gegebenheit, ja mehr noch, ein geschichtlicher Auftrag, und wer sich ihm entgegenstellte, war zwangsläufig ein Feind Deutschlands und ein Friedensstörer.[17]

Goebbels freute sich über die große Resonanz auf seine Nürnberger Rede. Dieses Echo war für ihn unerwartet und »ungeahnt«. Ungeahnt? War er sich wirklich nicht bewusst oder verdrängte er, dass die deutsche Presse gleichgeschaltet war und nur er darüber entschied, worüber und in welcher Weise berichtet wurde? Die Zeitungen *mussten* über seine Rede schreiben, und kein Redakteur hätte gewagt, sie zu kritisieren. Trotzdem hielt Goebbels an der Illusion fest, dass die Reaktionen der Menschen spontan waren und ihre Urteile aus eigener Überzeugung kamen. Er wollte Anerkennung und Zustimmung. Und er wollte, dass die Menschen ihm beides aus freien Stücken gaben. Dass er mithilfe von Propaganda und Terror für das gewünschte Verhalten sorgte, das wollte er möglichst ausblenden.

Im Herbst 1936 wurde Goebbels mit Anerkennung und Ehrungen überhäuft. Am 29. Oktober feierte er seinen 39. Geburtstag. Und am Tag danach beging die Berliner Partei das zehnjährige Jubiläum ihres Gauleiters. Bei einer Großveranstaltung im Sportpalast pries Hitler seinen »treuen Schildknappen« in den höchsten Tönen und klopfte ihm auch noch kameradschaftlich auf die Schulter, sodass er vor Rührung seine Tränen kaum zurückhalten konnte. Tagelang erhielt Goebbels Berge von Blumen, Briefen und Geschenken. »Wie sehr mich die Leute lieben!«, rief er beglückt aus.[18]

Ein besonderes Geburtstagsgeschenk hatte er von der Stadt Berlin erhalten. Ein Haus an einem Waldsee in der Nähe des kleinen Ortes Lanke, etwa 20 Kilometer nordöstlich von Berlin. Das eingeschossige Blockhaus wurde zum Ort, wo sich Goebbels am liebsten aufhielt, lieber jedenfalls als in Schwanenwerder. Magda und Goebbels' engster Mitarbeiter im Ministerium Karl Hanke richteten das Haus im Wald ein, ohne zu wissen, dass sie das Liebesnest für Goebbels und Lida Baarova bereiteten.

Lida Baarova bezeichnete Goebbels als »Meister der Jagd«[19]. Sie wusste, dass er bei seinen Eroberungen sehr geschickt vorging, und sie ahnte, dass sie ihm nicht entkommen würde. Sie wünschte sich zwar, dass Gustav Fröhlich sie heiratete, um vor Goebbels sicher zu sein. Andererseits entfernte sie sich von ihrem Lebenspartner und fühlte sich immer mehr zu Goebbels hingezogen. Wenn das Telefon läutete, konnte sie fast sicher sein, dass sich »Herr Müller« meldete, wie sich Goebbels nannte, und sie zu einer Spazierfahrt oder zum Tee einlud. Und Lida Baarova konnte nie Nein sagen.

Bald schon kam sie öfter und »liebend gerne« in das Blockhaus am Bogensee. Im Kamin brannte Feuer, sie tranken Tee und hörten Musik, oder Goebbels spielte auf dem Flügel, den er sich in sein Landhaus hatte transportieren lassen. Baarova beteuerte, dass sich Goebbels sehr »korrekt« verhalten habe. Nur manchmal ließ er sich hinreißen und schwor seiner »Liduschka«, dass er noch nie eine Frau so geliebt habe wie sie.

Lida Baarova leugnete auch 60 Jahre später nicht, dass sie Goebbels ebenfalls geliebt habe. Sie erlebte ihn als einen »äußerst geistreichen« und »einfühlsamen« Menschen, mit dem sie viel lachen konnte, der ihre Arbeit würdigte und ihr ein großes Gefühl der Sicherheit gab – alles Dinge, die sie bei Gustav Fröhlich vermisste.[20]

Zum endgültigen Bruch mit Fröhlich trug auch ein Zwischenfall bei, der sich auf Schwanenwerder ereignete. Nach der Darstellung Lida Baarovas wartete sie eines Abends auf Fröhlich und wollte ihm auf der Straße entgegengehen. Dabei traf sie auf Goebbels, der sich von seinem Chauffeur zu seiner Familie fahren ließ. Sie redeten miteinander, als plötzlich auch Fröhlichs Auto auftauchte. Fröhlich glaubte, dass Lida aus Goebbels' Auto gestiegen war, und es gab einen erregten Wortwechsel. Daraus entstand das Gerücht, Fröhlich habe seine Freundin auf frischer Tat mit Goebbels ertappt und dem Minister eine Ohrfeige verpasst. Der Kabarettist Werner Finck erfand dazu ein Wortspiel, das bald in aller Munde war. »Wer möchte nicht einmal fröhlich sein?«, fragte er sein Publikum im Kabarett *Katakombe* in schöner Doppeldeutigkeit und erntete lachende Zustimmung.

Finck hatte allen Grund, vorsichtig zu sein. Goebbels hatte ihn schon seit Langem im Visier wegen seiner politischen Witze. Einmal hatte Finck in einem Sketch von den »aufgehobenen Rechten« gesprochen und dabei seinen rechten Arm zum Hitlergruß erhoben. Dafür war er auf Goebbels' Anordnung hin kurzzeitig im KZ Esterwegen inhaftiert worden.[21] Finck hatte noch einen Bruder im Geiste in München, Karl Valentin, der mit seinem subversiven Humor ebenso gefährdet war. In Anspielung auf den Hitlergruß meinte Valentin, man müsse froh sein, dass Hitler nicht »Kräuter« heiße. Und in einer Vorstellung schilderte er, wie stark das nahe gelegene Konzentrationslager Dachau bewacht und befestigt sei. »Und wenn ich will, komm ich doch hinein«, meinte er.

Goebbels war diese Art von Humor schon längst ein Dorn im Auge und er verbot ein für allemal den politischen Witz. Erlaubt war nur noch ein »sauberer und anständiger Humor«, der sich nicht über die heiligsten Güter des Staates lustig machte.

Ebenso radikal wollte Goebbels alle Filmproduktionen von undeutschen Tendenzen säubern. Dabei lehnte er Filme ab, bei denen die Absicht allzu deutlich zu spüren war. Was ihm vorschwebte, waren Filme, bei denen die politische Botschaft ganz unmerklich eingewoben war in Spannung und Unterhaltung, sodass der Zuschauer nicht bedrängt wurde und das nationalsozialistische Weltbild sozusagen in angenehmer Verpackung aufnehmen konnte. Was Spannung und Unterhaltung anbetraf, so waren für Goebbels amerikanische Filme das große Vorbild, und er fragte sich, warum deutsche Zeitungen und Filme so eintönig und niveaulos waren und es nicht gelang, junge Künstler zu »produzieren«. Man dürfe wohl nicht auf Gebieten zu stark reglementieren, wo es auf »Inspiration« ankommt. »Propaganda«, so forderte Goebbels, »muss hier elastischer werden.«[22]

Inspiration und Kreativität zuzulassen, das hätte allerdings bedeutet, auf Einflussnahme und Überwachung wenigstens teilweise zu verzichten. Und das wollte und konnte Goebbels nicht. Nicht die kleinste geistige Regung sollte unkontrolliert bleiben. Und so wollte er mit seiner Propaganda eigentlich etwas Unmögliches erreichen, nämlich eine kontrollierte Freiheit. Aber die war ebenso ein Widerspruch in sich wie eine befohlene Freiwilligkeit oder eine erzwungene Liebe. Eine solche Liebe erinnert an die Worte des Metzgermeisters Oskar in Ödön von Horvaths *Geschichten aus dem Wiener Wald*, der hinter der unglücklichen Marianne her ist und dessen Versprechen klingt wie eine Drohung: »[...] du wirst meiner Liebe nicht entgehn.«

Wenn Goebbels mit Lida Baarova zusammen war, brachte er sie oft zum Lachen, wenn er den dicken Göring nachmachte oder den steifen Ribbentrop, wegen seines gespreizten Benehmens auch »Ribbensnob« genannt. Manchmal unterhielten sie sich auch über Politik, und Goebbels gab zu, dass er oft nicht sicher sei, ob die nationalsozialistische Idee zum Erfolg führt. Aber in solchen Momenten, so erklärte er, setze er ganz auf die Person Adolf Hitlers. Er sei ein Mensch der »Vorsehung« und besitze eine »übermenschliche innere Kraft«, der man sich blind anvertrauen könne. Auf Lida Baarovas ängstliche Frage, ob es denn einen Krieg geben werde, lachte Goebbels nur. Alles, was Hitler unternehme, sei notwendig, um den Menschen wieder Arbeit zu geben und Deutschlands »künftige Größe« zu sichern.[23]

Um die »künftige Größe« Deutschlands zu sichern, hatte Hitler einen Vier-Jahres-Plan aufgestellt. Innerhalb von vier Jahren sollte die deutsche Reichswehr, die nun Deutsche Wehrmacht hieß, einsatzfähig sein und die deutsche Wirtschaft kriegsfähig. Die Mobilmachung hatte schon längst begonnen. Hermann Göring schickte Flugzeuge nach Spanien, um im dortigen Bürgerkrieg den General Franco zu unterstützen und neue Waffensysteme auszuprobieren. An die deutsche Bevölkerung sollten Gasmasken verteilt werden. Und im September 1937 wurde in Berlin schon einmal der »A-Fall« geprobt. Fenster mussten verdunkelt werden, und es wurde simuliert, wie bei einem Fliegerangriff das Propagandaministerium in Flammen aufging. »Hoffentlich wird es niemals ernst«, meinte Goebbels beeindruckt.[24]

Mit seinen nächsten Schritten tat Hitler alles, damit aus der Übung Ernst wurde. Er hatte es auf Österreich und die Tschechoslowakei abgesehen. Und wie immer stand Goebbels fest hinter seinem »Führer«. »Beide müssen wir haben«, erklärte er entschlossen, »zur Abrundung unseres Gebietes.«[25] Er erließ auch die nötigen Anweisungen an Presse und Rundfunk, um die bevorstehende »Abrundung« des Reichsgebietes vorzubereiten. Tenor war: Die wahren Friedensstörer sitzen in Wien und Prag, weil sie die prodeutsche Bevölkerung in ihren Ländern unterdrücken und sich einem rechtmäßigen Anschluss an das Deutsche Reich widersetzen.

In den täglichen Tagebuchaufzeichnungen von Joseph Goebbels findet sich kein einziger direkter Hinweis auf die Liebesbeziehung zu Lida Baarova. Eher beiläufig erwähnt er, wie gern er in das Haus am Bogensee fuhr und wie schwer ihm jedes Mal der Abschied von dort fiel. Und nur indirekt kann man erschließen, was ihn beschäftigte, so wenn er sich vehement gegen eine hohe Gefängnisstrafe bei Ehebruch wandte. Auffällig ist auch, wie stark ihn der Fall des englischen Königs Edward beschäftigte, der auf den Thron verzichtete, um seine bürgerliche Geliebte zu heiraten. Goebbels scheint tatsächlich auch mit dem Gedanken gespielt zu haben, alles aufzugeben und mit Lida Deutschland zu verlassen. Einmal fragte er sie,

Die Vorzeigefamilie Goebbels auf Schwanenwerder, 1937:
Hilde, Holde, Magda, Helmut, Harald Quandt, Joseph Goebbels, Helga (v. l.)

ob sie mit ihm nach Japan gehen würde. Dort werde er dann, meinte er spaßhaft, Krawatten verkaufen.

Noch war Goebbels mit Magda verheiratet. Und diese Familie war die deutsche Vorzeigefamilie. Magda hatte am 19. Februar 1937 ein weiteres Kind zur Welt gebracht. Es war wieder ein Mädchen und hieß Holde. Obwohl die Ärzte Magda geraten hatten, mit dem nächsten Kind einige Jahre zu warten, war Magda Ende des Jahres wieder schwanger. Wenn es ein Sohn werden sollte, wollte Goebbels ihn »Hartmann« nennen. Es wurde ein Mädchen. Wie wenig Anteil Goebbels an seiner vierten Tochter nahm, geht schon daraus hervor, dass er sie anfangs immer »Hertha« nannte, obwohl sie Hedda hieß.

Am Familienleben nahm Goebbels kaum mehr teil. Über seine Frau schreibt er immer wieder nur lapidar »Magda geht's gut«, woraus man folgern darf, dass er entweder nicht wusste, wie es Magda ging, oder dass es ihm egal war. Ab und zu ließ er die älteren Kinder zu sich kommen oder machte kurze Besuche in Schwanenwerder, bei denen er sich verpflichtet fühlte, in die Erziehung einzugreifen. Einmal verabreichte er auch seinem Liebling Helga eine Tracht Prügel, um ihr »das ewige Schwindeln« auszutreiben.[26]

In seinem Ministerium gab er nun Anweisungen, die Eingliederung Österreichs und der Tschechoslowakei propagandistisch vorzubereiten. Vor allem sollte die Unterdrückung der sudetendeutschen Minderheit in der Tschechei besonders drastisch herausgestellt werden, egal, wie harmlos sie war oder ob es sie überhaupt gegeben hat. Für diese Arbeit hatte Goebbels seine Spezialisten wie Alfred-Ingemar Berndt, in internen Kreisen auch »Gräuel-Berndt« genannt.[27] Der war bekannt dafür, dass er aus kleinen Ereignissen große Horrorgeschichten fabrizieren konnte. Einmal tippte er mit geschlossenen Augen auf die Landkarte und erfand dann zu diesem Ort ein himmelschreiendes Verbrechen gegen Sudetendeutsche. Wer konnte schon nachweisen, dass diese Geschichte nicht stimmte. Hauptsache war, dass die Regierung unter Druck gesetzt wurde und es einen Vorwand gab, den deutschen Brüdern und Schwestern zu Hilfe zu kommen.

Gegen Österreich ging diese Taktik auf. Hitler setzte den österreichischen Bundeskanzler Schuschnigg so unter Druck, dass der den Führer der Nationalsozialisten, Arthur Seyß-Inquart, an die Macht kommen ließ. Kaum war das geschehen, zauberte Hermann Göring einen Hilferuf der neuen österreichischen Regierung aus der Tasche. Die bereitstehenden Truppen überquerten die Grenze und wurden von der Bevölkerung mit Blumen und Hakenkreuzfahnen begrüßt.

Am 9. April 1938 stand Goebbels auf dem Balkon des Wiener Rathauses und verkündete den jubelnden Massen den »Tag des Großdeutschen Reiches«. Auf sein Kommando hin schwirrten Tausende Brieftauben in den Himmel, die Sirenen heulten im ganzen Reich und ein Flugzuggeschwader jagte über die Köpfe hinweg. Als Goebbels sich ins Hotel zurückzog, schrien die Leute auf der Straße: »Lieber Führer, ach ich bitt', bring doch unseren Doktor mit!« Goebbels musste mit Hitler auf den Balkon treten und die Begeisterung der Menge wollte kein Ende nehmen.

Für Goebbels war der Anschluss Österreichs nur eine Etappe. Er verglich Deutschland mit einer Riesenschlange, einer »Boa constrictor«, die nun verdaute, aber bald wieder etwas zum Verschlingen brauchte. Stundenlang saß er mit Hitler über Landkarten, und sie berieten, wie man jetzt gegen die

Tschechoslowakei vorgehen soll. Die Tschechei war für Goebbels kein richtiger Staat, und die Tschechen waren für ihn ein »Dreckvolk«, das froh sein sollte, wenn es von Deutschland vereinnahmt wurde.[28]

Die Tschechin Lida Baarova konnte nicht verstehen, mit welchem Recht die Nazis die Unabhängigkeit ihres Heimatlandes infrage stellten. Aber Goebbels verbot ihr solche Zweifel. Seitdem Lida Baarova sich endgültig von Fröhlich getrennt hatte, war Goebbels nicht mehr so galant. Die Treffen am Bogensee, wo er jetzt am anderen Ufer eine Luxusvilla bauen ließ, gingen weiter. Goebbels zeigte sich mit seiner Geliebten nun auch in der Öffentlichkeit. Er nahm sie mit ins Theater oder in die Oper. Dass der humpelnde »Schrumpfgermane« und die schöne Schauspielerin ein Liebespaar waren, pfiffen schon die Spatzen von den Dächern.

Magda Goebbels konnte es nicht verborgen bleiben, dass sie eine Nebenbuhlerin hatte. Nach der letzten Geburt stand es nicht gut mit ihrer Gesundheit. Wegen Herzproblemen war sie oft wochenlang auf Kur in Dresden. Und was ihr Gatte in dieser Zeit alles machte, wollte sie wahrscheinlich gar nicht so genau wissen. Offenbar ahnte sie, dass die Affäre mit der jungen Schauspielerin etwas anderes war als die üblichen Seitensprünge ihres Mannes. Sein Doppelleben war für alle unerträglich und es musste zu einer Klärung kommen.

Goebbels suchte diese Klärung auf seine Art. Anfang August 1938 gestand er Magda, dass er Lida Baarova liebe und ohne sie nicht mehr leben könne. Offenbar konnte er seine Frau davon überzeugen, dass eine »Ehe zu dritt« für alle die beste Lösung sei. Wie diese Einigung zustande kam, darüber gibt es verschiedene Versionen. Ello Quandt berichtete, dass Goebbels Lida mit nach Schwanenwerder nahm und Magda vor vollendete Tatsachen stellte. Magda sollte die Mutter seiner Kinder sein und Lida seine Freundin. Aus Angst, ihren Mann endgültig zu verlieren, wollte sich Magda mit dieser Situation abfinden.

In Lida Baarovas Erinnerungen spielte sich das Treffen anders ab. Goebbels arrangierte ein Treffen zwischen ihr und seiner Frau auf Schwanenwerder. Bei diesem Gespräch unter vier Augen erklärte Lida sich bereit, das Verhältnis zu Goebbels zu beenden, was Magda aber strikt ablehnte. Sie fürchtete, dass ihr Mann seine Familie verlassen würde, wenn Lida sich von ihm trennte. Und das wollte sie auf keinen Fall. Trotz vieler Einwände ließ sich Lida Baarova überreden, einer Ehe zu dritt zuzustimmen.

Es wundert nicht, dass Lida Baarova in ihrer eigenen Darstellung in einem besseren Licht erscheint als in Ello Quandts Bericht. Wie auch immer sich die Ereignisse abgespielt haben – fest steht, dass Magda nun die Geliebte ihres Mannes neben sich dulden musste, jedenfalls eine Zeit lang. Lida war in Schwanenwerder. Sie war mit auf der Jacht bei Ausflügen. Und sie saß mit Goebbels händchenhaltend im Privatkino. Irgendwann wurde es für Magda unerträglich. Sie wollte dieses Spiel nicht mehr mitmachen und sich scheiden lassen.

Zu dieser Entscheidung trug auch bei, dass sie nun einen Verbündeten hatte. Es war Karl Hanke, Staatssekretär im Propagandaministerium und engster Mitarbeiter ihres Mannes. Magda und Hanke kannten sich schon lange und waren sich auch nähergekommen – so nahe, dass Hanke sich in die Frau seines Chefs verliebt hatte und hoffte, Chancen bei ihr zu haben, wenn sie erst einmal von Goebbels geschieden war. Hanke übergab Magda umfangreiches Material als Beweis für Goebbels' langjährige Untreue, unter anderem eine lange Liste mit Namen von Frauen, mit denen ihr Mann sie betrogen hatte.

Zum Entsetzen von Goebbels wandte sich Magda nun an Hitler, um ihm ihr ganzes Leid zu klagen. Hitler ließ daraufhin Goebbels zu sich kommen und hatte mit ihm eine lange und ernste Unterredung. Laut Goebbels redete Hitler »wie ein Vater« zu ihm. Er erinnerte ihn an seine »Pflicht« gegenüber dem Volk, die über alles gehe, und er versicherte ihm erneut, wie sehr er ihn als Propagandaminister in diesen schwierigen Zeiten brauchte. Hitler machte Goebbels aber auch klar, dass er als Minister nicht zu halten sei, wenn die Ehe mit Magda zerbreche. Zunächst sollte das Ehepaar bis Ende September eine »Gefechtspause« einhalten, dann würde man entscheiden, wie es weitergeht.

Wie benommen ließ sich Goebbels nach diesem Gespräch von seinem Chauffeur ziellos durch die Gegend fahren und entschied dann, der »Pflicht« zu gehorchen. Er rief Lida Baarova an und teilte ihr seinen Entschluss mit, wobei er weinte wie ein Kind und Lida Baarova ihn inständig bat, sich noch einmal zu treffen. »Aber ich bleibe hart«, meinte Goebbels pflichtbewusst, »wenn mir das Herz auch zu brechen droht.«[29]

Zu Hause standen Goebbels noch bittere Stunden bevor. Magda nutzte eine Aussprache zur Abrechnung und hielt ihrem Ehemann alle seine gebrochenen Schwüre und seine Lügen vor. »Ich werde ihr das nie vergessen«, meinte er gedemütigt und voller Groll. »Sie ist so hart und grausam.« Vor seiner Frau floh Goebbels zu seiner Mutter nach Rheydt. Hier fühlte er sich wirklich zu Hause, und Katharina Goebbels machte ihrem »Jüppchen« keine Vorwürfe, sondern war »lieb und gut«.[30] Was die tiefgläubige Katharina Goebbels wohl dazu sagte, dass ihr Sohn einen Feldzug gegen die katholische Kirche führte? Mit dieser Kampagne wollte er erreichen, dass der Klerus sein Ansehen in der Öffentlichkeit verlor, und er berichtete jetzt als oberster Sittenrichter über den angeblichen Sittenverfall und die »perversen Unzuchtsakte« in Beichtstühlen, Klöstern und Seminaren.

Goebbels brauchte keine Kirche mehr. Sein Gott war Hitler. Und Hitler brauchte Goebbels. Es war auch dessen Propaganda zu verdanken, dass ein Großteil der Deutschen und sogar ausländische Politiker wie der englische Premierminister Chamberlain vom Friedenswillen Hitlers überzeugt waren. Auf einer Konferenz der Westmächte Ende September in München wurde über den Kopf der tschechischen Regierung hinweg das Recht Deutschlands auf einen Anschluss des Sudentenlandes bekräftigt. Und am 3. Oktober zog Hitler als »Befreier der Sudeten« in die Grenzstadt Eger ein.

Das war auch ein Triumph der Propaganda und damit ein großer Erfolg für Joseph Goebbels. Der englische Zeitungsverleger Lord Rothermere schickte Hitler ein Glückwunschtelegramm und meinte bewundernd, Goebbels sei »der größte Propagandist der Welt«. »Sonst wäre er nicht von mir geholt worden«, war Hitlers Antwort.[31]

So einen wichtigen Mitstreiter wollte Hitler nicht verlieren. Er bestellte Goebbels für den 23. Oktober auf den Berghof am Obersalzberg. Magda war mit den älteren Kindern schon vorher angereist. Hitler teilte den beiden mit, dass er eine Trennung nicht wünsche, und er ließ sie einen Vertrag unterschreiben, in dem sie sich verpflichteten, die nächsten drei Monate wenigstens nach außen hin als Ehepaar aufzutreten. Danach sollten sie selbst entscheiden, wie sie weiter zusammenleben wollten. Zum Schluss wurde noch für die Presse ein Bild der Familie mit Hitler gemacht. »Damit wäscht man sehr vieles wieder aus«, meinte Goebbels.[32]

Lida Baarova versuchte vergeblich, noch einmal mit ihm in Kontakt zu kommen. Einmal näherte sie sich ihm, getarnt mit einer blonden Perücke, als er mit einer Büchse in der Hand mit anderen Nazi-Prominenten auf der Straße für das Winterhilfswerk sammelte. Goebbels hat sie anscheinend erkannt, sagte aber kein Wort. Lida Baarova wurde überwacht und sie bekam keine Rollen mehr. Bei der Aufführung ihres letzten Filmes wurde sie aus dem Publikum als »Ministerhure« beschimpft. Danach musste sie sich aus der Öffentlichkeit zurückziehen. Schließlich gelang ihr die Flucht zu ihrer Familie nach Prag, wo in den Straßen schon deutsche Soldaten marschierten.

Goebbels saß tagelang allein in Lanke und trauerte seiner verlorenen Liebe nach.

In Franz Werfels Erzählung *Eine blassblaue Frauenschrift*, die im Wien des Jahres 1936 spielt, geht es um eine lebenswichtige Entscheidung. An seinem 50. Geburtstag erhält der Sektionschef Leonidas den Brief einer Frau, mit der er als junger Mann eine kurze Affäre hatte und die von ihm schmählich sitzengelassen worden war. Leonidas, der aus einfachen Verhältnissen stammt, hat es inzwischen weit gebracht, ist hoher Beamter und verheiratet mit einer Frau aus reichem Haus. Er fürchtet, dass die Vergangenheit ihn wieder einholt und alles zerstört, was er sich aufgebaut hat. Darum ist er erleichtert, als sich herausstellt, dass die Briefeschreiberin ihn nur um den kleinen Gefallen eines Treffens bittet. Von ihr erfährt er dann, dass sie damals ein Kind von ihm bekommen hat, das kurz darauf starb. Weil Leonidas seither alle ihre Briefe ungelesen zerrissen hat, wusste er davon nichts.

Die einstige Geliebte will nichts mehr von ihm. Als Jüdin muss sie ins Ausland flüchten. Leonidas' Ansehen und sein wohlgeordnetes Leben bleiben ungestört. Zum Schluss schläft er in der Oper ein. Im Traum altert sein Gesicht, was, wie der Erzähler mutmaßt, die »Krankheit des Todes« ist, die wiederum nichts anderes sei als »die geheimnisvoll-logische Entsprechung der Lebensschuld«. Und im Schlaf spürt Leonidas dann mit »unaussprechlicher Klarheit, dass heute ein Angebot zur Rettung an ihn ergangen ist, dunkel, halblaut, unbestimmt, wie alle Angebote dieser Art. Er weiß, dass er daran gescheitert ist. Er weiß, dass ein neues Angebot nicht wieder folgen wird.«[33]

War die Liebe zu Lida Baarova auch so etwas wie eine letzte Chance für Josef Goebbels gewesen? Hätte er sich dem Einfluss Hitlers entziehen können? Was wäre aus ihm geworden, wenn er mit seiner »Liduschka« ins Ausland gegangen wäre und sein bisheriges Leben hinter sich gelassen hätte? War es auch für ihn »das letzte Angebot dieser Art«?

X. WIE EINE MIKROBE IM WELTALL

NOVEMBER 1938 – JUNI 1941

Anfang November 1938 musste Goebbels wieder einmal zum Jahrestag des Hitler-Putsches nach München reisen. Eigentlich war er nicht in Stimmung dazu. Die Affäre mit der Schauspielerin hatte seinem Ansehen und seiner Stellung in der Partei sehr geschadet und er konnte sich die schadenfrohen Blicke mancher Parteigenossen nur allzu gut vorstellen. Auf der Fahrt nach München erreichte ihn die Meldung, dass in Paris ein junger polnischer Jude auf den deutschen Diplomaten Ernst vom Rath geschossen und diesen schwer verletzt habe. Vom Rath starb zwei Tage später.

Als Goebbels von jenem Anschlag erfuhr, war er in seinem Tatendrang nicht mehr zu bremsen. Nach kurzer Rücksprache mit Hitler hielt er vor den Parteiführern im alten Rathaus eine aufpeitschende Rede und forderte sie auf, dafür zu sorgen, dass der Volkszorn gegen die Juden sich ungehindert entladen konnte. Nur wenige, von Goebbels »Laumänner« genannte Parteigenossen äußerten Bedenken. Die anderen wussten, was sie zu tun hatten. Sie stürmten zu den Telefonen, um Anweisungen an ihre Gaue zu geben. Goebbels selbst befahl seinen Leuten in Berlin, die Synagoge in der Fasanenstraße zu zerstören.[1]

In dieser Nacht brannten überall in Deutschland Synagogen. Jüdische Geschäfte und Wohnungen wurden demoliert und Juden misshandelt und ermordet. Wegen der vielen zertrümmerten Fensterscheiben sprach die Propaganda von der »Reichskristallnacht«. Goebbels schob jede Verantwortung für den Pogrom von sich. Wieder einmal hatte er die Aktionen so geschickt eingefädelt, dass sie nach außen wie spontane Ausschreitungen der empörten Bevölkerung wirkten.

Goebbels hatte Hitler und den Parteigenossen gezeigt, dass er ein glänzender Agitator war, ein hundertprozentiger Nazi und ein fanatischer Judenhasser. Schon seit Jahren hatte er gefordert, dass nicht nur Berlin »judenrein« werden solle, sondern dass man die Juden aus ganz Deutschland und Europa hinauswerfen müsse. »Diese Judenpest«, so tönte er, »muss ausradiert werden.«[2] Und als nach der »Reichskristallnacht« eine ganze Reihe von Verboten gegen die Juden beschlossen wurde, wollte Goebbels sie noch überbieten mit grotesken Vorschlägen wie dem, den Juden das Spazierengehen in deutschen Wäldern zu verbieten.

Schwer in Einklang zu bringen mit diesem maßlosen Antisemitismus ist der Abscheu Goebbels gegen die primitive Judenhetze eines Julius Streicher oder seine Kritik am »Unfug eines Rasse-Materialismus«, der nicht nach der Gesinnung, sondern nach der Kopfform und der Nasengröße urteilt. Enge Mitarbeiter haben später beteuert, im vertrauten Kreis des Ministeriums nie rassistische Töne von ihrem Chef vernommen zu haben.[3] Und nachweislich hat er, freilich aus eigennützigen Gründen, in strittigen Fällen sogar Juden und Halbjuden in Schutz genommen und sie vor Verfolgung bewahrt. War Goebbels letztlich gar kein überzeugter Judenfeind? Hatte er mehr Zweifel, als er zugab?

Joachim Fest, der sich diese Frage auch stellte, erklärte sich diesen merkwürdigen Widerspruch damit, dass Goebbels eigentlich »zwei Personen in nur einer« war.[4] Die eine Person war durchaus zu Vernunft und Zweifel fähig. Für die andere waren rationale Überlegungen und moralische Bedenken nur Kennzeichen eines zersetzenden »jüdischen« Intellektualismus, der durch eine bedingungslose, fanatische Gläubigkeit überwunden werden musste. In seinen Tagebüchern begegnet man fast auf jeder Seite dem angestrengten Bemühen, diese Gläubigkeit zu beweisen. Aber gerade dann, wenn Goebbels überlaut seine unangefochtene Zuversicht beteuert, wenn er immer wieder seine unverbrüchliche Treue zum »Führer« beschwört oder wenn er in schrillen Tönen über seine Feinde herzieht, werden seine Zweifel umso spürbarer. Fanatismus erscheint hier als verzweifelte Selbstberuhigung.

Joachim Fest nennt diese Anstrengung, die eigenen Zweifel zum Schweigen zu bringen, »autosuggestiv«, was heißen soll, dass es sich hierbei um den Versuch handelt, sich selbst zu täuschen. Fest hat sogar den Eindruck, als erprobe Goebbels die »Betäubungswirkung seiner eigenen Propaganda« an sich selbst. So gesehen wollte Goebbels nicht nur mit einem gefälschten Bild der Wirklichkeit die Menschen manipulieren. Er versuchte verzweifelt, sich selbst auf den Leim zu gehen. Er war sein eigener Propagandist, und nur weil ihm dieser Selbstbetrug meistens glückte, konnte er auch zum Verführer der Massen werden.

In München hatte ein Wort Hitlers genügt, um Goebbels wieder auf Kurs zu bringen und alle mit seiner Entschlossenheit mitzureißen. Je ferner er von Hitler war, desto schwerer fiel es ihm, seinen Glauben aufrechtzuerhalten. Durch die Affäre mit Lida Baarova wollte nicht nur seine Frau Magda nichts mehr mit ihm zu tun haben, auch Hitler ging auf Distanz. Goebbels verkroch sich tagelang nach Lanke. Er durchlebte, so meinte er, die »furchtbarste Zeit meines Lebens«[5]. Im Dezember 1938 litt er unter entsetzlichen Magenschmerzen und musste einige Tage im Krankenhaus verbringen. Weihnachten feierte die Familie in Schwanenwerder ohne ihn. Goebbels saß alleine im angrenzenden Kavaliershaus und haderte mit seinem Schicksal. »Ich habe den ganzen Kram satt«, hatte er in sein Tagebuch geschrieben. »Ich mag nicht mehr.«[6]

Goebbels hatte nicht die Wahl. Er musste weitermachen. Er brauchte den Kampf und er brauchte den »Führer«. Obwohl das Verhältnis zu seinem Minister getrübt war, hielt Hitler doch an ihm fest – sehr zum Verdruss einiger Parteigenossen, die gehofft hatten, dass Hitler nun endlich Goebbels fallen lassen würde, und die nun als empörte Moralwächter auftraten. Heinrich Himmler, der SS-Führer, ließ Hitler wissen, dass Goebbels in der Partei verachtet werde und der »gehassteste Mann in Deutschland« sei. Und Goebbels' Gegenspieler Alfred Rosenberg erzählte jedem, der es hören wollte, dass Goebbels »moralisch isoliert« sei und keinen einzigen Freund mehr habe.[7]

Goebbels klammerte sich geradezu an den Glauben, dass Hitler nicht nur sein »Führer«, sondern auch sein Freund bleiben würde. Hitlers Wunsch, dass sein Propagandaminister seine privaten Verhältnisse in Ordnung bringen solle, war Goebbels Befehl. Im Januar 1939 unterzeichnete er mit Magda einen Vertrag, der ihr zukünftiges Zusammenleben regeln sollte. Damit war die Ehekrise noch lange nicht ausgestanden. Magda ließ weiterhin offen, ob sie sich doch noch scheiden lassen und Karl Hanke heiraten wollte. Sie suchte auch Trost bei Albert Speer, Hitlers Leibarchitekten. Ihm vertraute sie an, dass Goebbels sie unter Druck setzte und ihr drohte, ihr im Fall einer

Scheidung die Kinder wegzunehmen.[8] Magda war daraufhin bereit, wenigstens nach außen hin ein intaktes Eheleben vorzuspielen. Doch selbst das gelang ihr nicht. Bei den Bayreuther Festspielen erregte Magda mit ihren Nervenzusammenbrüchen ein so großes Aufsehen, dass Hitler Goebbels nahelegte, mit seiner Frau wieder abzureisen.

Trotzdem kam es nicht zur Scheidung. Im Gegenteil. Joseph und Magda Goebbels kamen sich wieder näher. Und merkwürdigerweise wurde ihre Verbindung umso fester, je mehr sich die politische Lage zuspitzte. Mitte März 1939 tat Hitler etwas, was er schon lange vorgehabt hatte und wovon er durch das Münchner Abkommen, sehr zu seinem Ärger, nur kurzzeitig abgehalten worden war. Er ließ nun auch die restliche Tschechoslowakei besetzen und erklärte diese übrig gebliebenen Gebiete zum »Reichsprotektorat Böhmen und Mähren«. Sein Versprechen, nach dem Sudentenland keine territorialen Ansprüche mehr zu erheben, war damit als Lüge entlarvt. Und England musste erkennen, dass es mit seinen Bemühungen, den Frieden zu sichern, gescheitert war. Mit der Politik des ständigen Nachgebens war es jetzt vorbei. England drohte Hitler mit Krieg, falls er Polen angreifen sollte.

Goebbels konnte sich nur amüsieren über das Geschrei der englischen Politiker. Für ihn waren sie zu dumm und zu blind, um zu erkennen, dass Hitler in anderen, viel größeren Zusammenhängen dachte. In Gesprächen hatte Hitler ihm längst anvertraut, dass alles, was er unternahm, gegen Russland gerichtet war, und Goebbels war sofort auf diese Linie eingeschwenkt. »Das ist in Russland die Hölle auf Erden. Ausradieren! Muss weg!«, forderte er kategorisch.[9] Hitlers Plan war, sich zunächst mit Russland zu verständigen, die Westmächte Frankreich und

England zu schlagen, um nach deren Niederlage mit versammelten Kräften gegen die Sowjetunion zu ziehen.

Auf dem Weg nach Osten war Polen für Hitler nur ein Hindernis. Und er wies Goebbels an, den Angriff auf Polen propagandistisch vorzubereiten und die »Tonstärke« langsam zu erhöhen. Goebbels stürzte sich mit Feuereifer in die Arbeit. Nun war endlich wieder Kampfzeit. In Artikeln, Ansprachen und Rundfunksendungen betonte er immer wieder Hitlers Friedenswillen. Nur ein »Wahnsinniger«, so Goebbels, könne die angespannte Atmosphäre in Europa zur Explosion bringen.[10] Sollte es dennoch zu einem Krieg kommen, so sei er Hitler aufgezwungen. Das deutsche Volk wolle keinen Krieg, nur sein Recht. Und rechtmäßig war es für Goebbels, ein »germanisches Reich« anzustreben, ein vereinigtes Europa unter deutscher Führung. In diesem Reich würden dauerhafter Friede, Wohlstand und Kultur herrschen. Und um diese paradiesischen Zustände zu erreichen, war alles erlaubt. »Wir haben das moralische Recht gänzlich auf unserer Seite«, behauptete Goebbels.[11]

Nach Abschluss eines Nichtangriffspaktes mit Russland lief die übliche Strategie ganz »gesetzmäßig« ab. In allen Nachrichten wurde der Terror der Polen gegen Volksdeutsche in den Vordergrund gestellt. Der gesuchte Vorwand für die militärische Offensive war dann ein angeblicher polnischer Überfall auf den Sender Gleiwitz, der in Wahrheit von SS-Männern inszeniert war. Am 31. August 1939 um 12.40 Uhr gab Hitler den Befehl zum Angriff. Drei Tage später erklärten England und Frankreich Deutschland den Krieg.

Jetzt kam die Stunde des Militärs, was Goebbels eigentlich immer hatte vermeiden wollen. Denn er befürchtete, dass

Hitler nun mehr auf die Generäle als auf ihn hören würde. Abgesehen davon hatte Goebbels die Offiziere noch nie gemocht. Sie waren die Gesunden und Tatkräftigen, die mit Gewehren, Panzern und Flugzeugen Krieg führten, während er nur mit Wörtern und Bildern kämpfte. Schon damals, beim Ausbruch des Ersten Weltkrieges, hatte er wegen seiner Behinderung nicht mit in den Krieg ziehen dürfen. Er musste zu Hause bleiben und patriotische Aufsätze schreiben. Jetzt, 25 Jahre später, war es ähnlich. Die anderen zogen in den Krieg und er schrieb Artikel, hielt Reden und ließ Propagandafilme drehen.

Aber es gab zu früher einen entscheidenden Unterschied. Der Weltkrieg war verloren gegangen, weil nach Goebbels' fester Überzeugung die Heimatfront versagt hatte. Dieser Irrtum der Geschichte musste korrigiert werden. Dieses Mal durfte das Volk nicht mehr den Soldaten in den Rücken fallen. »Dafür werde ich sorgen«, versprach Goebbels.[12]

Die anfangs noch skeptische deutsche Bevölkerung für den Krieg zu begeistern, war für den Propagandaminister keine große Kunst. Polen wurde von den deutschen Truppen regelrecht überrannt. Goebbels hatte dafür gesorgt, dass in beinahe jedem Haushalt ein Radio, ein sogenannter Volksempfänger, stand, aus dem täglich eine markige Stimme die triumphalen Siege der deutschen Armee vermeldete. Das Hören ausländischer Sender wurde dagegen streng verboten. Eigene Propaganda-Kompanien begleiteten die Truppen und lieferten Bilder, die in den Wochenschauen, mit entsprechender Musik untermalt, gezeigt wurden. Der Krieg erschien hier als heroischer Kampf tapferer Soldaten gegen feige und hinterhältige Untermenschen, ganz entsprechend der Meinung Hitlers, dass die Polen allesamt »dreckig, verlaust und faul«[13] seien.

Offenbar hatte Goebbels dieses Bild fest in seinem Kopf, als er Anfang November 1939 nach Polen flog, um in der Stadt Lodz das Ghetto zu besichtigen. Ohne einen Gedanken darauf zu verschwenden, dass die Stadt von deutschen Flugzeugen bombardiert worden war und das Elend der Menschen von deutschen Soldaten verursacht war, stellte er entsetzt fest: »Es ist unbeschreiblich. Das sind keine Menschen mehr. Das sind Tiere. Das ist deshalb auch keine humanitäre, sondern eine chirurgische Aufgabe.«[14] Diese chirurgische Aufgabe erledigten dann die Sondereinheiten der Sicherheitspolizei und des Sicherheitsdienstes (SD). Sie töteten Tausende von Juden und Angehörigen des Adels, der Kirche und der polnischen Intelligenz, ganz im Sinne der Forderung Hitlers und Goebbels': »Wir wollen nicht diese Völker, wir wollen ihr Land.«[15]

Bei alledem berief sich Goebbels auf eine höhere Notwendigkeit, nämlich auf den »deutschen Ausdehnungszwang«. Diesem Ausdehnungszwang unterlag er offenbar auch im Privaten. Sein Anwesen auf Schwanenwerder hatte er um das Nachbargrundstück erweitert. Am Bogensee ließ er ein Landhaus errichten, mit einer Unmenge von Zimmern, mit Klimaanlage, Heißluftheizung, elektrisch versenkbaren Fenstern und ebenfalls versenkbarer Hausbar. Das Ministerpalais in Berlin wurde auf seinen Wunsch hin von Grund auf umgebaut. Bei der Inneneinrichtung legte er besonderen Wert darauf, dass nur »erstklassiges Material« verwendet wurde, was die Gesamtkosten auf über drei Millionen Mark hochtrieb.

Gern nahm Goebbels auch das Angebot seiner Heimatstadt Rheydt an, die ihrem Ehrenbürger das Stadtschloss als Gästehaus zur Verfügung stellte und sich die umfangreichen Umbauten einiges kosten ließ. Auch in München wollte Goebbels eine Villa erwerben, um in der bayerischen Hauptstadt einen angemessenen Dienstsitz zu haben. Und schließlich dachte er auch an die Zukunft, als er sich nach einem Landgut umschaute, wo er sich nach dem Krieg niederlassen konnte. Dort wollte er dann seine Tagebücher auswerten und das maßgebliche Werk über die politische Geschichte der vergangenen Jahrzehnte verfassen.

Auch das Ministerium am Wilhelmplatz hatte sich seit seinen Anfängen stark vergrößert. Das Palais war baulich erweitert worden und Jahr für Jahr war die Zahl seiner Mitarbeiter gestiegen und hatte mittlerweile die Tausendermarke überschritten. Und im Zentrum dieser riesigen Behörde saß der Minister Dr. Joseph Goebbels in seinem saalartigen Büro. Wurde man von ihm empfangen, musste man eine ganze Strecke gehen, bis man dann vor dem großen Schreibtisch am anderen Ende des Raumes stand.

Manchmal kam er seinem Gast auch entgegen und begrüßte ihn äußerst herzlich. Hans-Leo Martin, Goebbels' langjähriger Verbindungsmann zur Wehrmacht, war überwältigt von der Art, wie Goebbels ihm die Hand gab und ihn dabei ansah. Man habe meinen können, so Martin, »man stehe als alter, längst herbeigesehnter Freund endlich vor ihm«.[16] Goebbels war immer tadellos angezogen, fast täglich trug er einen anderen Anzug. Er ließ sich auch spezielle orthopädische Schuhe anfertigen, um sein Hinken auszugleichen.

Zwischen dem Schreibtisch und einer Sitzecke stand jetzt ein großer Tisch, auf dem die Landkarten mit den Kriegsgebieten ausgebreitet waren. Der Verbindungsoffizier Martin musste jeden Tag auf die Minute genau bei Goebbels erscheinen und ihm anhand der Karten die militärische Lage vortragen. Was Goebbels erfuhr, waren Tatsachen. Was er dann in der Ministerkonferenz, die jeden Tag um 11 Uhr stattfand, an die Leiter seiner Dienststellen weitergab, war bereits »gesäubert«. Und was er als Richtlinien für die Propaganda ausgab, war dann eine »psychologische Wahrheit«[17].

Die Strategien des Militärs waren für Goebbels oft ein Rätsel. Aber er vertraute voll und ganz auf das Genie Hitlers. Ein großes Bild des »Führers« hing an der Wand hinter Goebbels' Schreibtisch. Hans-Leo Martin war überzeugt davon, dass Goebbels' Verehrung für Hitler eine »ganz fürchterliche Angst«[18] zugrunde lag, eine Angst wie vor einem rächenden Gott. Quelle dieser Angst waren für Martin die Ereignisse beim sogenannten Röhmputsch. Seither habe Goebbels gewusst, wozu Hitler imstande war. Seine ständigen »Ergebenheitstiraden« gegenüber Hitler waren für Martin nur ein Alibi, um sich abzusichern für den Fall, dass er in Ungnade fiel. Dank der in seinen Tagebüchern bezeugten unverbrüchlichen Treue zum »Führer« konnte ihm nicht viel passieren. Goebbels' Vergötterung Hitlers also das Produkt einer tief sitzenden Angst?

Seine Bewunderung für Hitler war jedenfalls grenzenlos. Und sie steigerte sich zur religiösen Ehrfurcht nach den Ereignissen beim alljährlichen Treffen der »alten Kameraden« am 8. November 1939 in München. Goebbels saß unter den Zuhörern, als Hitler im *Bürgerbräukeller* eine schneidende Rede gegen den Kriegsfeind England hielt. Eine halbe Stunde früher als geplant verließ Hitler die Versammlung und fuhr mit Goebbels zurück nach Berlin. Erst im Zug ereilte sie die Nachricht, dass kurz nach Hitlers Aufbruch im *Bürgerbräukeller* eine Bombe explodiert war. Wie sich erst viel später herausstellte, hatte sie der Möbeltischler Georg Elser in mühevoller Arbeit in der Nähe des Rednerpultes eingebaut. Goebbels war sich sicher: Wäre die Veranstaltung wie geplant abgelaufen, wären er und Hitler nicht mehr am Leben. Dass Hitler diesem Attentat entkommen war, hielt Goebbels für eine göttliche Fügung. »Er steht doch unter dem Schutz des Allmächtigen«, notierte er schaudernd. »Er wird erst sterben, wenn seine Mission erfüllt ist.«[19]

Wie Hitler seine »Mission« erfüllen wollte, darüber ließ er seinen Propagandaminister oft im Unklaren. Goebbels nahm zwar an Hitlers Mittagstisch teil, wenn dieser in Berlin war, dabei plauderte Hitler aber bevorzugt über seine gigantischen Pläne, Berlin zur Welthauptstadt umzubauen, oder über seine Idee, den Vegetarismus zur Grundlage einer neuen Religion zu machen.

Bei wichtigen militärischen Beratungen wurde Goebbels nicht einbezogen. Er erfuhr von den Plänen meistens erst, wenn die Entscheidungen schon gefallen waren. So auch am 8. April 1940, als Hitler mit Goebbels einen langen Spaziergang machte und ihm mitteilte, dass am nächsten Morgen deutsche Truppen Norwegen und Dänemark angreifen werden. Die beiden Länder sollten die Basis sein für den Krieg gegen England. Hitler wollte mit der Besetzung Tatsachen schaffen. Diese Tatsachen dann zugunsten Deutschlands zu rechtfertigen und sich moralisch abzusichern, das war Goebbels' Aufgabe. »Wir werden die Welt mit einem Schwall von Moral überschütten«, versprach er.[20]

Zu dieser Moral gehörte die ständig wiederholte Behauptung, dass Deutschland sich gegen eine drohende »Einkreisung« wehren müsse. Und dazu gehörte die Warnung vor den englischen »Plutokraten«, allen voran vor dem Kriegsminister Winston Churchill, die schon längst den Plan verfolgten, »Deutschland insgesamt als Reich und als Volk zu vernichten«.[21]

Goebbels führte nun seinen eigenen Krieg. Er jubilierte über gewonnene »Propagandaschlachten« und hetzte »aus allen Rohren«. Vorgabe war dabei, die deutschen Siege im eigenen Land zu verherrlichen und nach außen Panik und Verwirrung zu stiften. Das wichtigste Instrument der psychologischen Kriegsführung war für Goebbels der Rundfunk, das, wie er sagte, »Volksführungsmittel erster Klasse«[22]. Sein Ziel war, dass die deutsche Bevölkerung jeden Abend vor den Volksempfängern sitzen sollte, um zu erfahren, wie viele feindliche Flugzeuge und Schiffe abgeschossen und versenkt worden waren. Darüber hinaus strahlten Geheimsender ihre Programme in feindliche Länder aus, um durch Falschmeldungen in der jeweiligen Sprache die Moral der Zivilisten und Soldaten zu schwächen.

Besonderes Lob erntete Goebbels von Hitler für die Idee, pornografische Postkarten über Frankreich abzuwerfen, um den Argwohn der Franzosen gegen die Engländer zu schüren. Darauf war eine nackte Frau zu sehen, zusammen mit einem Mann in englischer Uniform und unzweideutiger Geste, darunter die abgekämpfte Gestalt eines französischen Soldaten, der das Foto seiner Frau in Händen hält. Das Ganze war überschrieben mit der Frage: »Où le Tommi est-il resté?«, also »Wo ist denn der Tommy geblieben?«, womit angedeutet werden sollte, dass sich die britischen Soldaten mit französischen Frauen amüsierten, während ihre Männer an der Front kämpften.

Goebbels musste sich nun darauf einstellen, dass nicht jeder Krieg ein »Blitzkrieg« war. In Norwegen hatte die deutsche Marine schwere Verluste hinzunehmen. Diese zu verschweigen, wäre auf Dauer unglaubhaft gewesen, zumal es jetzt auch englische Luftangriffe auf deutsche Städte gab mit zivilen Opfern. Goebbels stellte seine Propaganda daher auf eine mittlere Linie ein. Weder sollte ein übertriebener Optimismus bestimmend sein noch eine wilde Panikmache.

Goebbels wollte auch die schrecklichen Seiten des Krieges zeigen, aber nur, um das eigene Volk hart und entschlossen zu machen. Die Menschen sollten wissen, dass es um nicht weniger als die nationale Existenz ging. Und sie sollten vorbereitet werden auf kommende Rückschläge und darauf, dass dieser Krieg noch länger dauern könnte als erwartet. Auf keinen Fall aber durfte eine defätistische Stimmung um sich greifen. Der Glaube an den Sieg sollte unerschütterlich sein, so fest, wie Goebbels ihn vorzuleben versuchte, als er behauptete: »Unser Sieg ist so gewiss wie die Sterne am weiten Himmel.«[23]

Während die Kämpfe in Norwegen noch andauerten, ließ Hitler die Armeen zum Großangriff auf Frankreich aufmarschieren. Wieder wurde die Entscheidung Goebbels sehr spät mitgeteilt. In der Nacht des 9. Mai erhielt er die streng geheime Nachricht. Am nächsten Morgen verlas er im Rundfunk die Memoranden, die an die Regierungen von Belgien, den Niederlanden und Luxemburg gerichtet worden waren. Darin wurde den Ländern vorgeworfen, ihre Verpflichtung zur Neutralität gebrochen zu haben, und sie wurden aufgefordert, den deutschen Truppen keinen Widerstand entgegenzusetzen.

Abgesehen vom Kampf um die Stadt Dünkirchen, verlief der Vormarsch auf Frankreich planmäßig. Am 14. Juni 1940 zogen deutsche Soldaten in Paris ein und wenig später war der Norden und Westen Frankreichs in deutscher Hand. Hitler bestand darauf, dass die Waffenstillstandsverhandlungen in demselben Eisenbahnwagen stattfanden, in dem die Franzosen im November 1918 der deutschen Delegation die harten Bedingungen für einen Frieden diktiert hatten. Für Goebbels war das ein notwendiger Akt, mit dem die »Schmach vom 11. November 1918« ausgelöscht wurde. Nicht nur für Deutschland wurde damit ein historischer Fehler rückgängig gemacht, auch Goebbels persönlich fühlte sich »wie neugeboren«. Persönliche Rachegefühle stritt er ab. Vielmehr sah er sich und die Deutschen nur als Vollstrecker einer höheren Notwendigkeit. Es sei, so schrieb er, »das Gottesgericht, das hier durch uns im Auftrage eines höheren geschichtlichen Schicksals vollzogen wird«.[24]

So wie hier berief sich Goebbels immer wieder auf ein »Strafgericht Gottes«, ein »Rad der Geschichte« oder eine »geschichtliche Aufgabe«. Es ist dies dieselbe Haltung, die im weiteren Verlauf des Krieges zu Massenmorden und unfassbaren Grausamkeiten führte. Für den Philosophen Rüdiger Safranski ist diese Flucht ins Allgemeine und die damit einhergehende Verweigerung von persönlicher Verantwortung ein Kennzeichen des Bösen. Wer seine Taten damit rechtfertigt, dass er nur im Auftrag einer höheren Ordnung handelt, der betäubt sein persönliches Gewissen und verweigert jede Schuldfähigkeit.

Es sind dann überpersönliche Mächte, denen man angeblich nur als Werkzeug dienen muss oder dienen darf. Nach Rüdiger Safranski führt diese Einstellung dazu, den Einzelnen von »moralischen Reflexionen« zu entlasten und ein Verbrechen in einen »Arbeitsvorgang« zu verwandeln, »der schließlich mit Routine erledigt werden kann«.[25] Nur so war es möglich, dass das millionenfache Töten von Menschen wie ein industrieller oder, wie Goebbels gesagt hätte, »chirurgischer« Vorgang betrieben wurde. Und dieses Töten wurde dann nicht als Mord empfunden, sondern als pflichtgemäße Durchführung einer zwar schrecklichen, aber notwendigen Aufgabe. Es sei ein Ruhmesblatt, so erklärte Heinrich Himmler vor SS-Führern, vor Tausenden von Leichen zu stehen und dabei »anständig« geblieben zu sein.[26]

Adolf Hitler, jetzt bewundert als »größter Feldherr aller Zeiten«, wurde in Berlin ein triumphaler Empfang bereitet, den Goebbels freilich bis ins Kleinste vorbereitet hatte. Goebbels rechnete fest damit, dass nach Frankreich jetzt England an der Reihe wäre. Aber Hitler zögerte. Vor einer Invasion der Insel schreckte er zurück. Durch Luftangriffe auf die Städte sollten die Engländer mürbe gemacht und schließlich zur Kapitulation gezwungen werden. Im Gegenzug tauchten nun auch englische Flugzeuge über deutschen Städten auf und ließen ihre Bomben fallen. Immer häufiger heulten in Berlin, Hamburg oder Köln die Sirenen und die Menschen mussten in Luftschutzkellern Schutz suchen.

Goebbels nahm diese Angriffe nicht allzu ernst. Sie waren für ihn ein willkommenes »moralisches Alibi«[27], um die massiven Luftangriffe auf London, Coventry oder Liverpool zu rechtfertigen. Lästig fand er es nur, dass er oft auch nachts mit Magda und den Kindern Stunden im Luftschutzkeller verbringen musste und so um seinen Schlaf gebracht wurde. War er in Lanke, konnte er aus der Ferne die englischen Angriffe verfolgen und gewann ihnen sogar einen gewissen Reiz ab. Als die Luftabwehrkanonen den Himmel über Berlin erhellten, war das für ihn ein »majestätisches Schauspiel«[28]. Und einmal wurde sogar in der Nähe von Lanke ein englischer Bomber

abgeschossen. Goebbels sah sich den Haufen Eisen und Metall an und beim Anblick der drei verkohlten Leichen lief es ihm kalt über den Rücken. »Aber immer besser die Engländer als wir«, war sein Kommentar.[29]

Trotz der Luftangriffe waren diese Wochen und Monate für Goebbels eine friedliche Zeit – eine viel zu friedliche Zeit. Er wartete auf neue, große Ereignisse und machte das schlechte Wetter dafür verantwortlich, dass der Sturm auf England immer wieder verschoben wurde. Ohne einen Bodenkrieg fehlte ihm das Material für seine Propaganda und er selbst fühlte sich unausgelastet. Zwar schwärmte er davon, was er nach dem Krieg als Privatmann alles machen würde: faulenzen, Musik hören, Bücher lesen. Andererseits musste er sich aber gestehen, dass er sich nur »in der Aktion« am wohlsten fühlte. Frieden hielt er nicht für erstrebenswert, weil er die Menschen auf die Dauer »zum Versumpfen« bringe.[30]

Auch Goebbels' Ehe war durch den Krieg wieder neu belebt worden. Die persönlichen Differenzen waren in den Hintergrund getreten angesichts des Schicksalsweges, den Deutschland nun gehen musste. Magda hatte, jedenfalls nach dem Urteil von Hans-Otto Meissner, »mit geradezu fanatischer Vaterlandsliebe«[31] den Krieg begrüßt. Sie ließ sich sogar zur Rotkreuzschwester ausbilden. Ob sie auch zum Einsatz kam, ist nicht bekannt. Immerhin war sie bereit, die Entbehrungen der Bevölkerung mitzutragen. Zu spüren bekamen das hauptsächlich die Gäste. Wer zu den Goebbels zum Essen eingeladen wurde, der wurde nicht satt und musste auch noch seine Lebensmittelkarten abgeben.

Vorbildlich war Magda auch wieder als Mutter. Sie wurde erneut schwanger. Am 29. Oktober 1940, an Goebbels' 43. Ge-

Das offizielle Versöhnungsfoto, nachdem Hitler auf der Fortsetzung der Goebbels-Ehe bestanden hatte. Joseph und Magda Goebbels mit den Kindern (v. li.) Hilde, Helmut und Helga, Berghof auf dem Obersalzberg im Oktober 1938

burtstag, brachte sie ihr fünftes Mädchen zur Welt. Es hieß Heide und wurde das »Versöhnungskind« genannt. Rechtzeitig zu diesem Doppelgeburtstag war endlich das Ministerpalais fertig. Wegen der ständigen Reklamationen des Ehepaars Goebbels hatte der Einzug wieder und wieder verschoben werden müssen. Dafür war nun alles behaglich, modern und schön geworden, wie Goebbels bei einem ausgiebigen Rundgang zufrieden feststellen konnte.

Die Eingangshalle war mit Marmor verkleidet, Arbeits-, Wohn- und Schlafzimmer waren mit verschiedenen Holzarten ausgetäfelt, von Palisander bis zu Mahagoni. Teure, schwere Teppiche dämpften die Schritte, und an den Wänden hingen Gobelins, die aus Wien geliefert worden waren. Die Fenster- und Türbeschläge waren allesamt aus Bronze, die Wände waren mit wertvollen Wandstoffen bezogen. Für den Haushalt hatte Magda vom Porzellan bis zur Bettwäsche alles selbst ausgewählt und nur beste Qualität genommen. Und bei der Einrichtung war alles geschmackvoll aufeinander abgestimmt, die Bilder an den Wänden ebenso wie die Farbe der Telefone.

Die Kinder waren begeistert von ihren neuen Zimmern. Zum Geburtstag ihres Vaters hatte der Schauspieler Heinz Rühmann einen Film mit ihnen gedreht, der Goebbels jetzt vorgeführt wurde. In einer Szene sitzen die Kinder auf der Wiese und singen: »Unser Papi ist mein bester Kamerad.« Die beiden ältesten Mädchen Helga und Hilde waren wirklich wie Kameraden für Goebbels. Mit ihnen konnte er schon über Politik reden und ihnen erklären, warum die englischen Flugzeuge Bomben auf Berlin warfen. Nicht erklären konnte oder wollte er ihnen vermutlich, warum der Widerstand der

Engländer auch durch die verheerenden Luftangriffe auf ihre Städte nicht gebrochen werden konnte.

Von Hitler hatte Goebbels die Order bekommen, die Bombardements mit einem Propaganda-Trommelfeuer zu unterstützen. Gemäß seiner Erfahrung, dass eine Kampagne am besten wirkt, wenn sie sich auf eine Person konzentriert, wurde nun der englische Premierminister Winston Churchill das Ziel von Goebbels' Hass und Spott. Einen »Whiskysäufer« nannte er ihn, ein »Lügenschwein« und ein »widerliches, fettiges Viehstück«, das rosaseidene Unterwäsche trage. Im engeren Kreis allerdings bewunderte er Churchill als einen »tollen Kerl«.[32]

Über die Geheimsender ließ Goebbels Drohungen verbreiten, dass eine Invasion der Insel kurz bevorstehe. Und um die Verunsicherung der Engländer noch zu steigern, lieferte er ein »Meisterstück der List«. Er schrieb einen Artikel mit versteckten Hinweisen auf eine geplante Invasion und ließ die Zeitung kurz vor Erscheinen konfiszieren, so als wollte er einen versehentlichen Geheimnisverrat ungeschehen machen. Natürlich hatte er dafür gesorgt, dass einige Exemplare der Zeitung in die Hände englischer Diplomaten gerieten, die nun glaubten, geheimen Plänen der Deutschen auf die Spur gekommen zu sein.

Solche Tricks ließ sich Goebbels dauernd einfallen, um den Feind auf eine falsche Fährte zu locken. Er war stolz darauf, zu den wenigen zu gehören, die wussten, dass der angeblich bevorstehende Sturm auf England nur ein »Scheinunternehmen« war. Er sollte davon ablenken, dass Hitler einen Angriff auf die Sowjetunion plante. »Draußen hat kein Mensch auch nur eine Ahnung, was der Führer vorhat«, schrieb Goebbels Ende März 1941 zufrieden über die gelungenen Ablenkungsmanöver.[33]

Offenbar rechnete er auch mit verstärkten Luftangriffen auf

Berlin. Er ließ seine gesamten Tagebücher in die unterirdischen Tresore der Reichsbank schaffen, um sie vor Zerstörung zu schützen. Und Magda schickte er mit den Kindern ins österreichische Bad Aussee.

Am Sonntag, dem 15. Juni 1941 bestellte Hitler ihn in die Reichskanzlei. Goebbels schlich sich durch die Hintertür in das Gebäude, um nicht gesehen zu werden. Hitler eröffnete ihm, dass die Offensive im Osten spätestens in einer Woche losbrechen werde. Goebbels hat das lange Gespräch mit Hitler am nächsten Tag in seinem Tagebuch aufgezeichnet. Die Zeilen lesen sich merkwürdig, weil man nicht recht weiß, wer spricht. Hitlers Aussagen sind sozusagen deckungsgleich mit Goebbels' Meinungen. Man hat den Eindruck, als ob Goebbels in einer gewaltsamen Selbstbeschwörung sich Hitlers Worte sofort zu eigen macht, ohne jeden Einwand, ohne die geringste Skepsis. »Der Bolschewismus wird wie ein Kartenhaus zusammenbrechen«, heißt es da. »Wir stehen vor einem Siegeszug ohnegleichen.«[34]

Goebbels hat einmal gestanden, dass er sich wie eine »kleine Planetmikrobe«[35] fühlte, wenn Hitler über die großen Zusammenhänge sprach. Der Gedanke, nur ein winziges Rädchen zu sein in einem unfassbaren Plan, drängte ihn zu der Frage, ob das Leben überhaupt lebenswert sei. Wer diese Frage mit Nein beantwortet, dem empfahl er, sich eine Kugel in den Kopf zu schießen. Sei die Antwort aber Ja, dann solle man dem Leben »mit Optimismus« entgegentreten und den Mut finden zu schweren Entscheidungen. Zu diesem Mut finde man aber nur, wenn es kein Zurück mehr gebe. »Gibt es noch ein Zurück«, so schrieb er, »dann wird man leicht feige in den Stunden der großen Belastung.«

Für Goebbels gab es kein Zurück mehr. Er wusste, dass Hitler zum Siegen verdammt war, weil nur ein Sieg alles überdecken konnte, was an Verbrechen geschehen war und noch geschehen würde. Die Frage, ob Hitlers Vorgehen moralisch gut oder schlecht war, spielte dabei keine Rolle mehr. »Wir haben sowieso so viel auf dem Kerbholz, dass wir siegen müssen«, meinte Goebbels, »weil sonst unser ganzes Volk, wir an der Spitze mit allem, was uns lieb ist, ausradiert würde. Also ans Werk!«[36]

Am 22. Juni 1941 um 3 Uhr morgens begann der Überfall auf Russland.

XI. DER SCHMIED DER DEUTSCHEN SEELE

JUNI 1941 – FEBRUAR 1944

Thomas Mann hat einmal den »stillen Verdacht« geäußert, dass die Wut, mit der Hitler den Marsch auf Wien betrieben hat, eigentlich nur einem Mann galt, dem »alten Analytiker«, dem »Entlarver« und »großen Ernüchterer«. Gemeint war Sigmund Freud, der Begründer der Psychoanalyse, der Erforscher des Unbewussten.[1] Als Jude war Freud 1938 vor den deutschen Truppen aus Wien geflohen und ein Jahr darauf in London gestorben. Die Wut der Nazis auf Sigmund Freud war für Thomas Mann nichts anderes als der Hass gegen alle Versuche, die verborgenen Motive ihres Handelns aufzudecken. In der Tat wäre von dem großen Ziel einer Weltherrschaft, vom Judenhass oder der Rassenlehre nicht viel übrig geblieben, wenn man hätte einsehen müssen, dass das alles nur Ausgeburten von Neurosen und Komplexen waren. Kein Wunder, dass die Nazis diese Form der Selbsterforschung bekämpften als krankhafte Seelenzergliederei oder »jüdischen Intellektualismus«.

War auch Goebbels blind für seine eigenen seelischen Defekte? Hätte ein guter Psychoanalytiker ihn davon überzeugen können, dass er an einer »narzisstischen Persönlichkeitsstörung« litt, wie man sie später bei ihm feststellte?[2] Hätte er selbst erkennen können, dass diese psychische Störung dazu geführt hat, dass er ständig auf der Suche nach Anerkennung war? Oder macht man es sich zu einfach, wenn man eine Person wie Goebbels in solche psychologischen Schubladen steckt?

Er selbst war überzeugt, ein »kluger Psychologe« zu sein, der andere schnell durchschaute, und er war auch rasch bei der Hand mit psychologischen Fachbegriffen, so wenn er bei seinen Gegnern »Minderwertigkeitskomplexe« feststellte.[3] Auch seine Kritiker mussten anerkennen, dass Goebbels ein Gespür hatte für die Schwächen und Stärken von Menschen und dieses Wissen geschickt für seine Propaganda einzusetzen wusste. Andererseits steht man ziemlich fassungslos vor der Tatsache, dass Goebbels sich ohne Bedenken dauernd selbst widersprach und es ihm manchmal völlig an einem Gewissen zu fehlen schien. Und liest man seine Tagebücher und Reden, so ist fast körperlich zu spüren, wie verzweifelt er mit seinem Willen zur Anpassung jeden Zweifel ersticken will. Ist er also ein intelligenter Menschenkenner *und* ein seelischer Analphabet? Ein gewiefter Psychologe *und* moralischer Dummkopf? Ein genialer Propagandist *und* völlig unfähig, sich in andere Menschen hineinzuversetzen?

Seinem Tagebuch ist zu entnehmen, dass Goebbels die größte Angst hatte vor einem Zweifrontenkrieg. Von daher bereitete ihm auch der Gedanke an einen Waffengang gegen Russland Unbehagen. Waren die Würfel aber dann gefallen, stimmte er »hundertprozentig« mit Hitlers Kurs überein und übernahm mit voller Kraft den Propagandakrieg. Solange der deutsch-sowjetische Nichtangriffspakt noch bestand, hatte er mit Moskau freundschaftlich umgehen müssen. Jetzt konnte er die »antibolschewistische Walze« wieder anlaufen lassen, erst langsam, damit der Umschwung nicht zu plötzlich kam.

Den Bolschewismus schilderte er als eine Gefahr für die ganze Menschheit, schlimmer noch, als eine »Erkrankung der

Seele«. Und dass die Engländer und die Russen nun Feinde Deutschlands waren, das bestätigte nur seine längst gehegte Vermutung, dass Plutokratie und Bolschewismus dieselben Wurzeln hatten. Die seelenlose »Geldherrschaft der westlichen Demokratien«, so verkündete er, habe sich verbündet mit der kulturlosen »Teufelslehre« der Steppenvölker.[4]

Aus der Zeitung *Das Reich*, für die Goebbels nun regelmäßig Artikel schrieb, konnten die Leser erfahren, dass Stalin schon längst einen Überfall auf Deutschland geplant habe und ihm Hitler glücklicherweise zuvorgekommen sei. Das Deutsche Reich sei die einzige Macht, die verhindern könne, dass Europa in die Hände eines erbarmungslosen Kapitalismus oder eines barbarischen Kommunismus falle. »Wir haben nie ein anderes Ziel gekannt«, so verkündete Goebbels bei einer Rede, »als das Ziel des Glücks unseres Volkes und damit auch des Friedens unseres ganzen Kontinents.«[5]

Dass auf dem Weg zu diesem Glück und diesem Frieden Tausende von Menschen ihr Leben lassen mussten, das war für Goebbels zwar bedauerlich, aber unvermeidlich. Angesichts der Größe des Zieles war seiner Überzeugung nach kein Platz mehr für moralische Bedenken. Gefragt waren Männer, die ein »gefühlloses Herz« haben, die mit »einer kalten Rücksichtslosigkeit« handeln und sich keine »falsche Sentimentalität« erlaubten.[6] Dass er sich selber zu diesen Männern zählte, daran ließ er keinen Zweifel.

Seiner Meinung nach war es nicht zuletzt ein Verdienst der Propaganda, dass die deutschen Soldaten so schnell nach Osten vorstießen und die feindlichen Stellungen buchstäblich überrollten. Am 29. Juni 1941 wurden im Rundfunk innerhalb einer Stunde zehn Sondermeldungen über gewaltige Siege gegen die Rote Armee verkündet. Viele Deutsche glaubten, dass der Krieg gegen die Sowjetunion so gut wie gewonnen war, und selbst der mit Prognosen immer vorsichtige Goebbels war sich sicher, dass es nur noch vier, höchstens sechs Wochen dauern konnte, bis die Truppen Stalins besiegt waren.

Sechs Wochen später war ein Ende des Krieges immer noch nicht in Sicht. Stattdessen erhielt Goebbels' Zuversicht einen Dämpfer. Bei einem Besuch im Hauptquartier teilte ihm Hitler mit, dass man sich in einer »schweren Krise« befinde und man die Kampfkraft der Sowjets unterschätzt habe. Weit entfernt davon, nun den übereilten Angriff auf die Sowjetunion zu bereuen, war Hitler dankbar dafür, nun ein realistisches Bild von der Stärke des Gegners zu haben und die zukünftigen Aufgaben nicht zu leicht zu nehmen. Bis zum Anfang des Winters Mitte Oktober wollte er eine Entscheidung herbeiführen und seine Entschlossenheit und Zuversicht übertrugen sich auch auf Goebbels. Wie immer war er nach einem Treffen mit Hitler »bis oben hinauf erfüllt mit Optimismus und Aktivität«[7].

Dieser Optimismus schien berechtigt. Den deutschen Truppen gelang es Ende August, eine Hauptmacht der Roten Armee einzukesseln und über eine halbe Million Soldaten gefangen zu nehmen. Hitler beauftragte Goebbels damit, einen Aufruf an seine Soldaten drucken zu lassen, der in 200 000 Exemplaren an der Ostfront plakatiert wurde. Darin lobte Hitler die Tapferkeit seiner Soldaten und kündigte an, vor Einbruch des Winters den Gegner mit einem »letzten gewaltigen Hieb« zu zerschmettern. Die Plakate mussten wenige Wochen später wieder abgekratzt werden. Der Winter war hereingebrochen. Soldaten und Fahrzeuge blieben im Schlamm stecken. Die völlig erschöpften Truppen kamen vor Moskau und Leningrad zum Stehen.

Für diesen Misserfolg machte Hitler seine Generäle verantwortlich. Er ließ die Führer der Armeegruppen ablösen und ernannte Mitte Dezember sich selbst zum Oberbefehlshaber des Heeres. Von nun an waren alle Erfolge und Misserfolge direkt mit seinem Namen verbunden. Hitler freilich hielt es für undenkbar, dass dieser Krieg verloren gehen könnte. Was ihm allein Sorgen bereitet hat, war, dass die USA aktiv in den Krieg eingreifen würden. Bisher hatten sie die Engländer nur mit Waffen und Lebensmitteln versorgt.

Diese Sorge meinte er jetzt los zu sein. Anfang Dezember hatten japanische Bomber den amerikanischen Flottenstützpunkt Pearl Harbor angegriffen. Hitler glaubte nun, dass die USA durch den Konflikt im Pazifik abgelenkt werden und sich einen zweiten Kriegsschauplatz in Europa nicht leisten könnten. In seiner euphorischen Stimmung erklärte er von sich aus den USA den Krieg. Nun, so meinte er, könne er die amerikanischen Versorgungsschiffe torpedieren lassen, ohne eine Invasion fürchten zu müssen.

Goebbels nahm die Schwierigkeiten an der Ostfront ernster als Hitler. Voraussagen über das Kriegsende ließ er nun nicht mehr zu. Denn er hatte gelernt, dass Versprechungen, die nicht gehalten werden, nur Enttäuschungen und Zweifel hervorrufen. Psychologisch geschickter erschien es ihm, nicht Erwartungen zu wecken, sondern die Menschen in Deutschland auf eventuelle Rückschläge und Schwierigkeiten vorzubereiten. Dabei kam es ihm nicht auf kurzfristige Stimmungen an. Viel entscheidender war die dauerhafte richtige »Haltung«. Und diese Haltung sollte eine der radikalen Entschlossenheit und der unnachgiebigen Härte sein. Goebbels sah seine Kriegsaufgabe darin, »die Heimat stärker zu schmieden«. Und er wollte der »Schmied der deutschen Seele« sein.[8]

Wie man die deutsche Seele hart machte, glaubte er zu wissen. Dazu brauchte es Helden und Vorbilder wie den »Wüstenfuchs« Erwin Rommel, der als Oberbefehlshaber der deutschen Truppen in Nordafrika zusammen mit den italienischen Verbündeten von Sieg zu Sieg eilte. Und dazu brauchte es ein Feindbild, auf das sich der Hass des ganzen Volkes richten konnte. Und der Feind Nummer eins war immer noch »der Jude«. Für Goebbels waren die Juden die »geistigen Urheber« allen Unglücks in der Welt, sie waren die Strippenzieher hinter den Bolschewisten in Russland und sie waren die Hintermänner der Plutokraten in England.

Im Juden vereinte sich alles, was Goebbels schon als junger Mann verachtet und gehasst hatte: der vollgefressene Bürger mit seiner betulichen Moral, der sein Geld zählt und von Macht träumt, der die Verbindung zum Volk verloren hat, dem Kultur, Kunst und Freiheit fremd sind, der skrupellos die Weltherrschaft anstrebt und der als Erster, wie Goebbels behauptete, »die Lüge als Waffe in der Politik eingeführt« habe.[9]

Ob Goebbels in manchen Momenten bemerkt hat, dass viele dieser Beschreibungen auch auf ihn zutreffen? Hatte er nicht die Propaganda zur Waffe gemacht? Hatte er sich nicht längst vom Volk entfernt? Hatte er nicht seine sozialistischen Ideen aufgegeben zugunsten von Macht und Luxus? Hier begegnen wir wieder dem doppelgesichtigen Goebbels: dem großen Beschwörer einer fernen Utopie von Glück, Frieden und Freiheit, und dem kleinen, hässlichen, machtversessenen und geldgierigen Kleinbürger, dem »bösen Kobold«[10], wie Joachim Fest ihn genannt hat.

Dieser böse Kobold wusste, dass ein Feindbild, das abstrakt ist, nicht wirkt. Es braucht ein Gesicht. Und dieses Gesicht bekam es durch Filme wie *Der ewige Jude* oder besonders durch *Jud Süß*. Gerade *Jud Süß* hielt Goebbels für ein Meisterwerk, weil es nicht plumpe Propaganda war, sondern eine raffinierte Mischung aus Unterhaltung, Spannung und Beeinflussung. »Es soll gezeigt werden«, so beschrieb der Regisseur Veit Harlan seine Absicht, »wie alle diese verschiedenartigen Temperamente und Charaktere, der gläubige Patriarch, der gerissene Betrüger, der schachernde Kaufmann usw. letzten Endes aus einer Wurzel kommen.«[11]

Diese Wurzel war der »ewige Jude«, der sich nie ändert und sich hinter verschiedenen Masken versteckt. Goebbels' und Veit Harlans Rezept ging auf, *Jud Süß* wurde ein großer kommerzieller und propagandistischer Erfolg. Die Kinobesucher in Berlin wurden so mitgerissen, dass manche spontan »Saujud, dreckiger!« oder »Vertreibt die Juden vom Kurfürstendamm!« riefen.

Auf dem Kurfürstendamm waren die Juden jetzt auch leicht zu erkennen, denn Goebbels hatte von Hitler die Erlaubnis bekommen, ein »Abzeichen« einzuführen. Alle Juden, die älter als sieben Jahre waren, mussten nun einen gelben Davidstern tragen, auf dem quer das Wort »Jude« stand. Das war für Goebbels aber nur ein erster Schritt. Hitler hatte ihm auch zugesagt, dass er nach Beendigung des Ostfeldzuges Berliner Juden in den Osten abschieben darf. Obwohl der Krieg im Osten keineswegs zu Ende war, hatte Goebbels den ersten Abtransport am 18. Oktober 1941 durchführen lassen. SS-Leute hatten mit

Peitschen über 1000 Juden zum Bahnhof Grunewald getrieben. Von dort waren sie in Waggons in das Ghetto nach Lodz gebracht worden.

Goebbels wusste, dass man im besetzten Polen damit begonnen hatte, nicht arbeitsfähige Juden systematisch zu ermorden. Die Methoden, die dabei angewandt wurden, nannte Goebbels ein »ziemlich barbarisches und nicht näher zu beschreibendes Verfahren«.[12] Was er auszusprechen scheute, war die Ermordung durch Gas. Die Opfer mussten sich nackt ausziehen und wurden dann in einen Lastwagen getrieben. Der Motor wurde gestartet und die Abgase ins Wageninnere geleitet. Anschließend warf man die Leichen in ein Massengrab im Wald. Diese planmäßige Vernichtung war für Goebbels zwar »barbarisch«, aber doch notwendig und gerechtfertigt. Denn würde man sich nicht auf diese Weise »erwehren«, so war seine Logik, dann würde man selbst von den Juden früher oder später auf vielleicht noch grausamere Art vernichtet werden.

Die deutschen Soldaten wurden nicht durch das »internationale Judentum« gefährdet, sondern mussten sich einer sowjetischen Offensive erwehren und litten unter dem harten Winter 1941/42. Ihre Ausrüstung erwies sich als völlig unzureichend. Goebbels forderte die deutsche Bevölkerung auf, alles, was sie an warmen Wintersachen entbehren konnte, den Soldaten zu spenden: Jacken, Westen, Handschuhe, Decken, Socken. Durch diese Aktion wollte er die getrübte Stimmung im Volk wieder heben. Und vor allen Dingen sollten die Menschen in Deutschland zeigen, dass sie bereit und fähig waren, Entbehrungen auf sich zu nehmen. Die Heimat sollte nicht zu Lasten der Front geschont werden, forderte Goebbels. Sie sollte zur »zweiten Front« werden.

Besonders die Menschen in den deutschen Großstädten brauchten keine Wintersammlung, um die Härten des Krieges zu spüren. Die Luftangriffe der Royal Air Force wurden immer häufiger und stärker und ihre Wirkung immer verheerender. In der Nacht vom 30. zum 31. Mai 1942 flog zum ersten Mal ein Geschwader von über 1000 Bombern Richtung Westdeutschland. Ihr Ziel war Köln. Eineinhalb Stunden lang fielen Brandbomben auf die Stadt, die danach ein einziges Feuermeer war. In den folgenden Monaten wurden auch Essen, Dortmund, Wuppertal und Kassel durch Bombardements größtenteils zerstört.

Goebbels nannte es eine »Schande«, dass dabei auch deutsche Kulturgüter vernichtet wurden. Für ihn waren diese Angriffe ein feiger »Blutterror« eroberungssüchtiger »Räubernationen«[13] und er drohte der britischen Regierung mit Vergeltung. Zukünftig sollten deutsche Kampfflieger gezielt englische Kulturstätten angreifen, und die zu erwartende Empörung tat er ab als eine alte »Humanitätsleier«[14], die ihn schon längst nicht mehr beeindrucken konnte.

Um von den Kriegsschäden im eigenen Land abzulenken, kam eine Sommeroffensive der deutschen Truppen an der Ostfront gerade recht. Ziel der Operation war es, die Stadt Stalingrad und die Erdölfelder im Kaukasus zu erobern. Am 19. August 1942 gab General Friedrich Paulus der 6. Armee den Befehl zum Angriff auf Stalingrad. Schon nach wenigen Wochen sah Goebbels ein erfolgreiches Ende in Sicht. Er brauchte diesen Erfolg, denn die Entwicklung an den anderen Kriegsschauplätzen war wenig erfreulich. Anfang November gelang britischen und amerikanischen Truppen die Invasion an den Küsten Marokkos und Algeriens. Und die Alliierten hatten in der Schlacht von El-Alamein den für unbesiegbar gehaltenen »Wüstenfuchs« Rommel zum Rückzug gezwungen.

Das Wort »Rückzug« nahm Goebbels freilich nicht in den Mund. Er sprach von »militärischen Rückläufigkeiten« oder von frei werdenden Räumen, die entstehen, wenn Truppen sich auf eroberte Stellungen zurückziehen, um neue Kräfte zu sammeln. Je kritischer die Lage wurde, desto eindringlicher appellierte Goebbels an den Durchhaltewillen seiner Landsleute. Er verglich das Volk mit einer großen Familie, die gerade in schweren Zeiten zusammenhalten müsse. Dass in dieser »kämpfenden Gemeinschaft« ab und zu einer seinen Ärger äußert, das wollte er noch zulassen. Auf keinen Fall wollte er jedoch dulden, wenn jemand gegen den »Korpsgeist« verstößt und die Verbundenheit der Volksfamilie untergräbt. Solche »Drückeberger«, Störer und ehrlosen Miesmacher sollten aus den eigenen Reihen ausgeschlossen werden, was im Klartext hieß: Sie sollten an die Wand gestellt oder einen »Kopf kürzer« gemacht werden.[15]

Goebbels schickte seine Mitarbeiter aus, um die Stimmung im Volk zu erkunden. Diese Spione reihten sich auch in die Schlangen vor den Lebensmittelgeschäften ein und notierten sich die Bemerkungen der einfachen Leute. Ihrem Auftraggeber konnten sie vermutlich auch melden, dass in der Bevölkerung eine Reihe von Witzen kursierte, die wenig Zutrauen zu den politischen und militärischen Führern verrieten. »Wisst ihr, wann der Krieg zu Ende ist?«, lautete eine beliebte Scherzfrage. »Wenn dem Göring die Hose von Goebbels passt«, war die Antwort.[16] Und die dürftige Versorgungslage in Berlin inspirierte die Menschen zu einem neuem Tischgebet, das auch auf den Leiter der »Deutschen Arbeitsfront«, Robert Ley, anspielte: »Komm, Herr Ley, sei unser Gast / Und gib uns die Hälfte, die Du uns versprochen hast. / Nicht Pellkartoffel und salzigen Hering, / Nein, was Du isst und Hermann Goering. / Jüppchen darf davon nichts wissen, / Sonst werden wir noch mehr beschissen.«[17]

Es gab auch Mitglieder in der großen Volksfamilie, denen Witze und freche Gebete nicht genug waren. Zu ihnen gehörte der Ingenieur Hansheinrich Kummerow. Er wollte unter die Brücke, die zu Goebbels' Villa auf Schwanenwerder führte, eine Mine legen. Als harmloser Angler verkleidet wollte er dann, sobald Goebbels' Auto über die Brücke fuhr, von einem Boot aus die Mine fernzünden. Der Plan ging schief. Noch ehe er die Bombe anbringen konnte, wurde Kummerow von Bewachern des Grundstücks entdeckt und festgenommen. Später wurde er, ebenso wie seine Frau Ingeborg, zum Tode verurteilt und im Gefängnis Plötzensee durch das Fallbeil hingerichtet.

Zum Schutz vor weiteren Attentaten bekam Goebbels von Hitler zu Weihnachten einen gepanzerten und kugelsicheren Mercedes. Recht freuen konnte er sich nicht über dieses Geschenk. Das Weihnachtsfest wurde überschattet von den besorgniserregenden Nachrichten aus Stalingrad. Die deutschen Streitkräfte waren eingekesselt worden, und ein Versuch, den Kessel aufzubrechen, war gescheitert. Goebbels war nun wie besessen von der Idee, dass nur der »radikalste und totalste Krieg«[18] zum Sieg führt. Für die dazu nötigen Maßnahmen hatte er schon eine Reihe von Ideen entwickelt. So sollte die Arbeitsdienstpflicht für Frauen eingeführt werden, nicht kriegswichtige Industrien sollten stillgelegt werden und teure Schlemmerlokale und Luxusgeschäfte wollte er schließen lassen.

Er selbst wollte mit gutem Beispiel vorangehen, sich keinen Luxus mehr gönnen und Tag und Nacht für die totale Kriegsführung arbeiten. Für »persönliche Dinge« hatte er nun keine Zeit mehr. Seiner Frau und seinen Kindern wollte er sich nach dem Krieg wieder mehr widmen.

Erfreut war er allerdings über Magdas Vorhaben, den Ministergattinnen ein Vorbild zu sein und als Arbeiterin bei den *Telefunken*-Werken ihren Teil zum totalen Krieg beizutragen. Es blieb aber beim guten Vorsatz. Magda Goebbels musste wegen ihrer Herzprobleme immer wieder längere Zeit im Krankenhaus und auf Kur verbringen. Nun kamen noch Schmerzen und Lähmungen im Gesicht dazu. Es stellte sich heraus, dass sie unter einer Trigeminus-Neuralgie litt.[19] Dabei handelt es sich um die schmerzhafte Reizung des Gesichtsnerves. Magda ließ sich operieren, aber die zeitweise unerträglichen Schmerzen blieben.

Goebbels hatte selbst mit gesundheitlichen Problemen zu kämpfen. Hautausschläge und Nierenschmerzen machten ihm zu schaffen. Aber er wollte beweisen, dass er die mitleidlose Härte, die er von anderen verlangte, auch gegen sich selbst üben konnte. Mehr Sorgen als seine Gesundheit machte ihm die merkwürdige Tatenlosigkeit Hitlers. Goebbels begann nun sogar, Verbündete zu suchen für seine Pläne. Der inzwischen zum Rüstungsminister ernannte Albert Speer, der Führer der »Deutschen Arbeitsfront« Robert Ley, der Wirtschaftsminister Walther Funk und Hitlers Privatsekretär Martin Bormann waren auf seiner Seite. Doch das Führerprinzip machte es unmöglich, an Hitler vorbei zu planen. Endlich rang sich Hitler dazu durch, einen Dreierausschuss zur totalen Kriegsführung zu bilden. Zu seiner Enttäuschung gehörte Goebbels nicht dazu. Er ließ sich aber nicht entmutigen und begriff sich weiterhin als die treibende Kraft in der Regierung.

Wann immer es möglich war, flog Goebbels in das Führerhauptquartier »Wolfsschanze« in Ostpreußen, um mit Hitler lange Gespräche zu führen. Natürlich war Hitler für ihn noch immer das verehrungswürdige Genie und der unumstrittene »Führer« des deutschen Volkes. Doch den Aufzeichnungen über diese Treffen ist auch anzumerken, welcher Schock es für Goebbels war, Hitler als einen alternden Mann zu erleben. War er bisher der »Kraftansammler« gewesen, an dem sich Goebbels wie ein »Akkumulator«[20] aufladen konnte, so zeigte er jetzt Schwächen. Er ging gebeugt und seine linke Hand zitterte. Er gab Goebbels in allem, was dieser sagte, recht. Doch traf er keine Entscheidungen. Es folgten keine Taten.

Während Goebbels mit Hitler am 22. Januar 1943 in der Wolfsschanze die Lage besprach, kamen alle Augenblicke dramatische Nachrichten aus Stalingrad herein. Dort verhungerten und erfroren die Soldaten. Die Rote Armee hatte die deutschen Verteidigungslinien durchbrochen. Die 6. Armee war so gut wie verloren. Am Abend des 3. Februars 1943 wurde in einer von Goebbels sorgfältig vorbereiteten Sondermeldung der deutschen Bevölkerung der Verlust Stalingrads mitgeteilt. Dass die 6. Armee kapituliert hatte und Generalfeldmarschall Paulus mit seinen überlebenden Soldaten in sowjetische Gefangenschaft gegangen war, wurde nicht erwähnt. Sie seien, so hieß es lediglich, bis zum Ende ihrem Fahneneid treu geblieben und »der Übermacht des Feindes und der Ungunst der Verhältnisse erlegen«.

Der Fall Stalingrads war für das Deutsche Reich eine Katastrophe und leitete die Wende im Krieg ein. Für Joseph

Goebbels war diese Niederlage fast ein Geschenk des Himmels und eine große Chance. Endlich wurden seine Ermahnungen, den Krieg zu radikalisieren, gehört. Endlich konnte er sich als der »psychologische Diktator«[21], als den er sich sah, bewähren. Hitler schwieg und trat nicht mehr in der Öffentlichkeit auf. Wer anders als Goebbels kam nun infrage, das nationalsozialistische Regime nach außen hin zu repräsentieren.

Seit jeher war Goebbels erst in der Krise und im Kampf zu Höchstform aufgelaufen. Er brauchte Widerstände, um bei sich und bei anderen die inneren Kräfte zu mobilisieren. Kein anderer verstand es wie er, Zweifel und Mutlosigkeit zu verwandeln in trotzigen Widerstand und gläubige Siegesgewissheit. Nach dem Schock von Stalingrad wollte er mit einem Auftritt im Berliner Sportpalast beweisen, dass er allein das Volk aus seiner Depression reißen und die moralische Krise meistern konnte.

Am 18. Februar 1943 war der Sportpalast in Berlin bis auf den letzten Platz gefüllt. 14 000 Menschen saßen dicht gedrängt in der riesigen Halle. In der Mitte war ein breiter Gang gelassen, der auf die mit Hakenkreuzfahnen geschmückte Rednerbühne zulief. Über der Bühne war ein Transparent gespannt mit der Aufschrift »TOTALER KRIEG – KÜRZESTER KRIEG«.

Das Publikum bot keineswegs einen Querschnitt durch das deutsche Volk, wie Goebbels behauptete. Es waren in der Hauptsache altgediente, treue Parteigenossen, dazu Spitzen der Partei und eine Reihe von bekannten Persönlichkeiten und Schauspielern wie Heinrich George, die von den Kameras der *Wochenschau* bevorzugt ins Bild genommen wurden.

Unter den Zuhörern saß auch Magda Goebbels. Und zum ersten Mal durften auch ihre ältesten Töchter Helga und Hilde bei einer politischen Massenveranstaltung dabei sein. Goebbels war sich sicher, dass dieses Erlebnis den Kindern unauslöschlich in Erinnerung bleiben würde und sie es für ihr späteres Leben »gut gebrauchen« könnten.[22] Wie wohl die beiden Mädchen ihren Vater und die fanatischen Menschen um sich erlebt haben? Dauernd wurde Goebbels unterbrochen: von Lachsalven, wenn er sich über die Engländer lustig machte, von Empörungsschreien, wenn er mit spöttischem Unterton die Meinung der Feinde, die Deutschen seien kriegsmüde, wiedergab, von Sprechchören, wenn er an die radikale Entschlossenheit seiner Landsleute appellierte.

Manchmal sprangen die Menschen wie elektrisiert von ihren Sitzen, riefen »Heil!« und reckten ihren rechten Arm nach oben. Sogar die schwer verletzten Soldaten in den ersten Reihen mit ihren Prothesen, Krücken und Verbänden standen auf und gelobten laut, dem »Führer« zu folgen. Einige klopften mit dem einen Arm, der ihnen geblieben war, zum Applaus auf ihre Oberschenkel und hoben ihn zum Hitler-Gruß.

Es war wie ein Duett zwischen Goebbels und seinem Publikum, das sich steigerte zu einer totalen Einheit zwischen diesem kleinen, schmächtigen Mann und der Masse. Und nach einer Stunde hatte Goebbels seine Zuhörer dort, wo er sie haben wollte. In diesem Moment wären sie auf sein Wort hin aus dem Fenster gesprungen, soll er später gesagt haben. Nun, auf dem Höhepunkt seiner Rede, stellte er zehn Fragen an das Publikum, die gipfelten in der einen Frage: »Wollt ihr den totalen Krieg? Wollt ihr ihn, wenn nötig, totaler und radikaler, als wir ihn uns heute überhaupt erst vorstellen können?« Und die Menschen im Sportpalast schrien wie in Ekstase »Ja!« und »Wir wollen ihn!«.[23]

Goebbels während seiner Rede im Berliner Sportpalast am 18. Februar 1943

Als die Rede des Ministers Goebbels eine Stunde später im Radio übertragen wurde, hörte sie auch der Wehrmachtspfarrer Siegfried Hotzel, der in der Nähe von Warschau seinen Dienst versah. Er wurde nicht mitgerissen von der Begeisterung. Im Gegenteil, ihm erschien die Veranstaltung im Berliner Sportpalast wie ein »Hexensabbat«, und er fragte sich, wie es zu so einem »verrückten Theater« kommen konnte. »Mir kam es vor«, so schrieb er in sein Tagebuch, »als ob sich ein Haufen von Idioten und Tollhäuslern zusammengerottet hätte.«[24]

Für die Hauptfigur in diesem verrückten Theaterstück, für Joseph Goebbels, war die Rede freilich ein Triumph. Galt er doch nun unter seinen Kollegen und im Volk als die treibende Kraft auf dem Weg zum totalen Krieg. Wie er allerdings seine Vorstellungen umsetzen wollte und ob die geplanten Maßnahmen überhaupt etwas bewirken würden, das war eine völlig offene Frage. Goebbels musste schon bald einsehen, dass es ihm an den nötigen Machtmitteln fehlte und seine Initiativen in den ewigen Kompetenzstreitigkeiten mit Rosenberg, dem Reichspressechef Otto Dietrich und Albert Speer verpufften.

Die alliierten Streitkräfte ließen sich nicht aufhalten. Sie landeten im Mai auf Sizilien. Als eine Folge davon ließ der italienische König den faschistischen »Duce« Benito Mussolini verhaften und schloss einen Sonderfrieden mit den Alliierten. Mussolini wurde zwar später von einem deutschen Sonderkommando mit einem dreisten Coup aus seinem Gefängnis befreit, aber seine Tage waren längst gezählt. Der Verbündete Italien schlug sich auf die Seite der Gegner Deutschlands.

Italien war forthin für Goebbels das verachtenswerte Beispiel für ein Volk, das einen faulen Frieden wählte und dafür seine Ehre und seine Freiheit verlor. In Deutschland durfte es für ihn nie so weit kommen, auch wenn durch den Luftkrieg nun eine Stadt nach der anderen zerstört wurde. Nach Essen, Wuppertal und Köln war im Juli Hamburg tagelang bombardiert worden. Im infernalischen Feuersturm hatten über 30 000 Menschen ihr Leben verloren. Im September und Oktober 1943 waren Hannover und Kassel das Ziel schwerer Luftangriffe.

Goebbels stattete diesen zwei Städten einen kurzen Besuch ab. Er ließ sich durch die zerstörten Straßen fahren und hielt danach Reden, in denen er immer wieder betonte, dass er nichts schönreden und eine »nüchterne« Betrachtung der Lage geben wolle. Seinen Zuhörern führte er dann aber eindringlich vor Augen, dass man zerstörte Straßen und Häuser wieder aufbauen könne, aber die »nationale Freiheit« unwiederbringlich verloren sei, wenn man sie einmal hergegeben hätte. In den schwärzesten Farben malte Goebbels aus, was nach einer Niederlage passieren würde. Das Leben wäre schlimmer als die »Hölle«. Die primitiven Völker des Ostens hätten nichts anderes vor, als das deutsche Volk zu einem »Sklavendasein« zu zwingen.[25] Deshalb sei dieser Krieg ein Krieg auf Leben und Tod. Und nur der, der bis zum Schluss durchhalte, werde den Sieg erringen.

Gern verglich Goebbels die Situation mit einem Boxkampf, bei dem zwei nahezu gleich starke Gegner bis zur letzten Runde kämpfen. Oder mit einem Marathonlauf, bei dem nur der siegen kann, der bis zum letzten Meter sein Bestes gibt, auch wenn das Herz rast und die Lungen schmerzen. »Aber die Nerven zu bewahren«, so Goebbels, »und standhaft zu bleiben und nicht mit den Augen zu zwinkern und sich keinem Gefühl der Schwäche hinzugeben und kein Anzeichen der Nachgiebigkeit *irgendwie* zu zeigen – das ist die hohe Kunst einer politischen Führung und das ist die hohe Kunst einer politischen Gefolgschaft.«[26]

Anders als in seinen Tagebüchern ließ Goebbels in seinen Reden keine Zweifel zu. Die Stimme des inneren »Versuchers« sollte ihn nicht unsicher machen. Dem »Teufel des Zweifels«[27] wollte er widerstehen. Das führte aber mit der Zeit dazu, dass er immer mehr die Fähigkeit verlor, die äußere Lage und seine Rolle darin richtig einzuschätzen. Je dramatischer die Situation im Krieg wurde, desto mehr versteifte sich Goebbels auf seine innere Festigkeit, auf seine fanatische Entschlossenheit, und desto mehr verlor er den Bezug zur Wirklichkeit – und zu sich selbst.

Joachim Fest beschrieb diese zunehmende Verhärtung mit den Worten, dass Goebbels »der Abstand zu sich selbst« abhandengekommen sei und es ihm nicht mehr gelang, »einen Schritt zurückzutreten«.[28] Zu ganz ähnlichen Beschreibungen kam auch Hannah Arendt, als sie im Jahr 1961 den Nazi Adolf Eichmann in Jerusalem vor Gericht erlebte. Arendt war anfangs fassungslos darüber, dass Eichmann sich dauernd selbst widersprach und nichts dabei empfand. Schließlich kam sie zu der Einsicht, dass Eichmann aufgehört hatte zu denken.

Unter »denken« versteht Hannah Arendt ein Gespräch mit sich selbst, und dieses Selbstgespräch ist für sie die Voraussetzung dafür, dass jemand Gut und Böse unterscheiden kann und so etwas wie ein Gewissen entwickelt. Wann immer jemand anfängt zu denken, setzt sich dieses innere Zwiegespräch in Gang und es wird sozusagen der innere Partner geweckt. Der Auseinandersetzung mit ihm entkommt man nicht, es sei denn, man hört auf zu denken. Wer die Fähigkeit zu dieser Auseinandersetzung mit sich selbst verliert, »dem wird es«, schreibt Hannah Arendt, »nichts ausmachen, sich zu widersprechen, und das heißt, er wird niemals fähig oder willens sein, über das, was er sagt, Rechenschaft abzulegen; es wird ihm auch nichts ausmachen, irgendein Verbrechen zu begehen, da er sicher sein kann, dass es im nächsten Augenblick vergessen sein wird«.[29]

Die Ursache für das Böse ist nach Hannah Arendt also nicht ein kaltes Herz, ein innerer Dämon oder ein böser Wille, sondern Gedankenlosigkeit. Und diese Unfähigkeit zu denken ist völlig unabhängig davon, ob jemand dumm ist oder klug. Sie ist auch und gerade bei hochintelligenten Menschen anzutreffen. Eine Folge davon ist, dass solche Menschen in eine Art Einsamkeit fallen wie in ein schwarzes Loch, aus dem kein Licht mehr nach außen dringt. In dieser Einsamkeit werden sie anfällig für Ideologien und abstruse Weltanschauungen. Sie gehen dann von einer unbewiesenen Annahme wie der jüdischen Weltverschwörung oder der Überlegenheit einer arischen Rasse aus und leiten daraus alles andere logisch ab. Was dabei entsteht, ist für den, der sich innerhalb dieses Systems befindet, völlig vernünftig und normal, aber von außen betrachtet, ist es das reinste Wahngebäude.

In der Nacht auf den 1. September 1943 wurde Goebbels' Heimatort Rheydt von britischen Flugzeugen so schwer bombardiert, dass von der Stadt nicht mehr viel übrig blieb. Wie durch ein Wunder war sein Elternhaus verschont geblieben. Aber die Volksschule, in die er gegangen war, und sein altes Gymnasium waren nur noch Trümmerhaufen. Und das Familiengrab auf dem Rheydter Friedhof, in dem sein Vater und seine Schwester begraben waren, gab es nicht mehr.

Goebbels hatte nicht viel Zeit, um seine alte Heimat zu trauern. Auch seine neue Heimat Berlin wurde von immer schwereren Luftangriffen heimgesucht. Am 18. November 1943 startete die Royal Air Force ihre Großoffensive auf die deutsche Hauptstadt. Bei den täglichen Angriffen waren 600 bis 800 Bomber im Einsatz. Goebbels ließ den luxuriösen Bunker unter dem *Hotel Kaiserhof* für sich beschlagnahmen, um von dort aus seine Befehle zu geben. Sogar in den tief gelegenen Räumen spürte er die Druckwellen der Explosionen und hörte den »Höllenlärm«[30] der Minen und Sprengbomben. Für Goebbels war diese Situation durchaus aufregend. Er fühlte sich wie im Gefechtsstand, und der Gedanke, dass auch ein Frontsoldat nicht gefährlicher lebte als er, erfüllte ihn mit Stolz.

Als er nach dem Angriff ins Freie trat, war er schockiert über den Anblick, der sich ihm bot. Der Potsdamer Platz war verwüstet. Der Reichstag und das Schauspielhaus brannten. Mehrere Ministerien standen in Flammen. Die obere Etage seines so aufwendig renovierten Ministerpalais war ausgebrannt. Der Rest des Hauses stand unter Wasser und war voller Rauch. Das Propagandaministerium war nur leicht getroffen worden. Es brannte an zwei Stellen, und als die Feuerwehr anrückte, übernahm Goebbels gleich die Regie. Er trieb die Feuerwehrleute an und ermahnte sie, schneller und vorsichtiger zu arbeiten.

Goebbels brauchte Hitl

Auch nach den folgenden Luftangriffen war er rastlos tätig, gab Anweisungen, übte Druck auf Behörden aus, mischte sich in die Verpflegung der Bevölkerung ein und war unzufrieden mit den errichteten Notunterkünften. Die Rolle eines allmächtigen »Schlachtenlenkers«[31] half ihm spürbar über den ersten Schrecken hinweg. Ab und zu ließ er sich in die besonders schwer getroffenen Stadtteile fahren, um nach dem Rechten zu sehen. Er redete mit den Menschen und rauchte mit ihnen eine Zigarette. Danach schrieb er zufrieden in sein Tagebuch,

Nähe, um sich wieder »aufzuladen«, Obersalzberg bei Berchtesgaden um 1943

mit welcher »rührenden Anhänglichkeit und Zutraulichkeit«[32] die Berliner ihm begegnet sind.

Dass der Propagandaminister immer noch Sympathien in der Bevölkerung genoss, hatte auch damit zu tun, dass er von den führenden Nazis der einzige war, der sich noch unter die Leute traute. Göring verbrachte die meiste Zeit auf seinem Besitz Karinhall, und seit er als der Schuldige am Versagen der Luftwaffe galt, gab er sich seiner Morphiumsucht hin. Und Hitler schob seine kriegswichtigen Verpflichtungen vor, um nicht mehr in der Öffentlichkeit reden und auftreten zu müssen.

Anfang März 1944 besuchte ihn Goebbels auf dem Obersalzberg, wo er sich zusammen mit seiner Lebensgefährtin Eva Braun von den Strapazen des Krieges erholte. Goebbels musste sich schon große Gewalt antun, um den Gesundheitszustand des »Führers« zu loben. Was er sah, widersprach dem, was er sehen wollte, eklatant. Hitlers Handzittern war schlimmer geworden und sogar das Treppensteigen fiel ihm äußerst schwer.

In den langen Gesprächen ging es auch um die Frage, ob die Amerikaner im Westen tatsächlich eine Invasion wagen würden. Hitler war sich absolut sicher, dass ein solches Unternehmen zum Scheitern verurteilt war. Um die Landungstruppen zurückzuschlagen, wollte er auch die SS-Division »Hitlerjugend« einsetzen, eine Truppe von kaum 18-jährigen Jungen.

Goebbels fühlte bei Hitlers Ausführungen eine leichte »Skepsis« in sich aufsteigen[33], die er aber sofort zudeckte mit Zahlen über Truppenstärken und neue Waffensysteme. Um seine kleinen Krisen zu überwinden, half es ihm sehr, dass bei Hitler trotz seiner gesundheitlichen Probleme hinsichtlich seiner Siegesgewissheit nicht das »geringste Schwächezeichen«[34] zu erkennen war. Für Goebbels ein Beweis dafür, dass körperliche Mängel bedeutungslos sind, wenn nur der Glaube an die eigene Stärke groß genug ist.

Hitlers und Goebbels' Glaube konnte aber nicht verhindern, dass am 6. Juni 1944 die alliierte Landung in der Normandie begann. Die deutschen Verteidiger konnten die englischen und amerikanischen Truppen nicht nur nicht, wie angekündigt, ins Meer zurückwerfen, sie wurden bald selbst immer mehr zurückgedrängt. Hitlers und Goebbels' vollmundige Behauptungen über die Unüberwindlichkeit des Westwalls hatten sich als falsch erwiesen. Doch anstatt eigene Irrtümer einzugestehen und zu akzeptieren, dass der Krieg für Deutschland verloren war, suchten sie nun die Fehler anderswo. Es war der Abfall der Verbündeten, das ungünstige Wetter, eine »Pechsträhne ohne Ende«[35] oder das Versagen der Generäle, die schuld waren an der schlechten Lage.

Wie schon im Fall Stalingrads war die Invasion für Goebbels kein Grund, das Ziel eines Endsieges infrage zu stellen. Im Gegenteil: Je größer die Krise wurde, desto stärker musste die Widerstandskraft werden. Heftiger als zuvor drang er nun auf Hitler ein, mit dem totalen Krieg Ernst zu machen. Was er wollte, war, dass Hitler Männer wie Ribbentrop und Göring absetzte, dass er den Kompetenzwirrwarr beendete und ihn selbst mit umfangreichen Machtmitteln ausstattete. Doch Hitler zögerte. Er wollte auf Goebbels' Pläne erst zurückgreifen, wenn die Lage sich weiter verschlechterte.

Die Lage verschlechterte sich dramatisch, als am 20. Juli 1944 während einer Lagebesprechung im Führerhauptquartier Wolfsschanze um 12.50 Uhr ein Sprengsatz detonierte. Die Baracke, in der die Besprechung stattfand, wurde zerstört. Vier Teilnehmer wurden tödlich verletzt. Hitler überlebte. Graf Oberst von Stauffenberg, der die Aktentasche mit der Bombe neben Hitler abgestellt hatte, flog nach dem Anschlag nach Berlin, um einen Staatsstreich durchzuführen. Der Plan scheiterte und Joseph Goebbels hatte einen Anteil daran.

Goebbels saß gerade mit Albert Speer und Walther Funk in seinem Arbeitszimmer, als er von dem Attentat und von der wunderbaren Rettung Hitlers erfuhr. Am späten Nachmittag stürmte der Kommandeur des Berliner Wachbataillons, Major

Remer, in sein Büro. Im Glauben, dass Hitler tot sei, folgte er dem Befehl, das Regierungsviertel abzusperren und den Propagandaminister zu verhaften. Goebbels sorgte nun dafür, dass Remer persönlich mit Hitler telefonieren konnte, und der gab dem Major den Befehl, den Aufstand niederzuschlagen.

Remer versammelte sofort sein Bataillon im Garten des Ministeriums, und Goebbels ließ es sich nicht nehmen, vor den angetretenen Männern eine scharfe Rede zu halten und an ihr Pflichtbewusstsein zu appellieren. Anschließend nahm die Wachtruppe an der Besetzung des Bendlerblocks, einem Gebäudekomplex in der Bendlerstraße, wo die Amtsräume des »Oberkommandos der Wehrmacht« waren, teil. Stauffenberg und vier andere Offiziere wurden sofort standrechtlich erschossen. An die 200 Personen, die tatsächlich oder vermeintlich an dem geplanten Umsturz beteiligt waren, wurden im Folgenden ermordet. Viele von ihnen wurden zur Abschreckung in Berlin-Plötzensee erhängt.

Nachdem Hitler nun das zweite Mal ein Attentat überlebt hatte, wurde er für Goebbels endgültig zu einer übermenschlichen Figur. Als er dem »Führer« drei Tage nach dem Anschlag wieder gegenüberstand, hatte er das Gefühl, »vor einem Menschen zu stehen, der unter Gottes Hand arbeitet«.[36] Aber dieser gottähnliche Mensch war sichtlich angeschlagen. Und es steigerte Goebbels' Selbstwertgefühl ins Unermessliche, dass der »Führer« nun einsehen musste, dass er auf ihn angewiesen war, um im Krieg doch noch eine Wende herbeizuführen.

Was Goebbels in die Wege leitete, war nichts anderes als ein heimlicher Umsturz. Hitler sollte als Lichtgestalt an der Spitze der Partei und des Staates bleiben. Aber die Initiative sollte auf andere übergehen. Zusammen mit Albert Speer, Heinrich

Himmler und Martin Bormann wollte Goebbels eine »innere Kriegsdiktatur«[37] errichten, in der er der führende Mann war. Hitler hatte gegen diese Pläne nichts einzuwenden und ernannte Goebbels zum »Reichsbevollmächtigten für den totalen Kriegseinsatz«.

Goebbels hatte das Ziel, durch Rationalisierungen, Streichungen und Umschichtungen ein Ersatzheer von einer Million Mann aufzustellen. Doch selbst wenn er dieses Ziel erreicht hätte, wäre die Niederlage nicht abzuwenden gewesen. Goebbels hatte völlig falsche Vorstellungen vom Rüstungspotenzial der Amerikaner und von der Kampfkraft der sowjetischen Streitkräfte. Auch seine Hoffnung, dass die Allianz der Kriegsgegner auseinanderbrechen würde und mit einer Seite Friedensverhandlungen möglich wären, war illusorisch. Dazu hätte wenigstens an einer Front ein Stillstand erreicht werden müssen. Aber sowohl die sowjetischen Truppen im Osten als auch die alliierten Truppen im Westen und Süden rückten unaufhaltsam vorwärts. Und keine Seite dachte daran, mit Deutschland Frieden zu schließen.

Was Goebbels mit dem totalen Krieg beabsichtigte, war mehr als eine militärische oder politische Mobilisierung. Es war eine geistig-moralische Aufrüstung. Es war der Versuch, ein ganzes Volk einzuschwören auf den fanatischen Glauben an die eigene Unbesiegbarkeit, einen Glauben wider alle Vernunft. Und dieser Glaube wurde in Goebbels' Logik nur umso fester, je mehr die äußere Gefahr wuchs. Insofern ist es nachvollziehbar, warum seine innere Entschlossenheit zunahm, je aussichtsloser die Lage wurde.

Liest man seine letzten Reden, gewinnt man den Eindruck, als ob Goebbels die wachsende Bedrohung geradezu begrüßte.

Endlich, so meinte er einmal, würden »Heimat« und »Front« zusammenfallen.[38] »Heimat«, das war für Goebbels die richtige »Haltung«. Und »Front«, das waren die Handelnden, die Kämpfer. Haltung und Handeln wurden nun eins, oder anders gesagt, der Glaube wurde zum alleinigen Motor des Handelns – gegen alle Realität.

Am 2. Dezember kommt Hitler spätnachmittags zu Besuch nach Lanke.[39] Magdas Mutter ist ganz erschrocken bei Hitlers Anblick, der wie ein Wrack wirkt. Er schleicht mehr vorwärts, als dass er geht, und als er seinen Mantel auszieht, stöhnt er wie ein schwer kranker Mann. Goebbels und sein Staatssekretär Werner Naumann sind ganz begeistert über Hitlers »körperliche, geistige und seelische Verfassung«.

Seit fast vier Jahren hat Hitler die Kinder nicht mehr gesehen, und er ist erstaunt darüber, wie sehr sie gewachsen sind. Helga und Hilde sind schon richtige junge Damen geworden. Holde ist ihm gleich so sympathisch wie früher. Und am meisten verblüfft ist er über Hedda, die er nur als Baby kannte und die jetzt eine »junge, strahlende Schönheit« ist. »Es ist rührend zu beobachten«, schreibt Goebbels in sein Tagebuch, »mit welcher Anteilnahme der Führer sich in den Gesprächen mit den Kindern ergeht, die ihm gegenüber auch völlig unbefangen sind.«

Mit Helmut, der sich wie ein »deutscher Junge« benimmt, führt Hitler ein längeres Gespräch, in dem er ihn nach den Ursachen des Krieges ausfragt. Helmut kann alle Fragen richtig beantworten. Hitler betont dabei, dass er alles getan habe, »um diese Art der Kriegsführung zu vermeiden«. Und Goebbels stimmt ihm zu: »Das entspricht auch völlig den Tatsachen. Er hat kein Mittel unversucht gelassen, den Krieg sich in humaneren Formen abspielen zu lassen.«

Nach zwei Stunden muss Hitler wieder Abschied nehmen. Aber er verspricht, bald wiederzukommen. In wenigen Tagen wird er in seinem Hauptquartier »Adlerhorst« sein, von wo aus er eine Offensive im Westen leitet. Goebbels ist voller Zuversicht. Die Lage für den Feind hält er für »düster und ziemlich aussichtslos«.[40]

Zwei Monate später, als die Rote Armee an der Oder und die westlichen Alliierten kurz vor dem Rhein stehen, hält Goebbels seine vorletzte Rundfunkansprache. Er meint, im Namen des ganzen Volkes zu reden, als er noch einmal versichert, dass er »unerschütterlich daran glaube, dass diese unsere Sache am Ende den Sieg davontragen wird«. Und weiterhin glaube er, so fährt er fort, »dass, wenn dies nicht der Fall wäre, die Göttin der Geschichte nur eine Hure des Geldes und feige Anbeterin der Zahl wäre, dass die Geschichte selbst dann aber auch keine höhere Moral besitze und die Welt, die sie aus den furchtbaren Wehen dieses Krieges hervorgehen ließe, keine tiefere Daseinsberechtigung mehr hätte, dass das Leben in ihr schlimmer wäre als die Hölle, dass ich es nicht mehr für wert hielte, gelebt zu werden, weder für mich noch für meine Kinder noch für alle, die ich liebte und mit denen ich so viele Jahre hindurch für ein besseres und edleres Menschendasein gekämpft habe.«[41]

Joseph Goebbels' Leben kann man verstehen als den Versuch, die Wirklichkeit zu ersetzen durch ein Bild der Realität, durch eine gemachte Wahrheit. Aber kann man auf Dauer die Wirklichkeit verfälschen? Kann man konsequent Tatsachen durch Lügen und Fiktionen ersetzen? Nach Hannah Arendt ist das unmöglich. Was dabei unweigerlich verloren gehe, sei der »menschliche Orientierungssinn im Bereich des Wirklichen«[42], mithin also auch die Fähigkeit, Wahrheit von Unwahrheit zu unterscheiden. Fjodor Dostojewski, der von diesen Dingen viel wusste, ließ in seinem Roman *Die Brüder Karamasow* einen alten Mönch diesen Zusammenhang aussprechen. »Wer sich selbst belügt und seine eigenen Lügen anhört, kommt schließlich so weit, dass er keine Wahrheit mehr, weder in sich noch außer sich, zu erkennen vermag und daher sich selber wie auch andere zu missachten beginnt. Wer jedoch niemanden achtet, hört auf zu lieben.«[43]

Tatsachen können sehr hartnäckig sein. Auch wenn man sie ausblendet, wird man doch irgendwann wieder auf sie gestoßen. Ebenso wie man vor der Wahrheit des eigenen Lebens nicht weglaufen kann. Sie holt einen ein, spätestens am Ende eines Lebens. Sie dann zu akzeptieren, ist nach der dänischen Schriftstellerin Karen Blixen ein Vorrecht, das nur der Mensch hat, und es ist diese Prüfung, die man nach Karen Blixen »das letzte Gericht« nennen kann.[44]

EPILOG
TRIUMPH DER LÜGE

> »Bei alten Lügnern, die ihr ganzes Leben lang Komödie gespielt haben, gibt es Augenblicke, in denen sie sich dermaßen zu produzieren beginnen, dass sie vor Erregung wirklich zittern und weinen.«
>
> Fjodor M. Dostojewski, *Die Brüder Karamasow*

Von Hitlers Wohnung in der alten Reichskanzlei führte durch die Küche eine Treppe hinunter zu den Speisekammern und einem Labyrinth von Kellerräumen, die durch Gänge und schwere Eisentüren miteinander verbunden waren. An jeder Ecke standen Posten, bewaffnet mit Maschinenpistolen und Handgranaten, die jeden streng kontrollierten, der zum Führerbunker wollte. Durch ein schweres Brandschutztor gelangte man schließlich in den höher gelegenen Vorbunker mit seinen zwölf kleinen Räumen, die als Vorratskammern, als Küche und als Zimmer für die Dienstboten dienten. Der Mittelgang zwischen den Räumen wurde als Speisezimmer genutzt. Von hier führte eine dreifach um 90 Grad gewinkelte Treppe in den tiefer gelegenen Hauptbunker mit seinen 18 Räumen, alle klein und eng und muffig.[1]

Die vorderen Räume nahe der Treppe wurden als Wachstube, Wäscheraum, Telefonzentrale und Büro benutzt. In einem stand der Diesel-Motor, der ununterbrochen lief und für die Belüftung und die Energieversorgung der unterirdischen Anlage sorgte. Der Mittelgang war mit Teppichen und Bildern als Wohnzimmer eingerichtet und endete an einer Trennwand. Dahinter lag das Zentrum des Bunkers: das Konferenzzimmer und links und rechts davon die privaten Räume von Adolf Hitler und Eva Braun sowie Kammern, die bewohnt wurden von Hitlers Arzt Stumpfegger und später von Joseph Goebbels. Auch Hitlers Schäferhündin Blondi war in einem Raum untergebracht, mit ihren Welpen, die sie erst kürzlich geworfen hatte. Am Ende des Hauptgangs lag ein Vorraum, von dem aus eine Treppe hinauf zu einem Notausgang und in den Garten der Reichskanzlei führte.

Am Sonntag, dem 22. April 1945 um 19.00 Uhr trafen Magda Goebbels und ihre sechs Kinder im Bunker ein. Die fünf Mädchen und der Junge stiegen im Gänsemarsch die Treppe hinunter und wurden von Traudl Junge, Hitlers Sekretärin, in Empfang genommen. Sie nahm die Kinder gleich mit in ein Zimmer, in dem ein Berg von Geschenken gestapelt war. Hitler hatte sie vor zwei Tagen zu seinem 56. Geburtstag bekommen. Jedes der Kinder durfte sich etwas aussuchen, um damit zu spielen. Auf Traudl Junge wirkten sie »fröhlich und unbefangen«. Für sie war der Aufenthalt im Bunker ein aufregendes Abenteuer.[2] Man hatte für sie eine Rumpelkammer im Vorbunker ausgeräumt und darin Stockbetten aufgestellt.

Zum Geburtstag des »Führers« hatte Goebbels seine letzte Rundfunkansprache gehalten. Er prophezeite darin, dass Hitler einmal als der »Mann des Jahrhunderts« gefeiert werde, denn ihm allein werde es gelingen, Europa vor den »satanischen Mächten« zu retten und wieder eine Ordnung zu schaffen, in der die Menschen in »Wohlstand und Glück« leben könnten. »Gott wird Luzifer«, so verkündete Goebbels im Stil eines alttestamentarischen Predigers, »[...] wieder in den Abgrund zurückschleudern, aus dem er gekommen ist. Ein Mann von wahrhaft säkularer Größe, von einem Mut ohnegleichen, von einer Standhaftigkeit, die die Herzen erhebt und erschüttert, wird dabei sein Werkzeug sein.« Und in einem letzten großen Appell forderte Goebbels seine Landsleute dazu auf, diesem Werkzeug Gottes bis zuletzt die Treue zu halten: »Wir werden nicht wanken und nicht weichen, wir werden ihn in keiner Stunde, und sei es die atemberaubendste und gefährlichste, im Stiche lassen.«[3]

Mit »wir« meinte Goebbels in erster Linie sich selber. Und sein Treueeid war auch ein Seitenhieb gegen jene Parteigenossen, deren Verhalten nicht gerade große Siegeszuversicht verriet. Nach der bedrückenden Geburtstagsfeier für Hitler verließ ein Weggefährte nach dem anderen Berlin. Göring setzte sich in den Süden, auf den Obersalzberg, ab. Himmler zog sich zurück in sein Hauptquartier, einem Schloss nordwestlich von Berlin. Und Albert Speer fuhr nach Hamburg. Bis zuletzt hatten sie Hitler zu überreden versucht, die verlorene Hauptstadt zu verlassen, um von einem sicheren Ort aus die weiteren Operationen zu leiten und gegebenenfalls Verhandlungen mit den Kriegsparteien zu führen. Aber Hitler hatte sich trotzig geweigert. Er fühlte sich von seinen Generälen und von seinem Volk verraten und sah keinen Sinn mehr darin, den Ort zu wechseln. Er wollte in Berlin bleiben und bis zum letzten Atemzug die Stadt verteidigen. Um selber zu kämpfen, so verkündete er, sei er zu alt und zu krank, aber er werde persönlich den Kampf um Berlin anführen.

Unterstützt wurde er in dieser Haltung vor allem von Joseph Goebbels. Der ließ Flugblätter an die Berliner Bevölkerung verteilen, in denen er alle Männer aufforderte, sich am Kampf um Berlin zu beteiligen. »Ein Hundsfott«, so hieß es darin, »wer in dieser Stunde die schimpfliche Feigheit dem männlichen Kampfe vorzieht. Soldaten, Verwundete, Männer Berlins! Auf zu den Waffen!«[4] Es waren ältere, schlecht ausgerüstete Männer des Volkssturms und blutjunge Kindersoldaten mit viel zu großen Uniformjacken und Stahlhelmen, die sich den Elitetruppen der Roten Armee entgegenstellten. SS-Sonderkommandos durchkämmten die Stadtviertel und Bunker nach fahnenflüchtigen Soldaten und Männern, die nicht bereit waren, den »Reichsscheiterhaufen«, wie Berlin jetzt im Volksmund hieß, mit der Waffe zu verteidigen. Schon auf den leisesten Verdacht hin wurden angebliche »Verräter« und »Feiglinge« kurzerhand erschossen oder am nächsten Laternenpfahl aufgehängt.

Am Montagnachmittag kam Albert Speer noch einmal in den Führerbunker, um sich von Hitler endgültig zu verabschieden. Hitler wirkte apathisch und vertraute Speer an, dass er auf keinen Fall den Russen in die Hände fallen wolle und sich deshalb vorher das Leben nehmen werde. Speer wollte auch mit Magda Goebbels wegen ihrer Kinder sprechen. Doch Magda ging es schlecht. Sie hatte wieder Herzbeschwerden und lag im Bett. Ein persönliches Gespräch mit ihr war unmöglich, weil Goebbels seine Frau nicht mit Speer alleine lassen wollte und mit in dem engen Raum war. So konnte sich Albert Speer nur »schweigend und befangen« von Magda verabschieden.

Während ihre Mutter leidend zu Bett lag, sorgten die Kinder für ein bisschen Leben in dem unterirdischen Verlies. Sie spielten im Korridor oder saßen auf dem Treppenaufsatz zum

Vorbunker und lasen sich Märchen vor. Nachmittags durften sie mit dem »Onkel Führer« Schokolade trinken, und Helmut las den Aufsatz vor, den er zu Hitlers Geburtstag geschrieben hatte. »Das hast du von Vati geklaut«, unterbrach ihn seine Schwester Helga. »Oder Vati von mir«, meinte Helmut gewitzt.[5]

Hitlers Stimmung, die durch die Kinder wieder aufgehellt worden war, verdüsterte sich schlagartig, als ihn ein Telegramm Görings vom Obersalzberg erreichte. Göring wollte die Erlaubnis haben, die Führung im Reich zu übernehmen, da er annahm, dass Hitler in Berlin die »Handlungsfreiheit« verloren habe. Hitler tobte und nannte Göring einen »Verräter« und »Morphinist«, der durch sein Versagen im Luftkrieg die jetzige Lage verschuldet habe. Goebbels fachte Hitlers Zorn auf Göring noch an, indem er auf Görings dekadenten Lebensstil hinwies, der eines echten Nationalsozialisten unwürdig sei. Goebbels hatte Göring immer als einen Nebenbuhler empfunden und konnte nun zufrieden registrieren, dass Hitler einen seiner ältesten Weggefährten fallen ließ und befahl, Göring festzunehmen.

Goebbels war schon immer eifersüchtig gewesen auf die »alte Garde«, auf die Männer der ersten Stunde, die schon beim Putschversuch 1923 in München dabei gewesen waren. Und seit jeher hatte er Hitler beweisen wollen, dass wirkliche Treue nicht abhängig war davon, ob jemand zu den Münchner Marschierern gehörte. Hatte sich Hitler nicht schon in Rudolf Heß, einem seiner frühesten Anhänger, maßlos getäuscht? Heß war im Mai 1941 auf eigene Faust mit dem Flugzeug nach Schottland geflogen, um den Engländern ein Friedensangebot zu machen.

Nach Hermann Göring erwies sich nun auch mit Heinrich Himmler ein weiterer alter Kampfgefährte als treuloser Verräter. Er hatte den Westmächten die Kapitulation angeboten und behauptet, dass Hitler schon tot sei. Aber als Hitler davon erfuhr, hatte er einen Wutanfall und befahl, Himmler festzunehmen und alle, die von dieser Verschwörung wussten, zu erschießen. Ein Opfer dieses Befehls wurde Hermann Fegelein, der Schwager von Eva Braun.

Am Mittwoch, dem 25. April um 5.30 Uhr setzte schweres Artilleriefeuer ein. Der Sturm der Roten Armee auf das Stadtzentrum begann. Um jedes Haus, um jede Straße wurde nun gekämpft. Die Generäle der Sowjetarmeen wussten, dass sich Hitler im Zentrum Berlins aufhielt. Solange er nicht tot oder gefangen war und die deutsche Führung nicht bedingungslos kapitulierte, ging der Vormarsch weiter – und damit die Zerstörung der Stadt und das Leiden der Bevölkerung. Der Ring um das Regierungsviertel wurde immer enger. Nur noch die Spree und der Landwehrkanal trennten die russischen Soldaten vom Führerbunker.

Goebbels glaubte immer noch an die entscheidende Wende. Er und Hitler erwarteten die Befreiung Berlins durch Divisionen, die längst aufgerieben oder gegen die feindliche Übermacht chancenlos waren. Und sie klammerten sich immer noch an den Glauben, dass die Westmächte sich im letzten Augenblick mit Deutschland gegen die bolschewistische Gefahr verbünden würden.

Das alles war Illusion. Die Realität in Form der russischen Truppen rückte immer näher. Und der Augenblick, da auch Goebbels dieser Realität nicht mehr entkommen konnte, stand unweigerlich bevor. Was aber würde dann geschehen? Musste er dann nicht gestehen, dass er sich getäuscht hatte? Musste er dann nicht einsehen, dass er mit seiner Propaganda ein falsches Bild der Lage verfertigt und so dazu beigetragen hatte, dass der Krieg nun verloren war, dass viele deutsche Städte in Schutt und Asche lagen und Hunderttausende Menschen ihr Leben verloren hatten?

Die schweren Einschläge in unmittelbarer Nähe des Bunkers häuften sich. Die Lampen an den Decken schwankten hin und her und manchmal ging zeitweise das Licht aus. Bei Volltreffern mussten die Ventilatoren abgeschaltet werden, weil sonst der Rauch und der Schwefel von draußen in die unterirdischen Räume gesogen wurden. Die Einzigen, die es aufregend fanden, wenn der Boden und die Wände des Bunkers zitterten, waren die Goebbels-Kinder. Niemand kümmerte sich groß um sie. Magda Goebbels hatte sich in ihr Zimmer zurückgezogen. Nur Traudl Junge versuchte, sie auf andere Gedanken zu bringen. Sie las ihnen Märchen vor und gemeinsam spielten sie mit den Welpen von Hitlers Schäferhündin.

Am Mittwochabend kam überraschender Besuch in den Führerbunker. Die Pilotin und fanatische Führerverehrerin Hanna Reitsch und der Generaloberst Ritter von Greim hatten es tatsächlich noch mit einer wahnwitzigen Aktion in die untergehende Stadt geschafft. Sie waren mit einem kleinen, wendigen Flugzeug, einem sogenannten »Fieseler Storch«, im Geschosshagel direkt vor dem Brandenburger Tor gelandet und hatten sich zum Führerbunker durchgeschlagen. Greim, der bei der Landung verletzt wurde, war von Hitler zum Nachfolger Görings ernannt worden, und er sollte nun mit neuen Befehlen wieder zu seinen Truppen zurückkehren. Keiner wusste, wie er das machen sollte.

Die Kinder bestaunten Hanna Reitsch wie eine Figur aus ihren Märchenbüchern. Die Pilotin war ständig von der Schar umgeben und musste von ihren Flügen erzählen und von den fremden Ländern, in denen sie schon gewesen war. Auf deren hartnäckiges Bitten hin brachte Hanna Reitsch die Kinder zu Bett und sang mit ihnen vor dem Einschlafen noch dreistimmig Lieder, auch das Gutenachtlied mit der Strophe: »Morgen früh, wenn Gott will, wirst Du wieder geweckt.«[6]

Hanna Reitsch sprach mit Magda Goebbels über die Kinder. Noch war es nicht zu spät, sie in Sicherheit zu bringen. Auch andere Leute, die den Bunker verlassen wollten, boten ihr an, die Kinder mitzunehmen und sie bei Verwandten oder Freunden der Familie unterzubringen. Doch Magda wollte von solchen Plänen nichts wissen. »Meine Kinder«, so erwiderte sie, »sollen lieber sterben als in Schande und Spott leben. In einem Deutschland, wie es nach dem Krieg ist, haben unsere Kinder keinen Platz.«[7]

Hanna Reitsch und von Greim wollten tatsächlich einen Versuch wagen, mit einem bereitstehenden Flugzeug aus Berlin zu entkommen. Am Sonntag, dem 28. April gegen Mitternacht planten sie den Bunker zu verlassen. Magda wollte ihnen einen Brief an ihren Sohn Harald mitgeben, der in englischer Kriegsgefangenschaft war. In diesem Abschiedsbrief versicherte sie nochmals, dass sie freiwillig im Führerbunker bleibe und nur noch das Ziel habe, dem »Führer« »Treue bis in den Tod« zu halten. Den Kindern wolle sie selbst »die Erlösung« geben, da die Welt nach dem Sieg der Feinde es nicht mehr wert wäre, darin zu leben. »Unsere herrliche Idee«, schrieb Magda, »geht zugrunde – mit ihr alles, was ich Schönes, Bewundernswertes, Edles und Gutes in meinem Leben gekannt habe.«[8]

Was aber war in Magda Goebbels' Leben gut und schön gewesen? Hitlers Chefpiloten Hans Baur hatte sie noch gestanden, dass ihr das Leben an wirklichen Werten nicht viel gegeben habe. Ihren Aufstieg hatte sie ihrem Aussehen und ihren perfekten Manieren zu verdanken. In der Ehe mit Joseph Goebbels gab es sicher mehr unglückliche als glückliche Tage. Jedes Jahr verbrachte sie Monate im Krankenhaus und in der Kur. Die Erziehung ihrer Kinder überließ sie größtenteils den Kindermädchen. Sie litt unter Depressionen und war wahrscheinlich auch alkoholabhängig. Falls die Operation an ihrem Gesichtsnerv erfolglos gewesen war, so musste sie zeitweise Schmerzen aushalten, die zu den stärksten überhaupt zählen. Menschen, die an einer Trigeminus-Neuralgie leiden, werden nicht selten in den Selbstmord getrieben. Sicher war sie von Hitler fasziniert und glaubte an dessen Ideen. Aber konnte allein dieser Glaube ein Leben glücklich machen, dass in erster Linie von Krankheit, Enttäuschungen und seelischen Verletzungen geprägt war?

Auch Joseph Goebbels schrieb einen Brief an Harald, in dem viel von Ehre und Ruhm die Rede war. Den nahenden Tod bezeichnete Goebbels als ein Opfer, das für Harald die Verpflichtung sein sollte, ein Leben nach den Werten der Familie weiterzuführen. »Lass Dich nicht vom Lärm der Welt, der nun einsetzen wird, verwirren«, ermahnte er seinen Stiefsohn. »Die Lügen werden eines Tages in sich zusammenbrechen und über ihnen wird wieder die Wahrheit triumphieren. Es wird die Stunde sein, da wir über allem stehen, rein und makellos, so wie unser Glaube und Streben immer gewesen ist.«[9]

Hanna Reitsch nahm die Briefe mit, und sie erreichten tatsächlich Harald Quandt, der den Krieg überlebte und im

Nachkriegsdeutschland ein erfolgreicher Unternehmer wurde. Kurz nachdem Reitsch und von Greim den Bunker verlassen hatten, fand in dem engen Raum, der sonst für die Lagebesprechungen genutzt wurde, eine makabre Zeremonie statt. Hitler hatte sich entschlossen, seine langjährige Lebensgefährtin Eva Braun zu heiraten. Vor dem eilig herbeigerufenen Standesbeamten gaben sie sich ihr gegenseitiges Jawort und unterschrieben eine Erklärung, mit der sie versicherten, »rein arischer Abstammung« zu sein. So wie Hitler bei Goebbels' Hochzeit Trauzeuge gewesen war, so war Goebbels nun, neben Martin Bormann, Trauzeuge bei Hitlers Eheschließung. Im Anschluss gab es in Hitlers Privatzimmer eine kleine Feier mit Sekt und belegten Broten. Die Stimmung war mehr als verlegen. Denn worauf sollte man anstoßen und was sollte man dem Hochzeitspaar wünschen? Viel Glück und ein langes Leben?

Hitler wusste, dass seine Tage gezählt waren. Noch während die Hochzeitsgesellschaft zusammen war, zog er sich mit seiner Sekretärin Traudl Junge in einen Nebenraum zurück und diktierte ihr sein Testament. In einem ersten Teil versicherte er der Nachwelt noch einmal, dass er nie einen Krieg gewollt habe und es nur einen Schuldigen gebe: das internationale Judentum und seine Helfer. In einem zweiten Teil seines Testaments benannte er die Mitglieder einer neuen Regierung, die er verpflichtete, den Krieg gegen das internationale Judentum »mit allen Mitteln« fortzusetzen und auf die »peinliche Einhaltung der Rassegesetze« zu achten. Admiral Karl Dönitz ernannte er zum Reichspräsidenten, Joseph Goebbels zum neuen Reichskanzler.[10]

Traudl Junge war noch mit dem Abtippen des Testaments beschäftigt, als plötzlich Joseph Goebbels in ihr Zimmer stürzte. Er war kreidebleich und schien völlig aufgelöst. »Der Führer will mir befehlen, Berlin zu verlassen, Frau Junge«, sagte er mit tränenerstickter Stimme. »Ich soll in der neuen Regierung einen führenden Posten übernehmen. Aber ich kann doch Berlin nicht verlassen und von der Seite des Führers weggehen. Ich bin Gauleiter von Berlin und hier ist mein Platz. Wenn der Führer tot ist, ist mein Leben sinnlos.«[11]

Goebbels drängte Frau Junge dazu, dem Testament des »Führers« eine eigene Erklärung hinzuzufügen. Darin bekannte er, dass er sich zum ersten Mal in seinem Leben weigern müsse, einem Befehl des »Führers« zu folgen. »In einem Delirium von Verrat«, so erklärte er weiter, »das in diesen kritischen Tagen des Krieges den Führer umgibt, muss es wenigstens einige geben, die bedingungslos und bis zum Tode zu ihm halten [...].« Seine Entscheidung begründete Goebbels auch damit, dass Deutschland nur wiederaufgebaut werden könne, wenn das deutsche Volk klare und verständliche »Vorbilder« habe. Ein solches Vorbild wollte Goebbels sein. »Aus diesem Grunde«, so schloss er sein Testament, »bringe ich mit meiner Frau und im Namen meiner Kinder, die zu jung sind, um sich selbst äußern zu können, die sich aber, wenn sie das nötige Alter besäßen, vorbehaltlos dieser Entscheidung anschließen würden, meinen unverrückbaren Entschluss zum Ausdruck, die Reichshauptstadt, auch wenn sie fällt, nicht zu verlassen und eher an der Seite des Führers ein Leben zu beenden, das für mich persönlich keinen Wert mehr besitzt, wenn ich es nicht im Dienst für den Führer und an seiner Seite zum Einsatz bringen kann.«[12]

Am Morgen des 29. April trat im Führerbunker eine gespenstische Stille ein. Der Dauerbeschuss durch die russische

Artillerie hatte plötzlich aufgehört. Das war das Zeichen dafür, dass die Rotarmisten nun mit Panzern und Infanterie ins Regierungsviertel vorrückten. Die letzte Verteidigungslinie am Potsdamer Platz wurde in Angriff genommen. Immer mehr Menschen verließen den Bunker, um vielleicht doch noch durch ein letztes Schlupfloch aus der Stadt zu kommen. Die Funkverbindung zur Außenwelt brach allmählich zusammen. Als eine der letzten Meldungen erreichte die Bunkerbewohner die Nachricht vom Tod des italienischen »Duce« Benito Mussolini. Partisanen hatten ihn und seine Geliebte Clara Petacci erschossen. Die beiden geschändeten Leichen waren in Mailand von einer aufgebrachten Menge an einer Tankstelle mit dem Kopf nach unten aufgehängt worden.

Dieses Schicksal seines einstigen Freundes und Kriegsverbündeten wollte Hitler nicht erleiden. Er wies seine Adjutanten an, genügend Benzin zu besorgen, um nach seinem Freitod seine Leiche restlos zu verbrennen. Um die Wirkung der von Himmler stammenden Zyankali-Kapseln zu überprüfen, ließ Hitler seine Schäferhündin vergiften und verteilte anschließend einige von den Ampullen an die Frauen im Bunker.

Am Nachmittag des darauffolgenden Tages verabschiedete sich Hitler von allen, die noch im Bunker geblieben waren. Im Vorbunker, wo die Familie Goebbels ihre Räume hatte, schüttelte Hitler auch Joseph Goebbels zum letzten Mal die Hand. Magda bat noch um ein persönliches Gespräch mit dem »Führer«. Worüber sie mit ihm sprechen wollte, ist nicht bekannt. Wahrscheinlich wollte sie einen letzten Versuch machen, Hitler zu überreden, doch noch aus dem Bunker zu fliehen. War es ihre letzte Hoffnung, ihr eigenes Leben und das der Kinder zu retten, wenn auch Hitler überlebte?

Vermutlich kurz nach 15.00 Uhr zogen sich Hitler und seine Ehefrau in ihre Privatzimmer zurück. Als die Türen schon geschlossen waren und die Wachen davor Aufstellung genommen hatten, kam Magda noch einmal in den vorderen Bunker und wollte zu Hitler vorgelassen werden. In äußerster Erregung drängte sie sich an Hitlers Adjutanten vorbei durch die Tür und beschwor Hitler, Berlin zu verlassen. Doch der wies Magda mit einem endgültigen Nein schroff zurück. Magda schloss sich weinend in ihr Zimmer ein.

Die Goebbels-Kinder saßen verloren auf der Treppe zum Vorbunker und suchten nach ihren Eltern, nach »Tante Eva« und »Onkel Hitler«. Traudl Junge nahm sie mit in die Küche und machte ihnen Butterbrote. Die Kinder waren noch immer unbeschwert und fühlten sich im Bunker sicher. Auch die wieder einsetzenden Explosionen machten ihnen keine Angst. Sie glaubten den Erwachsenen, die ihnen erzählt hatten, dass dieser Lärm nur von den Waffen komme, mit denen der »Führer« seine Feinde besiege. Nur Helga, die Älteste, war ungewöhnlich still, als ob sie die Heuchelei durchschaute.

Goebbels, Bormann und die Adjutanten warteten vor Hitlers Zimmer, bis ein lauter Knall zu hören war. Dann öffnete Goebbels die Tür und alle traten ein. Hitler und Eva Braun, die für kurze Zeit Eva Hitler geheißen hatte, lagen tot auf einem Sofa. Hitler hatte eine Ampulle zerbissen und sich in den Mund geschossen. Seine Frau hatte sich vergiftet. Die beiden Leichen wurden durch den Notausgang in den Garten getragen, mit Benzin übergossen und angezündet. Sie verbrannten bis auf wenige Reste.

Goebbels hatte auf den Anblick des toten Hitler panisch reagiert. Im ersten Moment wollte er auf den Wilhelmsplatz hinausgehen und dort so lange herumlaufen, bis er getroffen wurde. Von diesem Vorhaben ließ er schnell wieder ab. Offenbar erinnerte er sich daran, dass er Hitlers Erbe zu verwalten hatte. Goebbels war auf dem Höhepunkt seiner politischen Karriere. Er war Kanzler des Deutschen Reiches, allerdings existierte dieses Reich nicht mehr. Das war Goebbels wohl nicht bewusst, als er Verbindung mit den sowjetischen Befehlshabern aufnahm, um einen Waffenstillstand auszuhandeln. Wie zu erwarten, verlangte die russische Führung die totale Kapitulation, und diese Forderung wollte Goebbels auf keinen Fall erfüllen, lieber wollte er bis zur letzten Patrone weiterkämpfen.

War Goebbels' Leben nach dem Tod Hitlers sinnlos geworden, wie er es angekündigt hatte? Keineswegs. So wie Goebbels mit seiner Propaganda den Menschen ein gefälschtes Bild der Wirklichkeit geliefert hatte, so hatte er auch ein Bild des »Führers« geschaffen. Hitler wurde zum Übermenschen, der nie zweifelte, nie irrte, dem man blindlings folgen konnte. Und er stand für das Ideal einer Welt, die nicht mehr von Geld regiert wird und in der Frieden, Glück und Wohlstand herrschen. Dieses Bild des »Führers« wurde nicht gefährdet durch den kranken Hitler, dessen Hände zitterten und der gebeugt ging, der zauderte, der schwach und hilflos war. Und es überlebte auch den toten Hitler.

Hitler, das war alles, woran Goebbels glaubte. Und der Sinn seines Lebens war es, zu beweisen, dass dieser Glaube stärker sein kann als die Wirklichkeit – auch wenn das erhoffte tausendjährige Weltreich zusammengeschrumpft war auf ein paar Quadratmeter in einem dumpfen Bunker und die Wirklichkeit so offensichtlich vor der Tür lag: das zerstörte Berlin, das besetzte Deutschland, das unendliche Leiden der Menschen in den Kriegsgebieten, die Millionen von Toten in Europa, auf den Schlachtfeldern und in den Konzentrationslagern.

Aber kann man an der Realität der Zerstörung, des Leids und der Unmenschlichkeit vorbeisehen, auch wenn sie so deutlich vor Augen liegt? Man kann. Indem man den Tod wählt und so endgültig die Wirklichkeit hinter sich lässt und seine eigenen Ideale rettet. Goebbels hatte schon lange vor dem Finale in Berlin diese Lösung für sich entdeckt. Als die deutschen Truppen im Kessel von Stalingrad kapitulieren mussten, war er sehr enttäuscht vom Generalfeldmarschall Paulus, der sich gefangen nehmen ließ und nicht Selbstmord beging. Für Goebbels war die Wahl, vor der man in einer solchen Situation steht, klar: »[…] entweder 15 oder 20 Jahre länger zu leben oder ein mehrtausendjähriges ewiges Leben in unverwelklichem Ruhm zu gewinnen«.[13] Goebbels hätte sich, ohne zu zögern, gegen das Leben und für den Ruhm entschieden. Diese Entscheidung ist der Triumph der Propaganda, sie ist die Flucht vor jeder Verantwortung, sie ist der endgültige Sieg der Lüge über das Leben – sie ist der Tod, schon bevor man sich eine Kugel in den Kopf geschossen hat.

Aber warum wollte Goebbels seine Kinder mit in diesen Tod nehmen? Dass er sie vor einer Welt bewahren wollte, in der es sich nicht zu leben lohnt, ist ein Argument aus Goebbels' Wahnwelt. Die Kinder wären nicht belangt worden für die Verbrechen ihrer Eltern, und unter einem anderen Namen hätten sie immerhin die Chance gehabt, ein halbwegs normales Leben zu führen. Tatsache ist, dass Goebbels sehr an seinen Kindern hing, auch wenn diese Liebe oft sehr eigennützig war. Was er an seinen Kindern so schätzte, war, dass sie für ihn eine Gegenwelt bildeten zur Welt der Propaganda und des Krieges.

Ja, er beneidete sie, weil sie »so natürlich und wahrheitsliebend« waren. Und einmal schrieb er in sein Tagebuch: »Kinder sind wenigstens ganz ehrlich. Sie denken nicht viel. Aber sie sagen doch, was sie denken. Warum wir nicht auch?«[14]

Goebbels spricht hier von »wir«, so als ob er es vermeiden wollte, diese Frage auch an sich zu stellen. Warum *ich* nicht auch? Goebbels konnte nicht ehrlich sein. Schon als Kind hatte er verhängnisvollerweise die Erfahrung gemacht, dass er nur überleben kann, wenn er etwas aus sich macht. Er war verdammt dazu, beeindruckend und großartig zu sein. In Gesprächen musste er den Ton angeben. Er musste andere mit seinen Witzen und Sarkasmen verletzen. Seine Meinung musste die einzig richtige sein. Die Menschen mussten von seinen Reden und Artikeln begeistert sein. Als Minister musste er eingreifen, andere abfertigen, zusammenbügeln, einseifen, abbürsten, einwickeln.

Das alles sind Gesten der Überlegenheit. Der Preis aber für diese Überlegenheit ist eine besondere Art von Einsamkeit. Im Verhältnis zu anderen Menschen gibt es dann nur ein Oben und Unten. Gegenseitigkeit ist nicht möglich, und in der Liebe ist kein Funke von dem, was man Solidarität oder Mitleiden nennt.

Aber bei allem Zwang zur Überlegenheit bleibt eine Erinnerung, dass es auch anders möglich wäre. Goebbels spürte zeitlebens diesen Rest an Zweifeln und Fragen. Und er tat alles, um diesen Rest endlich zum Schweigen zu bringen. Machten seine Kinder jene Erinnerung immer wieder lebendig? Waren sie seine Sehnsucht und zugleich seine größte Gefahr? Wollte Goebbels mit ihrem Tod diesen ewigen Stachel endlich loswerden?

Am Dienstag, dem 1. Mai 1945 brachte Magda Goebbels ihre Kinder im Vorbunker schon früh am Abend ins Bett. Sie zogen ihre weißen Nachthemden an und wurden sorgfältig gekämmt. Ihre Mutter sagte ihnen dann, dass sie eine Traumreise nach Schwanenwerder machen würden. Jedes Kind bekäme eine Spritze, sie würden einschlafen, und wenn sie dann wieder aufwachten, wären sie in ihrem schönen Haus in Schwanenwerder. Der SS-Arzt Helmut Kunz übernahm die Aufgabe, den Kindern die Spritzen zu geben. Zeugen berichteten später, dass sich Helga heftig gewehrt habe und man ihr mit Gewalt die Injektion verabreichen musste.[15] Nachdem alle Kinder eingeschlafen waren, sollten sie mit Zyankali-Kapseln getötet werden. Wer ihnen die Kapseln in den Mund gelegt und dann zerdrückt hat, ist umstritten. Wahrscheinlich ist, dass ihre Mutter selbst es getan hat.

Um 20.30 Uhr traten Joseph und Magda Goebbels aus ihrem Zimmer auf den Korridor des Führerbunkers. Langsam ging Goebbels zur Garderobe im Vorraum, zog sich den Mantel und seine Handschuhe an und setzte sich die Mütze auf. Dann reichte er seiner Frau den Arm, und beide stiegen die Treppe hoch zum Noteingang, als ob sie zu einem Sonntagsspaziergang aufbrechen wollten. In der Hand hatte Magda die Giftkapseln. In Joseph Goebbels' Manteltasche steckte eine Pistole.

Joseph Goebbels hatte sich entschieden: für den ewigen Ruhm und gegen das Leben.

ZEITTAFEL

1897–1907 Am 29. Oktober wird Joseph Paul Goebbels als dritter Sohn von Friedrich und Katharina Goebbels in Rheydt geboren. Eine Knochenmarkentzündung führt zur Deformation des rechten Beins. Erfolglose Operation

1908–1917 Goebbels wechselt an die städtische Oberrealschule mit Reformgymnasium. Bei Kriegsausbruch im August 1914 wird er vom Militärdienst als untauglich zurückgestellt. Abitur mit sehr guten Noten

1918–1921 Studium der Germanistik, Geschichte und Altphilologie, zunächst in Bonn, dann in Freiburg, Würzburg und München. Freundschaft mit Anka Stalherm. Stipendiat des Albertus-Magnus-Vereins. Er schreibt das biblische Drama *Judas Iscariot* und den autobiografischen Roman *Michael Voormann's Jugendjahre*. Promotion an der Universität Heidelberg

1922–1924 Erfolglose Stellensuche. Arbeitslosigkeit. Goebbels schreibt Gedichte, Aufsätze, Dramen. Kleiner Angestellter in der Kölner Filiale der Dresdner Bank. Am 9. November 1923 scheitert der Hitler-Putsch in München. Verbot der NSDAP. Hitler wird zu einer Festungshaft in Landsberg verurteilt.
Goebbels nimmt im August 1924 an einem Treffen der völkischen Parteien in Weimar teil. Journalistische Arbeit für die Parteizeitung *Die Völkische Freiheit*

1925–1928 Neugründung der NSDAP am 27. Februar 1925. Goebbels wird Geschäftsführer des Gaus Rheinland-Nord der NSDAP. Mitarbeit an den *Nationalsozialistischen Briefen*. Erste Begegnungen mit Hitler. Nach einer Tagung in Bamberg im Februar 1926 wendet sich Goebbels vom linken Flügel der Partei ab und sucht die Nähe zur Münchner Gruppe um Hitler.
Goebbels wird zum Gauleiter von Berlin ernannt. Er provoziert Saalschlachten mit Kommunisten. Es kommt zu Rede- und Parteiverboten gegen die NSDAP. Am 4. Juli 1927 erscheint die erste Ausgabe des *Angriff*. Hetzkampagne gegen den Vizepräsidenten der Berliner Polizei Bernhard Weiß. Bei den Reichstagswahlen am 20. Mai 1928 bekommt Goebbels eines der zwölf von der NSDAP errungenen Mandate.

1929–1931 Der Roman *Michael. Ein deutsches Schicksal in Tagebuchblättern* erscheint. Das Drama *Die Blutsaat* wird uraufgeführt.
Im Kampf gegen den Young-Plan tritt Goebbels fast täglich als Redner auf. Er macht aus dem SA-Mann Horst Wessel einen Märtyrer der Bewegung. Bei den Reichstagswahlen am 14. September 1930 wird die NSDAP zweitstärkste Partei.
Goebbels lernt Magda Quandt kennen, die er am 19. Dezember 1931 heiratet.

1932–1935 Goebbels drängt Hitler, bei der Wahl zum Reichspräsidenten zu kandidieren. Hitler unterliegt Hindenburg. Bei den Reichstagswahlen am 31. Juli 1932 wird die NSDAP stärkste Partei. Am 1. September 1932 wird die Tochter Helga geboren. Bei den Reichstagswahlen am 6. November 1932 muss die NSDAP wieder herbe Verluste hinnehmen.
Am 30. Januar 1933 wird Hitler vom Reichspräsidenten Hindenburg zum Kanzler ernannt. Reichstagsbrand am 27. Februar. Goebbels wird zum Minister für Propagan-

da und Volksaufklärung ernannt. Er organisiert den Boykott jüdischer Geschäfte und hält eine »Feuerrede« bei der öffentlichen Bücherverbrennung am 10. Mai 1933 auf dem Berliner Opernplatz.
Goebbels nimmt an der Sitzung des Völkerbundes in Genf teil.
Am 13. April 1934 Geburt der Tochter Hilde.
Goebbels ist mit dabei, als der »Röhm-Putsch« blutig niedergeschlagen wird. Am 2. Oktober 1935 wird sein Sohn Helmut geboren. Er kauft einen Landsitz auf der Wannsee-Insel Schwanenwerder.

1936–1939 Deutsche Truppen besetzen am 7. März das entmilitarisierte Rheinland. Olympische Spiele in Deutschland.
Die Schauspielerin Lida Baarova wird Joseph Goebbels' Geliebte. Am 19. Februar 1937 bringt Magda die Tochter Holde zur Welt. Goebbels bereitet auf Anweisung Hitlers die Eingliederung Österreichs und der Tschechoslowakei propagandistisch vor. Nach dem »Anschluss« Österreichs verkündet Goebbels am 13. März 1938 in Wien den »Tag des Großdeutschen Reiches«. Anfang Oktober 1938 wird das Sudetenland an das Deutsche Reich angegliedert. Am 5. Mai 1938 Geburt der Tochter Hedda. Mitte März 1939 marschiert die Wehrmacht in die »Rest-Tschechei« ein. Nichtangriffspakt mit Russland. Mit dem Einmarsch in Polen am 1. September 1939 beginnt der Zweite Weltkrieg. Goebbels besucht das jüdische Ghetto in Lodz. Im Mai 1940 wird das Konzentrationslager Auschwitz errichtet.
Trennung von Lida Baarova. »Reichskristallnacht« am 9./10. November 1938. Attentat auf Hitler am 8. November 1939 im Münchner Bürgerbräukeller.

1940–1943 Goebbels eröffnet eine Propagandaschlacht gegen die englische »Plutokratie«. Am 10. Mai beginnt der Westfeldzug. Am 14. Juni 1940 wird Paris besetzt. Erste Luftangriffe auf deutsche Städte. Am 29. Oktober 1940 wird das »Versöhnungskind« Heide geboren. Am 22. Juni 1941 beginnt der Überfall auf die Sowjetunion. Goebbels lässt Berliner Juden in den Osten deportieren. Durch Filme wie *Jud Süß* schürt er den Hass auf Juden. Ab Mai 1942 schwere Luftangriffe der Royal Air Force auf deutsche Städte. Ein Attentat des Ingenieurs Hansheinrich Kummerow auf Goebbels schlägt fehl. Am 31. Januar 1943 kapituliert die 6. Armee in Stalingrad. Am 13. Februar hält Goebbels eine Rede im Berliner Sportpalast, bei der er das fanatisierte Publikum zum totalen Krieg auffordert. Goebbels besucht die bombardierten Städte und appelliert in Reden an den Durchhaltewillen der Menschen.

1944–1945 Serie von Großangriffen auf Berlin. Am 6. Juni landen die alliierten Streitkräfte in der Normandie. Das Attentat auf Hitler am 20. Juli scheitert. Der geplante Staatsstreich misslingt, nicht zuletzt durch Goebbels' Initiative gegen die Verschwörer um Graf von Stauffenberg. Goebbels wird zum »Reichsbevollmächtigten für den totalen Kriegseinsatz« und zum Verteidiger von Berlin ernannt.
Am 22. April 1945 zieht er mit Frau und Kindern in den Führerbunker. Am 28./29. April ist Goebbels Trauzeuge bei der Trauung von Adolf Hitler und Eva Braun. Hitler diktiert sein Testament. Goebbels wird zum neuen Reichskanzler ernannt.
Am 30. April begehen Adolf und Eva Hitler Selbstmord. Am 1. Mai werden alle Goebbels-Kinder mit Zyankali getötet. Wenig später nehmen sich Joseph und Magda Goebbels vor dem Bunker das Leben.
Am 8. Mai 1945 endet der Zweite Weltkrieg mit der Kapitulation Deutschlands. Über 55 Millionen Menschen haben in diesem Krieg ihr Leben verloren.

BIBLIOGRAFIE

SCHRIFTEN VON JOSEPH GOEBBELS

A) TAGEBÜCHER

Die Tagebücher von Joseph Goebbels, hrsg. von Elke Fröhlich, 32 Bände in drei Teilen, München: Saur 1993–2008.

Teil I: Aufzeichnungen 1923–1941, Bd. 1,1–9 (im Folgenden abgekürzt als I, 1/1 usw.)

Teil II: Diktate 1941–1945, Bd. 1–15

Teil III: Register, Bd. 1-2,2

Die Tagebücher von Joseph Goebbels, Sämtliche Fragmente, hrsg. von Elke Fröhlich, 4 Bände, München, New York: Saur 1987

Tagebücher 1945. Die letzten Aufzeichnungen. Mit einem Vorwort von Rolf Hochhuth, Bergisch-Gladbach: 1980

Ralf Georg Reuth, *Joseph Goebbels' Tagebücher*, 5 Bände, 1924–1945, München: Piper 2003

B) ZEITSCHRIFTEN, PERIODIKA

Der Angriff

Nationalsozialistische Briefe

Völkische Freiheit

Das Reich

C) UNVERÖFFENTLICHTE SCHRIFTEN

Bundesarchiv in Koblenz: Nachlass Goebbels' (Tagebücher, Romane, Gedichte, Dramen, Briefe etc.) = NL 1118

Institut für Zeitgeschichte München:

Goebbels-Dokumente (Abschriften Geburts-, Trauurkunde, Briefe, Vernehmungsprotokolle, Unitas-Jahrgänge etc.) = F 82; Plakate, Briefe = Fa 223/20; Personalsachen Goebbels = Ma 743; Aufzeichnungen Wageners über Magda Goebbels = ED 60; Goebbels' Rolle im Röhmputsch, Verhältnis zu den Gebrüdern Strasser = Ma 734, Fa 114

13 Ordner Zeitungsausschnitte zu Joseph Goebbels

D) VERÖFFENTLICHTE SCHRIFTEN

Michael. Ein deutsches Schicksal in Tagebuchblättern, München: Eher 1935

Das kleine abc des Nationalsozialismus, Greifswald: Vorpommersche Buch- und Kunstdruckerei 1925

Das Buch Isidor. Ein Zeitbild voll Lachen und Hass, München: Eher 1928

Knorke. Ein neues Buch Isidor für Zeitgenossen, München: Eher 1929

Wege ins Dritte Reich, Briefe und Aufsätze für Zeitgenossen, München: Eher 1927
Signale der neuen Zeit. 25 ausgewählte Reden. München: Eher 1934
Goebbels spricht, Reden aus Kampf und Sieg, Oldenburg i. O.: Gerhard Stalling 1934
Vom Kaiserhof zur Reichskanzlei, München: Eher 1934
Wesen und Gestalt des Nationalsozialismus, Berlin: Junker und Dünnhaupt 1935
Revolution der Deutschen. 14 Jahre Nationalsozialismus (mit sieben Bildtafeln), Oldenburg i. O.: Gerhard Stalling 1935
Die Zeit ohne Beispiel. Aufsätze und Reden 1939–1941, München: Eher 1941;
Kampf um Berlin. Der Anfang, München: Eher 1935
Der Angriff. Aufsätze aus der Kampfzeit, München: Eher 1936
Der steile Aufstieg. Reden und Aufsätze aus den Jahren 1942/43, München: Eher 1944
Goebbels Reden, hrsg. von Helmut Heiber, Band 1, 1932–1939, Düsseldorf: Droste 1971; Band 2, 1939–1945, Düsseldorf: Droste 1972
Das eherne Herz. Reden und Aufsätze aus den Jahren 1941/42, München: Eher 1943

LITERATUR ÜBER GOEBBELS

A) BIOGRAFIEN, LEBENSDARSTELLUNGEN:

Bade, Wilfrid, *Goebbels*, Lübeck: Charles Coleman 1933
Bönisch, Georg, *Das böse Genie*, in: *Der Spiegel*, Nr. 47/22.11.2010
Bilavsky, Jörg von, *Joseph Goebbels*, Reinbek bei Hamburg: Rowohlt 2009
Fraenkel, Heinrich/Manvell, Roger, *Goebbels. Eine Biographie*, Köln, Berlin: Kiepenheuer & Witsch 1960
Heiber, Helmut, *Joseph Goebbels*, München: dtv 1965
Irving, David, *Goebbels. Macht und Magie*, Kiel: Arndt Verlag 1997
Jüssen, Horst, *Joseph Satan*, München: Gryphon 2007
Longerich, Peter, *Goebbels*, München: Siedler 2010
Malanowski, Wolfgang, *»Meine Waffe heißt Adolf Hitler«. Über die Tagebücher des Joseph Goebbels, I. Kindheit, Jugend, Studium*, in: *Der Spiegel* Nr. 36/1987; *II. Sozi oder Nazi*, Nr. 37/1987; *III. Kampf um Berlin*, Nr. 38/1987
Reuth, Ralph Georg, *Goebbels. Eine Biographie*, München, Zürich: Piper 1995
Reimann, Viktor, *Dr. Joseph Goebbels*, Wien, München: Molden 1976
Riess, Curt, *Goebbels. Dämon der Macht*, Zürich: Universitas 1989
Stephan, Werner, *Joseph Goebbels. Dämon einer Diktatur*, Stuttgart: Union Deutsche Verlagsgesellschaft 1949
Wunderlich, Dieter, *Göring und Goebbels*. Regensburg: Pustet 2002
Wykes, Alan, *Joseph Goebbels, der Reichspropagandaminister*, Rastatt: Moewig 1986

B) BESTIMMTE ASPEKTE:

Bärsch, Claus-Ekkehard, *Der junge Goebbels. Erlösung und Vernichtung*, München: Wilhelm Fink 2004
Barth, Erwin, *Joseph Goebbels und die Formierung des Führer-Mythos*, 1917–1934, Erlangen: Palm & Enke 1999
Bering, Dietz, *Kampf um Namen. Bernhard Weiß gegen Joseph Goebbels*, Stuttgart: Klett-Cotta 1991

Berkholz, Stefan, *Waldhof am Bogensee. Vom Liebesnest zur DDR-Propagandastätte*, Berlin: Links 2004

Bezymenskij, Lew A., *Der Tod des Adolf Hitler,* München, Hamburg: Christian Wegner 1968

Boveri, Margret, *Wir lügen alle. Eine Hauptstadtzeitung unter Hitler*, Olten und Freiburg i. Br.: 1965

Fest, Joachim, *Das Gesicht des Dritten Reiches. Profile einer totalitären Herrschaft*, München: Piper 2002

Fest, Joachim, *Joseph Goebbels. Eine Porträtskizze*, in: Vierteljahreshefte für Zeitgeschichte, Nr. 43/1995, Heft 4, S. 565–580

Frank, Mario, *Der Tod im Führerbunker. Hitlers letzte Tage*, München: Siedler 2005

Frenz, Wolfgang, *Die Straße frei… Elberfeld – das Mekka des nationalen Sozialismus. Ein Beitrag zur Frühgeschichte der NSDAP*, Stegen am Ammersee: Druffel & Vowinckel 2008

Gathmann, Peter/Paul, Martina, *Narziss Goebbels: eine psychohistorische Biografie*, Wien: Böhlau 2009

Hachmeister, Lutz/Kloft, Michael (Hrsg.), *Das Goebbels-Experiment*, München: Deutsche Verlagsanstalt 2005

Kellerhoff, Sven F., *Mythos Führerbunker. Hitlers letzter Unterschlupf*, Berlin: Story 2006

Höver, Ulrich, *Joseph Goebbels, ein nationaler Sozialist*, Bonn, Berlin: Bouvier 1992

Kessemeier, Carin, *Der Leitartikler Goebbels in den NS-Organen »Der Angriff« und »Das Reich«*, Münster: Verlag Fahle 1967 (Studien zur Publizistik. Münstersche Reihe. Institut für Publizistik, Band 5)

Lazar, Imre, *Der Fall Horst Wessel*, Stuttgart und Zürich: Belser 1980

Leiser, Erwin, *»Deutschland erwache!«. Propaganda im Film des Dritten Reiches*, Reinbek bei Hamburg: Rowohlt 1978

Michel, Kai, *Vom Poeten zum Demagogen. Die schriftstellerischen Versuche Joseph Goebbels'*, Köln, Weimar, Wien: Böhlau 1999

Moeller, Felix, *Der Filmminister. Goebbels und der Film im Dritten Reich*, Berlin: Henschel 1998

Müller, Hans-Dieter, *Der junge Goebbels. Zur ideologischen Entwicklung eines politischen Propagandisten*, Freiburg 1974

Nipperdey, Thomas u. a., *»Ein tiefer geschichtlicher Sinn aus dem Wahnsinn«. Die Goebbels-Tagebücher als Quelle für das Verständnis des ns. Herrschaftssystems und seiner Propaganda*, in: Nipperdey u. a., *Weltbürgerkrieg der Ideologien*, Berlin: Propyläen 1993

Peuschel, Harald, *Die Männer um Hitler. Braune Biographien. Martin Bormann, Joseph Goebbels, Hermann Göring, Reinhard Heydrich, Heinrich Himmler und andere*. Düsseldorf: Droste 1998

Ponnier, Matthias/Garg, Eva, *Goebbels – Der Propagandakrieger* (Audio-CD) 2006

Schütze, Frank, *Joseph Goebbels: Vom kleinen Nationalsozialisten zum Propagandagenie Adolf Hitlers. Versuch einer Klärung*. Bd. 1: *Der letzte Revolutionär*; Bd. 2: *Der braune Agitator*, Schwedt: Agroplant 2003

Siemens, Daniel, *Horst Wessel. Tod und Verklärung eines Nationalsozialisten*, München: Siedler Verlag 2009

Trevor-Roper, H. R., *Hitlers letzte Tage*, Zürich: Umstutz 1946

ZEITZEUGEN

A) aus Goebbels' näherer Umgebung:

Baarova, Lida, *Die süße Bitterkeit meines Lebens*, Koblenz: Kettermann & Schmidt 2001

Borresholm, Boris von (Hrsg.), *Dr. Goebbels. Nach Aufzeichnungen aus seiner Umgebung*, Berlin: Teuber 1949

Fetscher, Iring, *Joseph Goebbels im Berliner Sportpalast* 1943: *»Wollt ihr den totalen Krieg«*, Hamburg: Europäische Verlagsanstalt/Rotbuch 1998

Fohrmann, Petra, *Die Kinder des Reichsministers. Erinnerungen einer Erzieherin an die Familie Goebbels mit erstmals veröffentlichten Privatfotos und Briefen der Familie Goebbels*, Swisttal: Fohrmann, 2005

Fritzsche, Hans, *Hier spricht Hans Fritzsche*, Zürich: Interverlag 1948

Fromm, Bella, *Als Hitler mir die Hand küsste*, Berlin: Rowohlt 1993

Göring, Emmy, *An der Seite meines Mannes. Begebenheiten und Bekenntnisse*, Coburg: Nation-Europa-Verlag 2007

Hanfstaengl, Ernst, *15 Jahre mit Hitler. Zwischen weißem und braunem Haus*, München, Zürich: Piper 1980

Junge, Traudl, *Bis zur letzten Stunde. Hitlers Sekretärin erzählt ihr Leben*, Berlin: Ullstein 2003

Kalberer, Wilhelm, *Ich sprach mit Hitler, Himmler, Goebbels*, St. Gallen: Phoebe-Verlag, 1945

Martin, Hans-Leo, *Unser Mann bei Goebbels. Verbindungsoffizier des Oberkommandos der Wehrmacht beim Reichspropagandaminister*, 1940–1944; Neckargmund: Kurt Vowinckel Verlag 1973

Musmanno Michael A., *Hitlers letzte Zeugen*, München: Droemer 2004

Oven, Wilfred von, *Mit Goebbels bis zum Ende*, Buenos Aires: Dürer-Verl., o.J.

Oven, Wilfred von, *Wer war Goebbels? Biographie aus der Nähe*, München, Berlin: Herbig 1987

Oven, Wilfred von, *Dr. G. Meister der Propaganda*, Duisburg: Verlag Werner Symanek 1999

Reitsch, Hannah, *Fliegen – mein Leben*, München: Herbig 2001

Schaumburg-Lippe, Friedrich Christian von, *Dr. G., Ein Porträt des Propagandaministers Goebbels*, Wiesbaden: Limes 1972

Semmler, Rudolf, *Goebbels – the man next to Hitler*, London: Westhouse 1947

Seraphim, Hans-Günther, *Das politische Tagebuch Alfred Rosenbergs 1934/35 und 1939/40*, München: dtv 1964

Speer, Albert, *Erinnerungen*, Berlin: Ullstein 2005

Straßer, Gregor, *Kampf um Deutschland. Reden und Aufsätze eines Nationalsozialisten*, München: Eher 1932

Strasser, Otto, *Hitler und ich*, Konstanz: Johann Asmus-Verlag 1948

Wagener, Otto, *Hitler aus nächster Nähe.* Aufzeichnungen eines Vertrauten 1929–1932, Frankfurt: Ullstein 1978

B) allgemein (Zeitgeist):
Buddrus, Michael, *»Wenn dem Göring die Hose von Goebbels paßt...« Aufsätze sächsischer Volksschüler als Stimmungsbilder aus dem Dritten Reich.* In: *Jahrbuch für zeitgeschichtliche Jugendforschung* 1994/95, Berlin.
Finck, Werner, *Alter Narr, was nun? Die Geschichte meiner Zeit*, Frankfurt am Main, Berlin: Herbig 1972
Fröhlich, Gustav, *Waren das Zeiten. Mein Film-Heldenleben*, Berlin: Ullstein 1991
Harald Focke/Uwe Reimer, *Alltag unterm Hakenkreuz. Wie die Nazis das Leben der Deutschen veränderten*, Reinbek bei Hamburg: Rowohlt 1994
Klemperer, Victor, *Ich will Zeugnis ablegen bis zum letzten. Tagebücher 1933–1941*, Berlin: Aufbau 1999
Lore Walb, *Ich, die Alte – ich, die Junge. Konfrontation mit meinen Tagebüchern 1933–1945.* Berlin: Aufbau 1997
Uhlig, Anneliese, *Rosenkavaliers Kind. Eine Frau und drei Karrieren*, München: Herbig 1977

ZU MAGDA GOEBBELS

Behrend, Auguste, *Meine Tochter Magda Goebbels.* In: *Schwäbische Illustrierte.* Stuttgart, 23. Februar 1952 – 31. Mai 1952 (IfZ Magda Goebbels 2/52–5/52)
Brückner, Jutta; *Bräute des Nichts. Der weibliche Terror. Magda Goebbels und Ulrike Meinhof*, Berlin: Theater der Zeit 2008
Ebermayer, Erich/Roos, Hans, *Gefährtin des Teufels. Leben und Tod der Magda Goebbels*, Hamburg: Hoffmann und Campe 1952
Jungbluth, Rüdiger, *Die Quandts. Ihr Aufstieg zur mächtigsten Wirtschaftsdynastie Deutschlands*, Bergisch-Gladbach: Bastei Lübbe 2004
Klabunde, Anja, *Magda Goebbels. Annäherung an ein Leben.* München: Bertelsmann 1969
Lebensbericht Günther Quandts, hrsg. von Herbert und Harald Quandt. München: Mensch und Arbeit Verlag 1961
Meissner, Hans-Otto, *Magda Goebbels. Ein Lebensbild.* München: Blanvalet 1978
Sigmund, Anna Maria, *Die Frauen der Nazis*, München: Heyne 2005
Wagener, Otto, *Aufzeichnungen über Magda Quandt*, Institut für Zeitgeschichte, München, ED/60/25, 1539–1547

PHÄNOMEN FASCHISMUS, DRITTES REICH

Broszat, Martin, *Die Machtergreifung*, München: dtv 1987
Fromm, Erich, *Anatomie der menschlichen Destruktivität*, Reinbek bei Hamburg: Rowohlt 1977
Glaser, Hermann, *Das Dritte Reich. Wie es war und wie es dazu kam. Berichte und Dokumente*, Freiburg im Breisgau: Herder 1979
Haffner, Sebastian, *Anmerkungen zu Hitler*, Hamburg: Fischer 1981
Haffner, Sebastian, *Von Bismarck zu Hitler*, München: Knaur 1987

Hitler, Adolf, *Mein Kampf*, München: Eher 1942
Kershaw, Ian, *Hitler*, drei Bände, Stuttgart: Deutsche Verlagsanstalt 1998–2001
Kershaw, Ian, *Der* NS-*Staat*, Reinbek bei Hamburg: Rowohlt 1994
Kühnl, Reinhard, *Der deutsche Faschismus. Quellen und Dokumente*, Köln: PapyRossa 2000
Sontheimer, Kurt, *Antidemokratisches Denken in der Weimarer Republik. Die politischen Ideen des deutschen Nationalismus zwischen 1918 und 1933*, München: dtv 1992
Studt, Christoph, *Das Dritte Reich. Ein Lesebuch zur deutschen Geschichte 1933–1945*, München: Beck 1995
Theweleit, Klaus, *Männerphantasien*, München: Piper 2009
Welzer, Harald, *Täter. Wie aus ganz normalen Menschen Massenmörder werden*, Frankfurt am Main: Fischer 2005

LITERATUR, PHILOSOPHIE

Arendt, Hannah, *Eichmann in Jerusalem. Ein Bericht von der Banalität des Bösen*, München: Piper 2006
Arendt, Hannah, *Über den Zusammenhang von Denken und Moral*, in dies., *Zwischen Vergangenheit und Zukunft*, München: Piper 1994
Arendt, Hannah, *Wahrheit und Politik*, in dies., *Zwischen Vergangenheit und Zukunft*, München: Piper 1994, S. 327–370
Beyer, Marcel, *Flughunde*, Frankfurt am Main: Suhrkamp 1995
Döblin, Alfred, *Berlin Alexanderplatz*, München: dtv 1977
Dostojewski, Fjodor M., *Die Brüder Karamasow*, München: Winkler 1988
Drewermann, Eugen, *Strukturen des Bösen*, drei Bände, Paderborn: Schöningh 1988
Görres, Albert/Rahner, Karl, *Das Böse. Wege zu seiner Bewältigung in Psychotherapie und Christentum*, Freiburg im Breisgau: Herder 1982
Littell, Jonathan, *Die Wohlgesinnten*, Berlin: Berliner Taschenbuchverlag 2009
Maugham, W. Somerset, *Der Menschen Hörigkeit*, Zürich: Diogenes 1986
Mann, Thomas, *Bruder Hitler*, in: Thomas Mann, *Essays*, Band 4: *Achtung Europa!* 1933–1938, Frankfurt am Main: Fischer 1995, S. 305–312
Mann, Thomas, *Deutsche Ansprache. Ein Appell an die Vernunft*, in ders., *Appell an die Vernunft. Essays* 1926–1933, Frankfurt am Main: Fischer 1994, S. 259–279
Moser, Tilman, *Dämonische Figuren. Die Wiederkehr des Dritten Reiches in der Psychotherapie*, Frankfurt: Suhrkamp 1999
Safranski, Rüdiger, *Das Böse oder das Drama der Freiheit*, München: Hanser 1997
Sloterdijk, Peter, *Kritik der zynischen Vernunft*, 2 Bände, Frankfurt am Main: Suhrkamp 1983
Spengler, Oswald, *Der Untergang des Abendlandes. Umrisse einer Morphologie der Weltgeschichte*, München: Beck 1972
Werfel, Franz, *Eine blaßblaue Frauenschrift*, Frankfurt am Main: Fischer 2007

QUELLENVERZEICHNIS

PROLOG

Prolog: Zitat Hannah Arendt aus: Aus einem Brief von Hannah Arendt an Gershom Scholem vom 20.7.1963, in: *Hanna Arendt – Gershom Scholem. Der Briefwechsel*, © Jüdischer Verlag im Suhrkamp Verlag, Berlin 2010. Das Zitat von Dostojewskij ist aus: Fjodor M. Dostojewskij, *Die Brüder Karamasov*, aus dem Russischen von Hand Ruoff/Richard Hoffmann, München: Winkler 1988

1 Joseph Goebbels, *In unserer eigenen Hand*, in: *Das Reich* vom 5.11.1944

2 Stefan Berkholz, *Waldhof am Bogensee, Vom Liebesnest zur* DDR-*Propagandastätte*, Berlin: Links 2004

3 Elke Fröhlich (Hrsg.), *Die Tagebücher von Joseph Goebbels*, Tb vom 13.8.1926, Teil I, Bd. 1,2, S. 121

4 J. G., *Für unsere Kinder*, in: *Das Reich* vom 22.10.1944

5 Petra Fohrmann, *Die Kinder des Reichsministers. Erinnerungen einer Erzieherin an die Familie Goebbels – 1943 bis 1945*, Swisttal: Fohrmann Verlag 2005, sowie: Auguste Behrend, *Meine Tochter Magda Goebbels*, in: *Schwäbische Illustrierte* vom 29.3.1952

6 Aufruf Adolf Hitlers an die Berliner Bevölkerung vom 22.4.1945 (veröffentlicht in der ersten Nummer der Flugblatt-Zeitung *Der Panzerbär* vom 23.4.1945), abgedruckt in: Joseph Goebbels, *Die Tagebücher 1945. Die letzten Aufzeichnungen*. Mit einem Vorwort von Rolf Hochhuth, Hamburg : Hoffmann und Campe 1977, S. 547

7 nach: Wilfred von Oven, *Wer war Goebbels?*, München: Herbig 1987, S. 17. © 1987 F.A. Herbig Verlagsbuchhandlung GmbH, München

8 J. G., *Das Jahr 2000*, in: *Das Reich* vom 25.2.1945

9 J. G., *Die Tagebücher* 1945, S. 425

10 ebenda, S. 529

11 Helmut Heiber (Hrsg.), *Goebbels Reden*, Bd. 2: 1939–1945, Düsseldorf: Droste 1972, S. 452

12 J. G., *Widerstand um jeden Preis*, in: *Das Reich* vom 22.4.1945

13 *Es sprach Fritzsche*. Nach Gesprächen, Briefen und Dokumenten von Hildegard Springer, Stuttgart: Thiele 1949, S. 30

14 Wilfred von Oven, *Wer war Goebbels?*, S. 19

15 Lew Besymenski, *Der Tod des Adolf Hitler. Unbekannte Dokumente aus Moskauer Archiven*, Hamburg: Christian Wegner 1968, S. 97f.

16 Abschrift des Berichtes von Herrn Günther Schwägermann, Institut für Zeitgeschichte, Aktenzeichen 3115/62, F 82

17 Werner Stephan, *Joseph Goebbels. Dämon einer Diktatur*, Stuttgart: Union Deutsche Verlagsgesellschaft 1949; Curt Riess, *Goebbels, Dämon der Macht*, München: Universitas 1989 (erste Auflage: Zürich: Europa-Verlag 1949); Horst Jüssen, *Joseph Satan*, München: Gryphon 2007

18 Thomas Mann, *Bruder Hitler*, in: Thomas Mann, *Essays*, Bd. 4: *Achtung Europa! 1933–1938*, Frankfurt am Main: Fischer 1995, S. 305–312.

I. KAPITEL

1 Siehe dazu den Bericht der gerichtsmedizinischen Untersuchung der Leiche Joseph Goebbels', abgedruckt in: Lew Besymenski, *Der Tod des Adolf Hitler,* S. 111f.

2 *Die Tagebücher von Joseph Goebbels. Sämtliche Fragmente*, herausgegeben von Elke Fröhlich im Auftrag des Instituts für Zeitgeschichte und in Verbindung mit dem Bundesarchiv, Teil 1, Aufzeichnungen 1924–1941, Bd. 1: 27.6.1924–31.12.1930, München u. a.: Sauer 1987; darin: *Tagebuch für Joseph Goebbels* (Erinnerungsblätter) von 1897 (Geburtsjahr) bis Oktober 1923 (geschrieben Juli 1924), S. 3, im Folgenden zitiert als *Erinnerungsblätter.*

3 Peter L. Berger/Thomas Luckmann, *Die gesellschaftliche Konstruktion der Wirklichkeit*, Frankfurt am Main: Fischer 1969, S. 177

4 Tb vom 31.1.1938, Elke Fröhlich (Hrsg.), *Die Tagebücher von Joseph Goebbels* in 32 Bänden, Teil I, Bd. 5, S. 126 (im Folgenden abgekürzt als I, 5)

5 J. G., *Aus meinem Tagebuch. Anka Stalherm zugeeignet*, Bundesarchiv Koblenz (= BA Koblenz), NL 1118/126, S. 94

6 Wildred von Oven, *Wer war Goebbels?,* S. 57

7 Der genaue Titel des Romans lautet: *Michael Voormann's Jugendjahre.* Er besteht aus drei Teilen, wobei der mittlere Teil verloren ist. Der Text ist nicht veröffentlicht. Eine handschriftliche Fassung befindet sich im Bundesarchiv Koblenz unter den Nummern N 1118/126 und 1118/115 und 116. Goebbels hat den Roman mehrmals überarbeitet. Die erste Fassung wird im Folgenden zitiert als *Michael* (1919)

8 *J. G., Michael* (1919), S. 183f. (=Blattzahl)

9 ebenda, S. 181f.

10 *Erinnerungsblätter*, S. 4

11 Nach: Wilfred von Oven, *Dr. G. Meister der Propaganda*, Duisburg: Symanek 1999, S. 226

12 Brief von Fritz Goebbels an Joseph Goebbels vom 2.11.1919, BA, NL 1118/113

13 Joseph Goebbels, *Unserem lieben Bruder Dr. Gerhard Bartels zum Gedächtnis. Gerhardi Bartels manibus*, vom 6. 12.1919, BA, NL 1118/120

14 Nach: Wilfred von Oven, *Dr. G. Meister der Propaganda*, S. 227

15 *Erinnerungsblätter*, S. 2

II. KAPITEL

1 Ernst Hanfstaengl, *15 Jahre mit Hitler. Zwischen Weißem und Braunem Haus*, München: Piper 1980, S. 318

2 W. Somerset Maugham, *Der Menschen Hörigkeit,* Zürich: Diogenes 1986, S. 88

3 Klassenaufsatz des Obersekundaners Joseph Goebbels vom 27.11.1914, BA, NL 1118/117

4 J. G., *Michael* (1919), Blattnummer 197–199

5 Briefe von Lene Klage, BA, NL 1118/112

6 *Erinnerungsblätter*, S. 5

7 Brief von Fritz Goebbels an Joseph Goebbels vom 2.11.1919, BA, NL 1118/113

8 *Erinnerungsblätter*, S. 4

9 J. G., *Michael* (1919), S. 174f.

10 J. G., *Aus meinem Tagebuch*, BA, NL 1118/126, S. 59

11 Abiturzeugnis, BA NL 1118/113, Abiturientenrede BA, NL 1118/126

12 Wilhelm Raabe, *Die Leute aus dem Walde*, in: ders.: *Sämtliche Werke*, 5. Band, Göttingen: Vandenhoeck und Ruprecht 1971, S. 66, 89f.

13 J. G., *Bin ein fahrender Schüler*, Manuskript, BA, 1118/117; J. G., *Bin ein fahrender Schüler, ein wilder Gesell…, Novelle aus dem Studentenleben*, BA, NL 1118/127

14 Siehe dazu: AMV *contra Dr. phil. Joseph Goebbels. Dokumente gegen Sensation*, in: *Echo der Zeit*, Recklinghausen, Nr. 12 und 13 vom 21. und 28.6.1952, Institut für Zeitgeschichte, F 82, Akz 3115/62

15 *Unitas*. Organ des Verbandes der wissenschaftlichen katholischen Studentenvereine Unitas, Jg. 58, Nr. 4, April 1918

16 *Erinnerungsblätter*, S. 6

17 *Unitas*, Nr. 4, Jg. 58, April 1918

18 Kollegienbuch (Studienbuch), Badische Albert Ludwigs-Universität zu Freiburg i. Br. für cand. germ. Joseph Goebbels aus Rheydt, Sommersemester 1919/Wintersemester 1919/20, BA, NL 1118/126

III. KAPITEL

1 Wilfred von Oven, *Wer war Goebbels?*, S. 131

2 *Erinnerungsblätter*, S. 7f. (Im Folgenden nicht nachgewiesene Zitate hieraus.)

3 ebenda, S. 8

4 *Unitas*, Jg. 59, Nr. 3, Februar 1919

5 *Erinnerungsblätter*, S. 9

6 J. G., *Judas Iscariot*. Eine biblische Tragödie in fünf Akten, BA, NL 1118/127, Originalmanuskript, S. 24

7 Brief von Anka Stalherm vom 22.8.1918, BA, NL 1118/109

8 Brief von Fritz Goebbels an Joseph Goebbels vom 8.10.1918, BA, NL 1118/113

9 Brief von Joseph Goebbels an Fritz Prang vom 13.11.1918, abgedruckt in: Heinrich Fraenkel/Roger Manvell, *Goebbels*, Köln, Berlin: Kiepenheuer & Witsch 1960, S. 38

10 Brief an Anka Stalherm, ohne Datum, NL 1118/118

11 J. G., *Heinrich Kämpfert* – Ein Drama in drei Aufzügen, BA, NL 1118/114, Manuskript, S. 202

12 Tb vom 30.5.1928, I, 1/2, S. 377

13 Helmut Heiber, *Joseph Goebbels*, München: dtv 1988, S. 28

14 Lida Baarova, *Die süße Bitterkeit meines Lebens*. Koblenz: Kettermann & Schmidt 2001

15 Brief von Anka Stalherm vom 24.9.1919, BA, NL 1118/109

16 Brief an Anka Stalherm vom 30.1.1919, BA, NL 1118/109

17 Joseph Goebbels an Anka Stalherm vom 24.11.1920, BA, NL 1118/126

18 Verlagsvertrag mit dem Xenien-Verlag, BA, NL 1118/113

19 Wilfrid Bade, *Joseph Goebbels*, Lübeck: Coleman 1933, S. 10f.

20 Brief an Anka Stalherm vom 24.12.1919, BA, NL 1118/109

21 Brief von Fritz Goebbels an Joseph Goebbels vom 9.11.1919, BA, NL 1118/113

22 Brief an Anka Stalherm vom 14.4.1920, BA, NL 1118/126

23 Joseph Goebbels, *Die Saat*. Ein Geschehen in drei Akten, BA, NL 1118/117 (handschriftlich)

24 Brief an Anka Stalherm, ohne Datum, NL 1118/118

25 Brief an Anka Stalherm vom 27.11.1920, BA, NL 1118/126

26 Hannah Arendt, *Eichmann in Jerusalem. Ein Bericht von der Banalität des Bösen*, München: Piper 1986, S. 130f.

27 Joseph Goebbels, *Mein Testament* (Rheydt, den 1.10.1920), BA, NL 1118/113

28 Brief an Anka Stalherm vom 27.11.1920, BA, NL 1118/126

IV. KAPITEL

1 Oswald Spengler, *Der Untergang des Abendlandes. Umrisse einer Morphologie der Weltgeschichte*, München: Beck 1972, S. 1102

2 Brief an Else Janke, Weihnachten 1922, zitiert nach Fraenkel/Manvell, S. 66

3 Fraenkel/Manvell, S. 64

4 Brief von Else Janke an Joseph Goebbels vom 6.9.1922, BA, NL 1118/110

5 J. G., *Aus meinem Tagebuch*, BA, NL 1118/126, S. 132ff., S. 137

6 Wilfred Bade, *Goebbels*, a.a.O., S. 11f.

7 J. G., *Aus meinem Tagebuch*, S. 137

8 J. G., *Aus meinem Tagebuch*, S. 143

9 Brief an Else Janke vom 5.6.1923, BA, NL 1118/110 Bd. 2

10 Ian Kershaw, *Hitler*, 1889–1936, Stuttgart: Deutsche Verlagsanstalt 1998, S. 195ff.

11 *Erinnerungsblätter*, S. 27

12 Brief an Else Janke vom 22.9.1923, BA, NL 1118/110

13 Bewerbungsschreiben an die *Kölner Zeitung*, BA, NL 1118/113

14 J. G., *Aus meinem Tagebuch*, S. 138

15 Rolf Hochhuth, *Vorwort* zu: Joseph Goebbels, *Tagebücher* 1945. *Die letzten Aufzeichnungen*, S. 34

16 Tb vom 15. und vom 30.7.1924, I, 1/1, S. 170 u. 185

17 Kai Michel, *Vom Poeten zum Demagogen. Die schriftstellerischen Versuche Goebbels'*, Köln, Weimar, Wien: Böhlau 1999, S. 67ff.

18 J. G., *Michael. Ein deutsches Schicksal in Tagebuchblättern*, München: Eher 1935, S. 41

19 Zitiert nach: Lutz Hachmeister, *Die Welt des Joseph Goebbels*, in: Lutz Hachmeister/Michael Kloft, *Das Goebbels-Experiment*, München: Deutsche Verlagsanstalt, S. 14

20 J. G., *Aus meinem Tagebuch*, S. 132

21 Tb vom 17. und vom 20.3.1924, I, 1/1, S. 108

V. KAPITEL

1 Tb vom 19.8.1924, I, 1/1, S. 201

2 Tb vom 20.8.1924, I, 1/1, S. 203

3 ebenda, S. 204

4 J. G., *Michael* (1935), S. 21

5 Thomas Mann, *Bruder Hitler*, in: ders., *Essays, Band 2: Achtung Europa*, 1933–1938, Frankfurt am Main: Fischer 1995, S. 305–312

6 ebenda, S. 311

7 Tb vom 19.8.1924, I, 1/1, S. 200

8 Tb vom 21.8.1924, I, 1/1, S. 208

9 Tb vom 27.9.1924, I, 1/1, S. 230

10 Joseph Goebbels, *Das kleine abc des Nationalsozialisten*, im Auftrage der Arbeitsgemeinschaft der West- und Norddeutschen Gaue der N.S.D.A.P, Greifswald: Vorpommersche Buch und Kunstdruckerei 1925, S. 4
11 Tb vom 6.8.1924, I, 1/1, S. 191
12 Tb vom 14. 7. 1924, I, 1/1, S. 169
13 Tb vom 8. 8. 1924, I, 1/1, S. 193
14 J. G., *Aus meinem Tagebuch*, S. 135
15 Tb vom 14.7.1924, I, 1/1, S. 169
16 *Völkische Freiheit* vom 20.9.1924, zitiert nach: Reuth, *Goebbels*, 85f.
17 Tb vom 15.9.1924, I, 1/1, S. 222
18 nach: Hans Heiber, *Joseph Goebbels*, S. 42
19 ebenda, S. 47
20 Tb vom 26.3.1925, I, 1/1, S. 286
21 Fraenkel/Manvell, *Goebbels*, S. 88
22 Tb vom 12.10.1924, I, 1/1, S. 364
23 Tb vom 14.10.1924, I, 1/1 S. 365
24 Fraenkel/Manvell, *Goebbels*, S. 95; siehe dazu auch: Reuth, *Goebbels*, Anmerkung 58, S. 630
25 Fraenkel/Manvell, S. 89
26 Tb vom 6.11.1925, I, 1/1, S. 374
27 Tb vom 23.11.1925, I, 1/1, S. 379
28 Tb vom 16.12.1925, I, 1/2, S. 34
29 J. G., *Das kleine abc des Nationalsozialisten*, S. 6f.
30 Nach Fraenkel/Manvell, *Goebbels*, S. 92
31 Tb vom 13.4.1926, I, 1/2, S. 73
32 Tb vom 19.4.1926, I, 1/1, S. 76
33 Nach: Dieter Wunderlich, *Göring und Goebbels. Eine Doppelbiografie*, Regensburg: Pustet 2002, S. 53
34 Tb vom 24.7.1926, I, 1/2, S. 112
35 Tb vom 15.7.1926, I, 1/1, S. 107
36 J. G., *Das kleine abc des Nationalsozialisten*, S. 6
37 Tb vom 28.7.1926, I, 1/1, S. 114
38 *Völkische Freiheit* vom 20.12.1924
39 Tb vom 16.6.1926, I, 1/2, S. 96

VI. KAPITEL

1 Alfred Döblin, *Berlin Alexanderplatz*, München: dtv 1977, S. 391f.
2 Peter Sloterdijk, *Kritik der zynischen Vernunft*, 2 Bände, Frankfurt am Main: Suhrkamp 1983; siehe vor allem im zweiten Band *Historisches Hauptstück. Das Weimarer Symptom*, S. 697ff.
3 ebenda, S. 729, 817 und 827
4 Dr. Joseph Goebbels, *Kampf um Berlin*, München: Zentralverlag der N.S.D.A.P. Franz Eher Verlag 1935, S. 27
5 Otto Strasser, *Hitler und ich*, Konstanz: Johann Asmus-Verlag 1948, S. 117
6 J. G., *Kampf um Berlin*, S. 18

7 Wilfrid Bade, Goebbels, S. 26
8 Daniel Siemens, *Horst Wessel. Tod und Verklärung eines Nationalsozialisten*, München: Siedler 2009, S. 85
9 nach Ralf Reuth, *Goebbels*, S. 114
10 J. G., *Kampf um Berlin*, S. 112 f.
11 ebenda, S. 102, 169 und 180
12 ebenda, S. 144 ff.
13 Brief von Karl Kaufmann an Otto Strasser vom 4. 6.1927, IfZ, F 88, Akz 3115/62
14 *Der Angriff* vom 9.4.1928
15 Joseph Goebbels, *Erkenntnis und Propaganda*. Rede am 9.1.1928, in: Joseph Goebbels, *Signale der neuen Zeit*, München: Eher 1934, S. 28–52, hier S. 29
16 J. G., *Kampf um Berlin*, S. 192
17 ebenda, S. 184
18 Peter Sloterdijk, *Kritik der zynischen Vernunft*, Erster Band, S. 363
19 *Der Angriff* vom 30.4.1928 (*Was wollen wir im Reichstag?*)
20 ebenda
21 Tb vom 10.7.1928, I, 1/3, S. 50
22 Tagebücher I, 1/3, S. 64, 29, 47, 78 und I, 1/2, S. 369
23 Tb vom 30.5.1928, I, 1/3, S. 377
24 Tb vom 20.1.1929, I, 1/3, S. 168
25 Tb vom 17.10.1928, I, 1/3, S. 104; vom 8.10.1928, I, 1/3, S. 97; vom 21.11.1928, I, 1/3, S. 128
26 Sören Kierkegaard, *Das Tagebuch des Verführers*, in ders., *Gesammelte Werke*, Erster Teil, Band 2, *Entweder/Oder*, Köln: Diederichs, S. 331
27 Tb vom 18.4.1929, I, 1/3, S. 230
28 Tb vom 1.6.1929, I, 1/3, S. 259; vom 6.6.1929, I, 1/3, S. 263; vom 2.6.1929, I, 1/3, S. 260
29 Tb vom 21.7.1929, I, 1/3, S. 287
30 Tb vom 10.8.1929, I, 1/3, S. 302
31 Tb vom 10.9.1929, I, 1/3, S. 324
32 Tb vom 11.12., I, 2/1, S. 38

VII. KAPITEL

1 Tb vom 15.1.1930, I, 2/1, S. 64
2 Daniel Siemens, *Horst Wessel*, S. 96 f.
3 *Der Angriff* vom 7. und 23.1.1930
4 Tb vom 23.2.1930, I, 2/1, S. 94
5 *Der Angriff* vom 6.3.1930, sowie: Imre Lazar, *Der Fall Horst Wessel*, Stuttgart und Zürich: Belser 1980, S. 109 ff.
6 Wilfred von Oven, *Wer war Goebbels?*, S. 148
7 Tb vom 31.1.1931, I, 2/1, S. 323
8 Otto Strasser, *Die Sozialisten verlassen die* NSDAP, in: Reinhard Kühnl, *Der deutsche Faschismus. Quellen und Dokumente*, Köln: PapyRossa 2000
9 Tb vom 15.9.1930, I, 2/1, S. 239

10 Thomas Mann, *Deutsche Ansprache. Ein Appell an die Vernunft*, in ders., *Appell an die Vernunft. Essays 1926–1933*, Frankfurt am Main: Fischer 1994, S. 259–279, S. 268f.

11 nach: Klaus Schröter (Hrsg.), *Thomas Mann im Urteil seiner Zeit*, Frankfurt am Main: Klostermann 2000, S. 497

12 J. G., *Pazifismus*, in: *Der Angriff* vom 12.3.1928

13 Tb vom 10.12.1930, I, 2/1, S. 301

14 Tb vom 18.1.1932, I, 2/1, S. 198

15 Tb vom 29.10.1930 und 1. und 2.10.1930, I, 2/1, S. 251f. und S. 271

16 Tb vom 15.2.1931, I, 2/1, S. 346

17 Hans-Otto Meissner, *Magda Goebbels. Ein Lebensbild*, München: Blanvalet 1978, S. 26ff.

18 Tb vom 15.3.1931, I, 2/1, S. 364

19 Tb vom 4.4.1931, I, 2/1, S. 378

20 Tb vom 17.6.1931, I, 2/2, S. 40

21 Otto Wageners Aufzeichnungen über Magda Goebbels, Institut für Zeitgeschichte ED-60, sowie Otto Wagener, *Hitler aus nächster Nähe. Aufzeichnungen eines Vertrauten* 1929–1932, Frankfurt am Main: Ullstein 1978

22 Tb vom 20.12.1931, I, 2/2, S. 176; die beglaubigten Abschriften aus dem Trauregister der evangelisch-lutherischen Gemeinde Frauenmark befinden sich im Institut für Zeitgeschichte unter Akz 3115/62-F 82

23 Tb vom 20.1.1932, I, 2/2, S. 199

24 Tb vom 23.2.1932, I, 2/2, S. 225

25 *Der Angriff* vom 5.3.1932

26 Tb vom 17.4.1932, I, 2/2, S. 263

27 Tb vom 10.3.1931, I, 2/1, S. 361; vom 20.6.1931, I, 2/2, S. 42; vom 10.4.1932, I, 2/2, S. 258

28 Tb vom 28.5.1932, I, 2/2, S. 289

29 Tb vom 25.1.1930, I, 2/2, S. 71

30 Hannah Arendt, *Wahrheit und Politik*, in dies:, *Zwischen Vergangenheit und Zukunft*, München: Piper 1994, S. 327–370, hier S. 357

31 J. G., *Vom Kaiserhof zur Reichskanzlei*, München: Eher 1934, S. 178

32 Tb vom 14.8.1932, I, 2/2, S. 340

33 Tb vom 1. und 3.1.1932, I, 2/2, S. 186f.

34 Tb vom 2. und 3.9,1932, I, 2/2, S. 354 u. 356

35 Tb vom 2.1.1933, I, 2,3, S. 96

36 Tb vom 31.1.1933, I, 2/3, S. 120

37 Tb vom 7.8.1932, I, 2/2, S. 334

VIII. KAPITEL

1 Theobald Tiger (i. e. Kurt Tucholsky), *Joebbels*, in: *Die Weltbühne* 27 (1931), Nr. 8, 24.2.1931, S. 287

2 *Der Angriff* vom 28.2.1931

3 Adolf Hitler, *Mein Kampf*, München: Eher 1942, S. 199

4 Tb vom 30.3.1931, I, 2/1, S. 375 und 14.2.1933 I, 2/3, S. 129

5 Ernst Hanfstaengl, *15 Jahre mit Hitler*, München: Piper 1980, S. 293f.

6 *Der Angriff* vom 28.2.1933

7 Tb vom 9.3.1933, I, 2/3, S. 143

8 Tb vom 15.3.1933, I, 2/3, S. 147

9 Tb vom 23.3.1933, I, 2/3, S. 153

10 Victor Klemperer, *Tagebücher 1933–1945*, Berlin: Aufbau 1999; Bd 1: 1933–1934, S. 11

11 nach: Wilfred von Oven, *Wer war Goebbels?* S. 226

12 Joseph Goebbels, *Vom Kaiserhof zur Reichskanzlei*, München: Eher 1934, S. 303

13 Fraenkel/Manvell, *Goebbels*, S. 184f.

14 Ansprache anlässlich der Bücherverbrennung auf der Kundgebung der deutschen Studentenschaft »wider den undeutschen Geist« am 10.5.1933, in: Helmut Heiber (Hrsg.), *Goebbels Reden*, Bd. 1, 1932–1939, Düsseldorf: Droste 1971, S. 108–123, hier S. 109

15 J. G. *Deutsches Frauentum*, in: J. G., *Signale der neuen Zeit*, München: Eher 1943, S. 118–126, hier S. 121

16 Hans-Otto Meissner, *Magda Goebbels*, S. 119

17 J. G., *Ansprache an die Intendanten und Direktoren der Rundfunkgesellschaft*, in; Heiber, *Goebbels Reden*, Bd. 1, S. 82–107, hier S. 90

18 J. G., *Vom Kaiserhof zur Reichskanzlei*, Eintrag vom 2.4.1933, S. 292

19 Tb vom 25.9.1933, I, 2/3, S. 277

20 J. G., *Deutschlands Kampf um Friede und Gleichberechtigung*, abgedruckt in: J. G., *Signale der neuen Zeit*, München: Eher 1943, S. 233–249

21 Margret Boveri, *Wir lügen alle. Eine Hauptstadtzeitung unter Hitler*, Olten und Freiburg i. Br.: Walter 1965, S. 162

22 Tb vom 25.9.1933, I, 2/3, S. 277

23 Tb vom 22.3.1935, I, 3/1, S. 204

24 Tb vom 3.8.1935, I, 3/1, S. 270

25 Tb vom 27.8.1933, I, 2/3, S. 254

26 Tb vom 13.10.1935, I, 3/1, S. 310

27 Tb vom 4.2.1935, I, 3/1, S. 179

28 Tb vom 24.9.1934, I, 3/1, S. 110

29 Siehe dazu: Jutta Brückner, *Bräute des Nichts. Der weibliche Terror. Magda Goebbels und Ulrike Meinhof*, Berlin: Verlag Theater der Zeit 2008, S. 24ff.

30 Tb vom 1.7.1934, I, 3/1, S. 72

31 *Das politische Tagebuch Alfred Rosenbergs 1934/35 und 1939/40*, hrsg. Von Hans-Günther Seraphim, München: dtv 1964, S. 45

32 Rundfunkansprache vom 10.7.1934, in: Heiber, *Goebbels Reden*, Bd. 1, S. 156–165, hier S. 157 und 164f.

33 Kurt Tucholsky, Brief an Arnold Zweig vom 15.12.1935, in ders., *Politische Briefe*, Reinbek bei Hamburg: Rowohlt 1984, S. 121

IX. KAPITEL

1 Bella Fromm, *Als Hitler mir die Hand küsste*, Berlin: Rowohlt 1993, S. 243

2 Tb vom 31.3.1936, I, 3/2, S. 52

3 Lore Walb, *Ich, die Alte – Ich, die Junge, Konfrontation mit meinen Tagebüchern 1933–1945*, Berlin: Aufbau 1997, S. 75 f. © Aufbau Verlag GmbH & Co. KG, Berlin 1997

4 Tb vom 3.10.1935, I, 3/1, S. 304

5 Tb vom 13.4.1936, I, 3/2, S. 61

6 Tb vom 8.5.1936, I, 3/2, S. 77

7 Bella Fromm, *Als Hitler mir die Hand küsste*, S. 137

8 Hans-Otto Meissner, *Magda Goebbels*, S. 208

9 Tb vom 22.3.1937, I, 4, S. 63

10 Tb vom 8.9.1936, I, 3/2, S. 177; 8.3.1937, I, 4, S. 40; 25.6.1937,I, 4, S. 195

11 J. G., *Für den Frieden der Welt.* Rede zum Empfang der ausländischen Presse im Propaganda-Ministerium am 28.2.1934, in: J. G., *Signale der Zeit*, S. 345–352

12 Tb vom 22.10.1936, I, 3/2, S. 222

13 Tb vom 24.6.1936, I, 3/2, S. 115

14 Lida Baarova, *Die süße Bitterkeit meines Lebens*, Koblenz: Ketterman & Schmidt 2001, S. 83

15 Hans-Otto Meissner, *Magda Goebbels*, S. 182f.

16 Tb vom 17.8.1936, I, 3/2, S. 161

17 Tb vom 8.5.1937, I, 4, S. 129, vom 9.6.1936, I, 3/2, S. 102 und von 31.8.1938, I, 6, S. 66

18 Tb vom 18.11.1933, I, 2/3, S. 318

19 Lida Baarova, *Die süße Bitterkeit*, S. 95

20 ebenda, S. 119

21 Werner Finck, *Alter Narr – was nun?* München, Berlin: Herbig 1972, S. 66f.

22 Tb vom 16.1.1937, I, 3/2, S. 330

23 Baarova, *Die süße Bitterkeit*, S. 105f.

24 Tb vom 21.9.1937,I, 4, S. 320

25 Tb vom 15.3.1937, I, 4, S. 52

26 Tb vom 12.8.1937, I, 4, S. 260

27 Stefan Krings, *Das Propagandaministerium. Joseph Goebbels und seine Spezialisten*, in: Lutz Hachmeister/Michael Kloft (Hrsg.), *Das Goebbels-Experiment. Propaganda und Politik*, München: Deutsche Verlagsanstalt 2005, S. 29–48, hier S. 38

28 Tb vom 20.3.1938, I, 5, S. 222 und Tb vom 3.8.1937, I, 4, S. 247

29 Tb vom 16.8.1938, I, 6, S. 45

30 Tb vom 18. Und 19.8.1938, I, 6, S. 47 und 48

31 Tb vom 8.1.1937, I, 3/2, S. 320

32 Tb vom 24.10.1938, I, 6, S. 159

33 Franz Werfel, *Eine blaßblaue Frauenschrift*, Frankfurt am Main: Fischer 2007, S. 154

X. KAPITEL

1 Tb vom 10.11.1938, I, 6, S. 179f.

2 Tb vom 6.11.1936, I, 3/2, S. 241

3 Werner Stephan, *Joseph Goebbels. Dämon einer Diktatur*, Stuttgart 1949, S. 180

4 Joachim Fest, *Joseph Goebbels. Eine Porträtskizze*, in: *Vierteljahreshefte für Zeitgeschichte*, 43/1995, Heft 4, S. 565–580, hier S. 570f.

[5] Tb vom 26.10.1938, I, 6, S. 162
[6] Tb vom 16.10.1938, I, 6, S. 149
[7] Das politische Tagebuch Alfred Rosenbergs, S. 80ff.
[8] Albert Speer, *Erinnerungen*, Berlin: Ullstein 2005, S. 164
[9] Tb vom 14.10.1937, I, 4, S. 358
[10] Tb vom 18.7.1939, I, 7, S. 45
[11] Tb vom 24.7.1940, I, 8, S. 235
[12] Tb vom 4.9.1939, I, 7, S. 92
[13] Tb vom 8.10.1939, I, 7, S. 144
[14] Tb vom 2.11.1939, I, 7, S. 177
[15] Tb vom 22.8.1938, I, 6, S. 54
[16] Hans-Leo Martin, *Unser Mann bei Goebbels*, Neckargemünd: Kurt Vowinckel Verlag 1973, S. 23
[17] Tb vom 5.10.1939, I, 7, S. 137
[18] Hans-Leo Martin, *Unser Mann bei Goebbels*, S. 65
[19] Tb vom 9. 11.1939, I, 7, S. 188
[20] Tb vom 9.4.1940, I, 8, S. 41
[21] J. G., *Rundfunkrede am Vorabend von Hitlers 51. Geburtstag*, in: Heiber, *Goebbels Reden*, Bd. 2, S. 35–41, S. 36
[22] Tb vom 25.6.1940, I, 8, S. 192
[23] Tb vom 21.3.1940, I, 7, S. 360
[24] TB vom 22.6.1940, I, 8, S. 186
[25] Rüdiger Safranski, *Das Böse oder das Drama der Freiheit*, München: Hanser 1997, S. 271f.
[26] ebenda, S. 274
[27] Tb vom 10. und 14.9.1940, I, 8, S. 318 und 324
[28] Tb vom 26.8.1940, I, 8, S. 291
[29] Tb vom 4.10.1940, I, 8, S. 360
[30] Tb vom 18.9.1940, I, 8, S. 332/3
[31] Hans-Otto Meissner, *Magda Goebbels*, S. 252
[32] Tb vom 7.5.1941, I, 9, S. 295, vom 23.10.1940, I, 8, S. 387; vom 24.1.1941, I, 9, S. 107
[33] Tb vom 30.3.1941, I, 9, S. 212
[34] Tb vom 16.6.1941, I, 9, S. 377
[35] Tb vom 16.1.1940, I, 7, S. 273
[36] Tb vom 16.6.1941, I, 9, S. 379

XI. KAPITEL

[1] Thomas Mann, *Bruder Hitler*, a.a.O., S. 310
[2] Peter Gathmann/Martina Paul, *Narziss Goebbels. Eine psychohistorische Biographie*, Wien: Böhlau 2009; auch Peter Longerich, *Goebbels*, München: Siedler 2010, S. 23f.
[3] Tb vom 4.3.1944, II, 11, S. 406; Tb vom 1.5.1941, I, 9, S. 284
[4] J. G., *Ansprache zur Eröffnung der Großen Deutschen Kunstausstellung im Münchner Haus der Kunst am 26. Juli 1941*, in: Heiber, *Goebbels Reden*, S. 59–65, S. 62; Tb vom 15.2.1942, II, 3, S. 320

5 J. G. *Rede am 5.10.1941 in Metz*, in: Heiber, *Goebbels Reden*, Bd. 2, S. 67–80, S. 71
6 Tb vom 19.11.1941, II, 2, S. 316, Tb vom 15.2.1942, II, 3, S. 320 vom 6.3.1942, II, 3, S. 320
7 Tb vom 24.9.1941, II, 1, S. 487
8 Tb vom 18.12.1941, II, 2, S. 540
9 Tb vom 14.12.1942, II, 6, S. 446; und vom 13.5.1943, II, 8, S. 289
10 Joachim Fest, *Joseph Goebbels. Eine Porträtskizze*, S. 572
11 Nach: Erwin Leiser, *»Deutschland erwache!«. Propaganda im Film des Dritten Reiches*, Reinbek bei Hamburg: Rowohlt 1978, S. 142
12 Tb vom 27.3.1942, II, 3, S. 561
13 Tb vom 11.5.1942, II, 4, S. 271
14 Tb vom 2.6.1942, II, 4, S. 431
15 J. G., *Rede in der Kasseler Stadthalle am* 2. *November 1943,* in: Heiber, *Goebbels Reden*, Bd. 2, S. 259–285, hier S. 281 ff.
16 Michael Buddrus, *»Wenn dem Göring die Hose von Goebbels paßt...«*, in: Jahrbuch für zeitgeschichtliche Jugendforschung 1994/95. Berlin: Metropolverlag, S. 210
17 Hans-Georg von Studnitz, *Als Berlin brannte. Diarium der Jahre 1943–1945,* Stuttgart: Kohlhammer 1963, S. 151
18 Tb vom 1.1.1943, II, 7, S. 32
19 Anja Klabunde, *Magda Goebbels*, S. 277
20 Tb vom 20.3.1942, II, 3, S. 512
21 Longerich, *Goebbels*, S. 47
22 Tb vom 19.2.1943, II, 7, S. 374
23 Die Rede ist abgedruckt in: Heiber, *Goebbels Reden*, Bd. 2, S. 172–208
24 nach: Iring Fetscher, *Joseph Goebbels im Berliner Sportpalast 1943*, Hamburg: Europäische Verlagsanstalt 1998, S. 152
25 J. G., *Rede vom* 5.11.43 *in Hannover*, in: Heiber, *Goebbels Reden,* Bd. 2, S. 288, sowie *Rede im Sportpalast vom* 30.1.43, in: Heiber, *Goebbels Reden,* S. 164
26 J. G., *Rede in Kassel vom* 5.11.43, in: Heiber, *Goebbels Reden*, Bd. 2, S. 259–289, hier S. 269
27 J. G., *Rede in der Berliner Philharmonie am Vorabend von Hitlers* 54. *Geburtstag*, in: Heiber, *Goebbels Reden*, Bd. 2, S. 215
28 Joachim Fest, *Joseph Goebbels. Eine Porträtskizze*, S. 569
29 Hannah Arendt, *Über den Zusammenhang von Denken und Moral*, in dies.: *Zwischen Vergangenheit und Zukunft*, München: Piper 1994, S. 128–155, hier S. 153. © 1994 Piper Verlag GmbH, München
30 Tb vom 24.11.1943, II, 10, S. 346
31 Longerich, *Goebbels*, S. 605
32 Tb vom 30.12.1943, II, 10, S. 570
33 Tb vom 4.3.1944, II, 11, S. 400
34 Tb vom 7.6.1944, II, 12, S. 418
35 Tb vom 24.6.1944, II, 12, S. 542
36 Tb vom 23.7.1944, II, 13, S. 139
37 Tb vom 23.7.1944, II, 13, S. 137
38 J. G., *Rede in Köln vom* 3. *Oktober 1944*, in: Heiber, *Goebbels Reden*, Bd. 2, S. 410 f.
39 Nach den Tagebucheintragungen vom 4.12.1944, II, 14, S. 446 f.

40 Tb vom 20.12.1944, II, 14, S. 448

41 Rundfunkansprache vom 28.2.1944, in: Heiber, *Goebbels Reden*, Bd. 2 S. 429–446, hier S.435

42 Hannah Arendt, *Wahrheit und Politik*, a.a.O., S. 361

43 Fjodor M. Dostojewski, *Die Brüder Karamasow*, München: Winkler 1988, S. 63

44 nach: Hannah Arendt, *Wahrheit und Politik*, a.a.O., S. 368 (Hannah Arendt zitiert Karen Blixen unter deren Pseudonym »Isak Denisen«, das die Schriftstellerin bei ihren englischsprachigen Büchern verwandte)

EPILOG

1 Sven Felix Kellerhoff, *Mythos Führerbunker. Hitlers letzter Unterschlupf*, Berlin: Story Verlag 2006

2 Traudl Junge, *Bis zur letzten Stunde. Hitlers Sekretärin erzählt ihr Leben*, Berlin: Ullstein 2003. © 2002 Classen Verlag in der Ullstein Buchverlage GmbH

3 J. G., *Rundfunkansprache am Vorabend von Hitlers 56. Geburtstag* am 19.4.1945, in: Heiber, *Goebbels Reden*, Bd. 2, S. 447–455, hier S. 448f., 452 und 455

4 nach: Mario Frank, *Der Tod im Führerbunker. Hitlers letzte Tage*, München: Siedler 2005, S. 95

5 Traudl Junge, S. 188f.

6 Hanna Reitsch, *Fliegen – mein Leben*, München: Herbig 2001, S. 300f.

7 Traudl Junge, S. 193

8 Brief von Magda Goebbels an Harald Quandt vom 28.4.1945, in: J. G., *Die Tagebücher 1945. Die letzten Aufzeichnung*, S. 549f.

9 Brief von Joseph Goebbels an Harald Quandt vom 28.4.1945, in: J. G., *Die Tagebücher 1945*, S. 547f.

10 Politisches Testament Adolf Hitlers vom 29.4.1945, in: J. G., *Die Tagebücher 1945*, S. 550ff.

11 Traudl Junge, S. 204

12 Zusatz zum Testament Adolf Hitlers von Dr. Joseph Goebbels vom 29.4.1945, in: J. G., *Die Tagebücher 1945*, S. 555f.

13 Tb vom 2.2.1943, II, 7, S. 240, ebenso Tb vom 1.2.1943, II, 7, S. 234

14 Tb vom 15.4.1940, I, 8, S. 55 und vom 10.2.1940, I, 7, S. 304

15 Michael A. Musmanno, *Hitlers letzte Zeugen*, München: Droemer 2004, S. 285

BILDNACHWEIS

Bayerische Staatsbibliothek München Bildarchiv: Seite 39
bpk, Berlin: 224 (Deutsches Historisches Museum, Sebastian Ahlers/Rob. Röhr)
Bundesarchiv Koblenz: 136-137 (Georg Pahl, 102-17047 – 102-17050)
Süddeutsche Zeitung, München: 269 (Scherl)
ullstein bild, Berlin: 54, 203, 248 (Heinrich Hoffmann), 274-275 (Frentz)